한식
인문학

한식
인문학

음식 다양성의 한식, 과학으로 노래하다

| 권대영 지음 |

헬스
레터

# '고추 임진왜란 전래설' 오류, 과학적으로 통찰

### 식품학자 의식 깨닫게 해주는 귀중한 인문학서
### 한식 미화도 곤란하지만, 한식의 진실은 알아야

김치냉장고 발명가

**전재근 박사** | 서울대 식품공학과 명예교수

권대영 박사의《한식 인문학》출간을 진심으로 축하합니다. 나는 서울대학교에서 식품공학을 수십 년 동안 가르쳐 온 학자입니다. 식품공학을 이용해 세계 어느 나라에도 없는 김치냉장고를 개발하여 우리나라의 모든 국민이 김치를 맛있고 오랫동안 신선하게 먹을 수 있게 한 식품과학자입니다. 우리나라 음식, 한식을 누구보다도 사랑하는 마음에서 권대영 박사의 책《한식 인문학》을 매우 기쁜 마음으로 면밀하게 읽어보았습니다.

나는 빼어난 식품학자인 권대영 박사가 놀라운 저술력 탤런트(talent)를 갖고 있다는 것에 대하여 다시 한번 놀랐습니다. 권 박사는 나의 서울대학교 제자이자, 우리나라의 식품 국책 연구기관인 한국식품연구원 원장(12대)을 지낸 훌륭한 과학자입니다. 과학적인 관찰 능력과 논리가 매우 뛰어난 분으로, 수백 편의 자연과학 논문을 발표했고 우리나라 석학(碩學) 과학자만이 들어갈 수 있는 한국과학기술한림원의 정회원이며 농수산학부장으로 국가 과학기술 발전에 기여하고 있습니다.

나는 김치냉장고를 만들어 낼 정도로 우리 전통식품과 발효식품에 깊은 애정을 가지고 있습니다. 하지만 우리나라 식문화를 이야기하는 사람들의 이야기를 들을 때마다 항상 마음이 편하지 못하고, 답답한 마음을 금하지 못했습니다. '고추가 임진왜란 때 들어왔다'는 '고추 임진왜란 전래설' 때문입니다. 고추가 임진왜란 때 들어와서 언제 전국적으로 퍼져 나갔고, 어느 사이에 우리나라 김치가 발견되어 전국에 퍼지게 됐는지에 대해 식품학적 측면을 생각하면 500년이라는 기간은 너무 짧습니다. 식품학자인 내 입장에서는 도저히 받아들일 수가 없었습니다.

한발 더 나아가 세계에서 우리나라의 고유한 김치가 일본이나 중국에서 들어왔다고 주장하는 이야기를 들을 때면, 매우 거북하고 불편하였습니다. 고추가 임진왜란 때 들어왔다고 하여 이를 합리화하려고 많은 잡설(雜說)들이 진실인 것처럼 돌아다니는 것을 볼 때마다 누군가 이런 것을 과학적으로 풀어주기를 고대했고, 이런 잘못된 진실에 대하여 이야기해주길 후학들에게 간절히 바라고 있었습니다. '고추 임진왜란 전래설'은 한식의 역사를 엄청나게 왜곡하는 결과를 가져오기 때문입니다.

마침내 권대영 박사가 《한식 인문학》이란 주옥같은 책을 저술하여 세상에 내놓게 되었으니, 과학적으로 여러 가지 불편한 내 마음을 상쾌하게 정리해준 셈입니다. 정말 몇 년 묵은 체증이 확 내려간 기분입니다.

식품과학을 전공하는 사람들이라면 누구나 우리나라 식품의 역사와 문화에 대하여 관심을 가져야 함에도 불구하고, 인문학을 전공하지 않았다는 핑계로 나를 비롯해 그렇지 못한 우리 모두는 부끄러움을 느껴왔습니다. 권 박사의 노력으로 이제야 우리 식품의 역사를 과학적으로 조명할 수 있게 되어 매우 기쁩니다. 특히 권대영 박사의 "식품과학 발전의 역사는 '어떻게 하면 맛있게 먹고' 또 '어떻게 하면 나중에도 계속 먹을 수 있게' 하는가의 방향으로 발전해왔다"는 주장은 정곡을 찌르는 논리입니다. 이런 관점에서 김치의 탄생과 발전의 역사를 보는 것은 과학자만이 볼 수 있는 매우 중요한,《한식 인문학》만의 멋진 관전 포인트인 것 같습니다.

김치의 탄생 역사를 과학적으로 생각해보면, 권 박사의 지적은 매우 타당하다고 봅니다. 우리 식품의 탄생 역사를 고문헌에 근거한다는 논리로 외래 문화에 근거해서 보는 것은 매우 잘못된 시각입니다. 음식학적으로 오류입니다. 어찌하여 세계에서 우리나라밖에 없는 음식이 외국에서 들어왔다는 주장을 하는 사람들의 논리를 여태껏 반박하지 못하고 있었던 것일까요? 무척 아쉬운 대목입니다.

이런 면에서《한식 인문학》은 한국 식품학자들의 의식을 깨닫게 해주는 귀중한 음식인문학 책입니다. 일례로 내가 만든 김치냉장고는 1980년대 말 이전에는 보편화되지 않았습니다. 그럼에도 불구하고 자꾸만 옛날에도 김치냉장고가 있었던 것처럼 착각하여, 고추 없이도 김치를 담글 수 있다는 '백김치론'을 들고 나오는 사람들의 편견도 고쳐주고 싶습니다. 백김치는 김치냉장고가 발명되면서 여름에도 먹을 수 있게 된 것이지, 예전에는 오로지 겨울에만 잠깐 먹을 수 있었습니다.

권대영 박사의 《한식 인문학》은 자연과학자가 놓치기 쉬운 인문학 이야기를 많이 담고 있습니다. 한식의 맛은 서양식 오미로 설명할 수 없고, 한식에서의 우리말 이름을 붙이는 원리와 조리용어 등 많은 지식을 전달하고 있습니다. 무조건 우리 음식을 미화하는 것도 바람직하지 않지만, 적어도 음식 속에 내포된 진실은 알아야 할 것 같습니다. 우리 음식을 연구하는 학자나 우리나라의 음식을 소개하고자 하는 분이나 우리 음식을 배우고 요리를 하고자 하는 사람들에게 꼭 읽어보도록 권하고 싶은 책입니다.

2019년 7월 서울대 명예교수실에서

**전재근**

1980년대 말 세계 최초로 김치냉장고를 개발한 '원조' 김치냉장고 박사다. 신선한 김치를 오래 맛볼 수 있는 건 모두 전 교수의 덕분인 셈이다. 1937년 생으로 서울대 농화학과 졸업(1962년), 식품공학 박사학위(1969년)를 받았다. 서울대 식품공학과 교수로 38년간 재직 중 한국산업식품공학회 초대 회장, 한국식품개발연구원 이사, 한국농업정보연구회장, 아시아농업정보협회 고문, 국제식품공학연맹 초대 한국대표 등을 지냈다. 그는 "음식에도 철학이 있다. 식품 심리학 분야에도 기여하고 싶다"고 말한다. 저서로는 《음식이 사람을 만든다》《식품공학》《초식품 물리학》《Meta Food physics》등 다수가 있다.

# 한식의 새로운 인문학 열어준 과학 저작물

전통 식단과 장수의 상관 관계 연구, 발효식품이 정답
한식의 과학적 가치, 소모적 논쟁의 허구성 지적

**노화 분야 세계적 의학자**

**박상철 박사** | 전남대 연구석좌교수
서울의대 前 노화고령사회연구소장

영국 요크대학교(York University)에서의 국제학술 심포지엄에 참가하던 지난 여름 권대영 박사로부터 한 통의 전화를 받았다. "우리나라 식품, 한식에 대한 오류를 바로 잡을 목적으로《한식 인문학》을 집필하고 있는데, 지금 마무리 단계에 와 있습니다. 세계적인 장수 과학자, 의학자로서 감수의 글을 써 주시면 좋겠습니다."라는 부탁이었다. *생화학자인 박상철 서울의대 교수의 연구 궤적은 암세포 연구 → 노화연구 → 장수 연구로 진화해왔다.

평소에 권대영 박사의 식품 지론에 학문적 동조를 하고 있던 차라 기꺼이 응했고, 다만 시간이 조금 걸리더라도 양해해 달라는 조건을 붙였다. 그러나 학회 도중 틈을 내 원고를 보기 시작하다가 내친김에 끝까지 내리 읽게 됐다. 그동안 권 박사와 토론하던 이야기들이 언급돼 쉽게 공감이 갔을 뿐아니라, 책의 내용이 매우 흥미롭고 시간 가는 줄 모르게 했다.

십여 년 전 한국과학기술한림원에서 만난 권대영 박사는 나에게 "고추의 전래 시기가 임진왜란 이후라는 점에 대해 어떻게 생각하시는지요?" 라는 다소 엉뚱한(?) 질문을 던져왔다. 나는 의사이지만 우리나라 백세인들을 조사하던 중 전북 순창군과 인근 지역의 장수도가 높은 점을 발견하고, 그 요인으로 지역의 전통 식단에 대하여 관심을 기울이고 있었다. 따라서 그 지역 전통식품인 고추장을 비롯한 발효식품의 중요성을 집중 조사하면서, 상식적으로 임진왜란 이후 고추가 일본으로부터 수입되었다는 점에 대하여 의문을 품고 있던 차였다.

더욱이 일본의 식품학자들과의 만남에서 고추가 한국에서 일본으로 수입되었다는 말을 듣기도 했고, 일본에는 고추를 위주로 한 요리도 없고 고추 생산을 집중하는 지역도 없다는 말을 들었기 때문이다.

그럼에도 임진왜란 이후 일본에 의한 한반도 고추 전래설은 거의 학계의 정설로 자리 잡고 있어 마음이 개운하지 못하였다. 그런데 권 박사는 고문서의 증거와 어휘의 해석 혼돈에서 초래되는 문제점을 설명하면서, 고추의 일본 전래설을 부정하는 근거를 자상하게 설명했다. 나는 과학자인 권 박사의 의견에 크게 공감하였다. 과학적 입증을 위해 중남미와 동남아 및 우리나라 고추의 유전자 분석 결과까지 제시하며 비교하여 보기를 권하였다. 권 박사는 이러한 유전자 결과들을 정리하여 《고추 전래의 진실》, 《고추 이야기》 라는 2권의 책을 펴내며 고추 전래 시기가 임진왜란 이후가 아님을 분명하게 과학적으로 밝혀 학계에 큰 파장을 일으켰다.

권 박사는 이에 멈추지 않고 우리 고유 음식들이 오역과 편파적인 한자 위주의 기록 때문에 외래 식품으로 잘못 인식되어온 문제점을 나열하면서 우리가 스스로 전통식단을 폄하하고 있음을 꾸준히 지적해왔다. 예를 들면 '닭도리탕'의 사례와 같이 우리말 '도리치다'라는 동사가 '도리(鳥,새)'라는 일본어 때문에 혼돈되어 일본산으로 오해를 빚는 어설픈 일도 있음을 밝혀냈다. 나아가 권 박사가 《한식 인문학》에서 밝힌 전통식단의 조리 방법 용어뿐 아니라 맛에 대한 우리만의 독특한 표현들을 설명한 후, 우리말 그대로 세계화하여야 한다는 주장에 크게 동조하지 않을 수 없었다. 특히 우리는 혀로 맛을 보는 것이 아니라, 몸으로 맛을 느끼는 고유한 표현들인 '시원한 맛', '간이 맞다', '개미가 있다' 등을 억지로 영어로 표현하는 치졸함을 버리자는 주장은 속이 시원했다. 당당하게 우리말이 국제적 학술용어로 자리매김해야 한다는 제안은 내 가슴속에 맺혀 있던 답답함이 풀리는 기분이었다. 우리가 다시는 인삼을 '진생', 김치를 '기무치'라 부르는 치욕을 받지 말아야 하지 않을까?

나는 한국의 백세인이 장수할 수 있었던 중요한 요인 중의 하나가 분명 우리의 전통식단에 있다고 믿었다. 그래서 우리 전통식단의 가치를 과학적으로 설명하고자 노력하면서 그동안 학계가 가졌던 우리 식단에 대해 평가 절하하는 사고를 안타깝게 생각해왔다. 밥, 국, 반찬, 양념으로 이루어진 우리 식단이 얼마나 과학적이고 균형적이며 건강성을 갖추고 있는가를 차차 밝히면서 한식이 세계 어느 장수식단에도 밀리지 않는 전통식단이라는 사실을 당당하게 국제 사회에 알리고 또 자부심을 가져야 한다고 본다. 이러한 상황에서 정체가 분명하지 않는 한식단의 세계화 운동에 대하여서도 반성을 촉구하는 한편 〈K-diet 서울 선언〉을 통해 우리 식단을 새롭게 정리하고 그 특성을 밝힌 권 박사의 선도적 노력을 칭찬해주고 싶다.

그동안 많은 식품공학 및 영양학자들이 한식의 장단점 및 전통성에 대한 논문과 저서를 출간하여 왔지만, 이번에 상재한 《한식 인문학》은 식품의 역사와 전통 문화까지 아우르면서, 그동안 학자들이 무심코 범하여 왔던 우(愚)를 해결하는 새로운 방향을 제시한 점을 높이 평가한다. 바로 학문의 근원인 용어의 문제부터 분명하게 문제 제기하고 이를 철저히 밝혀낸 업적이다. 학술용어를 분명하게 하지 않아 제기되는 수많은 논쟁들의 허구성을 간파한 저자가 식품 관련 용어의 혼선, 특히 한글의 부적절한 한자화로 빚어진 문제, 또는 한식에 대한 어울리지 않는 영어화로 발생하는 한계 등을 반성한 점을 높이 평가한다.

한식의 새로운 인문학을 열어준 《한식 인문학》은 그동안 맛 위주, 특정 성분 과장, 또는 이상한 조리와 식행동을 강조하며 어설픈 지식과 정보로 호도하는 사회적 분위기에 경종을 울린다. 또 확실한 고증과 과학적 근거를 바탕으로 우리 전통식단의 위상을 높이고 자긍심을 가지게 하는 데 초석을 이루었다고 본다. 우리 고유의 전통과 독창성을 강조한 《한식 인문학》은 한식의 가치를 드높이고 학문적 기틀을 분명하게 하여 한식을 새로운 차원으로 도약하게 하는 업적이 아닐 수 없다. 답답한 세상과 무더운 날씨로 우울하던 차에 오랜만에 후련한 마음으로 읽은 책이다.

2019년 7월 전남대 연구실에서

---

**박상철**

노화연구 분야의 세계적 석학이다. 임상의학 중심인 의학계에서 생명의 본질을 연구하는 생화학(기초의학)의 암 연구에 몰두했다. 콩나물에서 숙취 제거 물질인 아스파라긴 추출, 태운 고기에 발암물질이 생긴다는 것을 밝혀냈다. 노화는 살기 위한 적응 과정이며, 생명체의 생존연장에 도움이 된다는 새로운 노화 이론을 정립했다. 이 논문은 과학저널 〈네이처〉에 소개돼 세계적인 주목을 받았다.

서울대 의과대학을 졸업하고, 동 대학원에서 의학박사 학위를 받은 후, 30년간 서울대학교 의과대학 생화학과 교수로 재직했다. 저서는 《생명보다 아름다운 것은 없다》《노화혁명》《백세인 이야기》《웰에이징》《당신의 백년을 설계하라》 등이 있다.

# "건강밥상, 한식이 답이다"
# 한식 개념, 품격 높여

신동화 박사 | 한국과학기술한림원 종신회원
전북대 명예교수

오랜 세월 식품과 함께하면서 연구하고 학생을 가르쳐 왔고, 이제는 현직에서 물러나 시간을 보내면서도 식품, 특히 발효 관련 분야라면 어디든 찾아가고 있다. 그만큼 우리나라 발효식품에 대한 애착이 남아있다. 오랜 기간 발효식품과 식품 연구를 함께하면서 같은 길을 걷고 있는 권대영 박사가 이번에 《한식 인문학》이라는 책을 낸 것에 대하여 누구보다도 축하하고 싶다. 참 어려운 일을 잘 해낸 학자이다.

자연과학도가 생각의 범위를 넓혀 한식의 뿌리와 음식의 이름 등, 접근하기 어려운 분야에 과학적 근거와 역사에 기초한 논리를 펴서 답을 제시하기는 쉽지 않은 일인데, 권 박사는 명쾌한 답을 제시한다. 우리가 모두 한식의 차별화된 우수성을 얘기하는데, 이 한식의 역사를 바로 알고 위상을 재조명한다는 관점에서도 아주 귀하고 의미 깊은 저술이다.

'한 나라의 음식문화는 그 나라의 고유한 역사에 바탕한다'는 저자의 견해는 이 분야에 종사하는 많은 사람들의 공감을 불러 모을 것이다. 뿌리 깊은 민족은 그 민족의 얼이 깃들어 있는 음식의 역사를 가지고 있으며, 음식 하나하나의 이름에도 그 뜻을 알 수 있는 변천의 과정이 있다. 음식은 기본적으로 농경문화의 산물인 농축산물을 원료로 하며, 유구한 우리 농경의 역사에 기초하여 다양한 식재료를 이용한 음식들이 출현하였고, 시대와 기후여건에 따라 새로 생성되고 소멸되기도 하였다. 식재료는 자연환경에 의존할 수밖에 없으며, 여기에 그 지역에서 살고 있는 인간의 지혜가 보태져서 새로우면서도 타 국가와 다른 음식문화를 형성한다. 이런 의미에서 농경문화가 일찍이 정착한 한반도에서는 어느 국가에서도 보기 어려운 독창적인 식문화를 형성하였고, 그 문화가 지금까지 면면히 내려오고 있다.

우리 한식의 특징은 주요 식재료인 쌀 중심의 밥 문화가 주류를 이루며, 밥에 곁들인 반찬이 다양한 특징을 갖는다. 우리 식단은 주식과 부식이 뚜렷이 구분된다. 서양 어느 나라와도 문화적으로 차별성이 있고, 육류 중심의 서양식과 영양학적, 건강학적으로 차이점을 보인다. 이 특징이 한식 차별화에 근간을 이룬다. 또 식재료에서 육류보다는 채소류 중심의 식단에서 특징을 찾을 수 있으며, 사계절이 뚜렷한 기후 여건에서 저장 수단으로써 음식과 재료를 갈무리하는 방법이 발전하여 한식의 한 특징을 이룬다.

이런 필요에 따라 우리나라는 발효문화를 꽃피웠으며 장류, 김치류, 젓갈 그리고 식초 등 4대 발효식품이 특징적으로 발달해왔다. 부식으로도 중요한 자리를 차지한 발효식품은 한식에 있어 풍미의 원천으로 차별화하는

데 깊은 연관관계를 가지게 되었다. 우리의 발효식품은 원재료가 가지고 있지 않은 새로운 맛과 향을 창조하는 창조문화이며, 밥에 부족한 영양분을 보충함과 동시에 다양한 향과 맛을 제공하는 데 중요한 역할을 한다.

정신적인 측면에서 한식의 특징은 저자가 주장하는 대로 존중하고 배려하는 밥상문화, 그리고 같이 먹는 밥상에서 서로의 감정을 주고받으며 교감하는 자리가 되면서, 교육의 장이 된다는 점이다. 나 하나가 독점하는 것이 아니라 함께 나눠먹는 문화는 공동체로서 구성원이 함께하는 아주 중요한 매개체가 된다. 음식을 같이 먹고 나눔으로써 더불어 생각하고 상대를 배려하는 마음을 갖도록 하는 자연스러운 교육의 장이다. 그래서 우리는 밥상머리 교육이 자라나는 세대의 인성을 갖추는 데 큰 역할을 해 왔으며 부모가 자식들에게 갖추어 주어야 할 서로에게 나눔과 배려, 그리고 인간의 기본예절을 가르치는 교육의 기회로 삼았다.

저자가 여러 곳에서 제시한 한식의 특징들은 우리 한민족의 문화에 깊은 영향을 주었으며 지금의 세대에게도 큰 교훈으로 전승되어야 한다는 데 모두 공감할 것이다. 한식은 개인별 선택권을 존중하면서 자연과 조화를 이루는 건강 식단이다. 이는 세계적으로 독특하며 앞으로 새로운 조명을 받아야 할 것이다. 특히 한식은 자연 상태로 취식하기보다 세계 어느 나라보다도 앞서고 다양한 독창적인 발효식품문화를 기반으로 한다.

근래 세계적으로 문제가 되고 있는 비만과 암, 심혈관계 이상 등 대사성 질환의 근원은 과도한 육류 소비와 과다 영양섭취에 원인이 있으며, 한식의 가치는 이런 질병의 억제에도 가장 적절한 식단이라는 저자의 주장에 전적으로 공감한다. 그럼에도 한식에 대한 더 많은 연구와 인체적용 시험을 통해 과학적으로 입증할 자료의 부족은 앞으로 우리가 해결해야 할 과제이다. 이러한 데이터를 민관이 협력하여 창출해야 한다. 저자가 제시한 여러 한식밥상의 구조는 이제 문헌으로만 남아 있는 것도 있으나, 이를 재현해 우리 한식의 우수성을 널리 알렸으면 하는 바람이다. 한국인이 추구하는 바로 '그 맛'이란 점에서 맛의 근원을 제시하고, 혀가 아닌 몸으로 느끼는 맛의 개념을 도입하는 새로운 접근법에 공감을 표한다.

앞으로 개인 맞춤형식품 시대에 대응한 한식의 미래를 조명하여 새로운 개념 정립이 필요함을 저자는 강조했다. 하나의 캡슐로 음식을 대체한다는 것은 음식을 단지 영양섭취와 굶주림을 해결하는 1차 수단으로 간주하는 것이며, 이는 옳지 않다는 것을 우리 모두는 공감한다. 먹는 즐거움을 통하여 새로운 활력을 얻는 계기가 바로 음식의 섭취와 먹는 행위이다.

끝으로 저자가 주장한 '건강밥상, 한식이 답이다'라는 말에 전적으로 지지를 보내며, 이 책이 우리 한식의 개념을 정립하고 한식의 품격을 높이면서 문화민족으로서 우리의 생각을 정리하는 계기가 될 것으로 확신한다.

---

**신동화**

우리나라 전통식품인 발효식품의 발전에 헌신한 발효식품 선구자로, 순창고추장의 세계화에 크게 기여했다. 《고추장의 과학과 기술》, 《식품 산책》, 《건강 100세 장수식품 이야기》(공저), 《식품, 알고 지혜롭게 먹자》 등 책을 집필했고, 석학만이 들어갈 수 있는 한국과학기술한림원 종신회원으로 왕성하게 활동 중이다. 전북대 명예교수 겸 신동화식품연구소장이다.

# 자연과학적 자료 근거로 써 내려간 한식 인문학,
# 마음속 그 무엇까지 담아

**노봉수 박사** | 서울여대 명예교수
前 한국식품과학회 회장

《한식 인문학》 책이 발간되어 매우 기쁘게 생각한다. 인문학자나 사회학자 혹은 국사학을 하신 분들이 '인문학'을 언급하는 경우가 많은데, 이번에는 식품을 전공한 권대영 박사가 펜을 잡았다. 이와 같은 저서는 참으로 많은 분야에 대하여 다양하게 알고 있어야 하며 특히 자연과학적인 자료를 근거로 할 필요가 있어, 이에 대한 이해를 충분히 하고 있는 사람이어야 하는데 좀처럼 이런 사람을 만나기가 어렵다. 각자 자기가 속한 분야에 대한 식견으로만 보고 서술하다 보니 다른 분야의 사람에게는 탐탁하지 않을 수도 있는 일이다.

저자 권대영 박사는 서울대 식품공학과에서 수학을 한 후 MIT에서도 방문 연구를 한 바 있으며, 오랜 기간에 걸쳐 우리나라 식품분야 최고의 국책 연구기관인 한국식품연구원에서 많은 연구를 수행했다. 자연과학분야뿐만 아니라 고문헌을 통한 역사서나 고서를 통한 물증을 찾는 데에도 일가견이 있어 잘못된 식견도 바로 잡는 데 많은 노력을 하였고 성과도 이

뤄냈다.

　서두부터 상당히 많은 부분에 걸쳐 고추와 관련된 한식을 언급하면서, 유전자 정보를 통해 고추의 유래를 새롭게 조명하는 데 일조를 하였다. 일본인조차 자신들의 고추는 조선으로부터 들어왔다고 하는데, 이를 뒷받침해 줄 수 있는 근거를 아시아 주변 고추들의 유전정보 계통으로부터 해석하여 이제까지의 '고추 임진왜란 전래설'을 과학적인 근거를 토대로 반박한다. 매우 설득력 있는 주장이다.

　사실 인문학의 주장도 이런 과학적 지식을 바탕으로 이루어져야 하는 게 당연한 일이지만, 누군가에 의하여 잘못 설정되고 전달된 정보들이 오늘날까지 내려 왔다는 사실은 매우 안타까운 일이다. 저자는 한국의 식품(K-Diet)에 대한 저서를 통해서 각각의 식품에 대하여 이미 각론적인 부분은 공동저자들과 함께 발표한 바 있다. 반면 《한식 인문학》에서는 전반적인 한식이 어떤 배경에서부터 시작되고 유래되었는지 언어학적인 입장에서도 관찰하고 있어, 그의 폭넓은 식견에 놀라움을 금치 못한다.

　우리가 《한식 인문학》과 같은 저서의 필요성을 느끼는 이유는 무엇보다도 우리의 식품들이 세계 각국으로 소개되어야 하는데, 식품이나 식재료만으로 소개되는 것이 아니라 여기에 관련된 스토리텔링이 필요하며, 그런 의미를 다시금 꼭꼭 씹어 보면서 우리 식품에 대한 친숙감을 더욱 높여 줄 수 있어야 하기 때문이다.

　단순히 맛이 있다는 미각의 즐거움으로만 그치는 것이 아니라 마음속에 담아 둘 수 있는 그 무엇인가를 심어 주어야 하는데, 이제까지 그런 노력이 매우 부족하였다. 88서울올림픽을 할 때나 한식 세계화를 부르짖을 때에

도 이런 부분이 매우 부족하여 참으로 좋은 시기를 놓치고 말았다. 이제부
터라도 이런 노력들이 하나둘씩 쌓여 우리 한식의 우수성과 우리의 식문
화를 알릴 수 있는 계기가 되기를 바라고, 《한식 인문학》이 그런 점에서 선
두적인 역할을 해 주고 있다고 여겨진다.

　한식을 공부하거나 연구하는 사람들뿐만 아니라 관련 분야에 종사하시
는 분들에게도 필독을 권하면서 이 분야에 대한 장기적인 투자는 정부뿐
만 아니라 민간단체 혹은 식품회사 등에서도 끊임없이 지속되어야 할 부
분이라고 생각한다. 여기서 다루지 못한 다양한 영역에서 우리 민족 문화
의 혼을 세계인들에게 전달될 수 있는 계기가 되기를 빌어 마지않는다. 아
울러 이 책이 영어로도 번역되어 한식에 관심 있는 세계인들에게도 좋은
자료가 될 수 있는 기회로 연결되었으면 하는 바람을 가져본다.

---

**노봉수**
식품공학계와 식품 산업계 등 여러 분야에 많은 업적과 공로가 큰 산학협력형 학자다. 대중서
로 《맛의 비밀》, 《굶는 즐거움 잘 싸야 잘 산다》 등을 집필해 일반인도 친숙하다. 그의 식품 과
학에 대한 열정은 '전자코' 개발과 '속풀어쓰' 숙취 음료 개발로 이어진다. 서울대 식품공학과에
서 학사 및 석사 졸업, 미국 University of California, Davis에서 박사를 했다. 식품학 저서는
《현장을 위한 식품 문제 해결》, 《식품재료학》, 《실무를 위한 식품가공 저장학》, 《식품화학》 등
20여 권이 있다.

# 신화(神話)가 많은 한식……

과학적 검증과 문헌 확인 거쳐 공유한 《한식 인문학》
과학적, 논리적, 쉽고 재미있게 읽는 미덕까지 갖춰

김성윤 | 조선일보 음식전문기자

한식에는 신화(神話)가 많다. 신화는 '고대인의 사유나 표상이 반영된 신성한 이야기', '신비스러운 이야기'가 국어사전에 나오는 사전적 정의다. 하지만 영어사전에서 신화(mythology)를 찾아보면 신성하거나 신비스러운 이야기와 함께 '근거 없는 믿음'이라는 뜻풀이가 나온다.

우리 사회에는 한식을 신성시하는 분위기가 있다. 한식이라면 무조건 우수하고, 어떤 나라 음식보다 맛있으며, 건강에 이롭다는 믿음 말이다. 이러한 믿음을 조금만 깊게 들여다보면 과학적·논리적 근거가 부족한 경우가 적지 않다. 그래서 한식에는 신화가 많다는 것이다.

한식을 신화화하는 건 한민족으로서 우리의 자존감을 높이는 데 도움이 될 수 있다. 하지만 한식이 무조건 우수하다고 미화하고 찬양하는 건 한식의 우수성을 국내외로 널리 알리는 데는 오히려 방해가 된다. 한식 발전에 결정적인 장애물이 될 수 있다.

권대영 박사는 이번에 펴낸《한식 인문학》에서 우리가 한식에 대해 막연히 알고 있던 내용들을 과학적으로 검증한다. '고추 임진왜란 전래설(說)'이 대표적이다. 그동안 우리는 고문헌에 근거가 있다는 이유로 고추가 임진왜란 이후 한국에 들어왔다고 막연하게 믿어왔다. 과학자는 자연계에 관한 체계적 지식을 실험처럼 검증된 방식으로 얻어내는 직업이다. 권 박사는 과학자답게 고추 임진왜란 전래설을 의심했다. 유전자 분석을 통해서 한국 고추가 임진왜란 때 외국에서 들어오지 않았음을 증명한다.

권 박사의 주장이 상당히 설득력이 있다고 보지만 100% 동의하지는 않는다. 고추가 언제 어떻게 한국인의 밥상에 핵심 요소가 됐는지에 대해서는 더 많은 연구와 검증이 필요하다고 믿는다.

그럼에도 권 박사가 과학적인 시각으로 한식을 검증하고 확인하는 작업을 계속하고, 이를 글로써 공유했다는 점에서《한식 인문학》발간이 반갑다. 한식, 더 넓게는 음식에 대해 대중이 이해할 만하게 글을 쓰는 요리사나 영양학자, 인문학자는 상당수 있었다. 그러나 과학자는 드물었다.《한식 인문학》은 과학적이고 논리적이면서 쉽고 재미있게 읽힌다는 미덕까지 갖췄다. 이러한 시도와 노력의 결과물이 다양한 분야에서 더욱 다양하게 나오기를 바란다.

# 이론과 현장의 화려한 접점《한식 인문학》

### 다양한 관점의 인문학 옷 입은 '한식 종합선물세트'
### 자기 철학을 담은 음식, 창의성 요리 겸전에 필요

**조희숙 오너셰프** | CNN 선정 한국 대표 한식 셰프
한식공방 대표

'오랜 세월 현장에서 음식만 만들어 냈지, 우리 음식에 대한 인문학적, 과학적 고민과 공부는 너무나 게을리했구나.'

권대영 박사의《한식 인문학》책을 읽는 내내 뇌리를 떠나지 않았던 생각과 자책감이다. 앞으로 한식에 대해 무엇을 알아가야 하는지 과제물을 받은 기분이다. 평생 한식 조리를 해오면서 우리 음식이 앞으로 성장하기 위해서는 전통적인 조리 방법에 대한 체계적이고 과학적인 근거에 바탕을 두고, 그 음식들에 대한 이해를 도울 수 있는 충분한 설명을 위해서 역사적, 문화적 배경에 대한 공부가 반드시 필요함을 염두에 두고 있었다. 하지만 정작 조리하는 일에 밀려 실행하기를 미뤄온 과제에 변명의 여지가 없을 만큼, 긴 세월을 지나쳐 버린 것에 대해 반성하게 된다.

요즘은 불과 수년 전과 비교할 때, 격세지감(隔世之感)을 느낄 정도로 먹거리에 대한 관심과 음식 정보가 홍수를 이룬다. 하지만 섣불리 판단하기

21

어려울 만큼 고민이 깊어지는, 정확하지 않은 정보들과 위장된 먹거리들로 넘쳐난다. 따라서 먹거리에 관련된 연구자와 종사자, 수요자들 모두 신중하게 논리를 펼쳐야 하고, 잘 알고 정보를 선택해야 하는 시대이다.

전문적으로 깊이 있는 연구가 필요한 과학이론이나 방대한 자료를 섭렵해 고증이나 검증을 통해 정리되는 역사적 사실들이 엇갈릴 때, 일반인들은 옳고 그름을 판단하고 받아들이는 데 혼란을 겪을 수밖에 없다. 일반인들이 전문가들의 학설이나 이론에 대해 옳고 그름의 가치 판단을 하는 건 거의 불가능한 일이 아닐까 싶다. 이에 앞선 학설과 이론에 대한 지식이 뒷받침돼야 올바른 선택의 책임이 가능한 것이 아닌가 생각한다.

따라서 관련 학자의 전문적인 연구나 이론이 산업현장의 조리인들과 일상 소비자들이 믿고 따를 수 있는 것이 되려면, 과학적으로 정제 과정이 필요하지 않을까 하는 우문(愚問)을 스스로에게 던져본다. 그런 연구물들이 현장과 유의미하고 긴밀하게 연결돼 성과로 이어져야 하지 않을까 하는 안타까운 마음을 오래도록 갖고 있었다. 《한식 인문학》을 읽으면서, 그 염원에 다가서는 느낌을 받았으며 우리 음식 문화의 발전에 대한 기대감에 부풀게 된다.

현장에서 조리하여 바로 손님들에게 제공하는 전문 요리사들도 앞으로는 기술적이고 예술적인 음식 수준을 뛰어넘어, 정확한 조리과학에 바탕을 두어야 한다. 한발 더 나아가 인문학적, 역사적, 문화적 배경에 대한 깊이 있는 공부를 통해 자기 철학을 담은 음식을 제공해야 할 시대이다. 또 있는 것을 발견하는 수준의 조리과학의 적용이 아니라, 이를 바탕으로 새롭고 창의적인 개발을 위한 근거로 《한식 인문학》의 다양한 관점은 우리음식에 대한 공부를 꾸준히 해 나가는 데 도움이 된다.

하지만 급박하게 돌아가는 현장에서 일하는 조리사들이 깊이 있는 학문적 노력을 기울일 역량과 물리적 시간, 자료에 대한 접근성이 매우 제한적이므로 《한식 인문학》처럼, 종합적으로 한식을 규명해 준 인문서는 매우 필요한 책이 아닐 수 없다. 《한식 인문학》에 대한 접근은 사유와 공부의 시작일 것이고, 그 이후에는 각자가 쌓아가는 노력의 몫이 될 것이라고 본다.

대학원의 어느 교수님으로부터 들었던 잊혀지지 않는 말씀이 있다.
'영양학적 과학이론은 새로운 이론이 발견될 때까지만 진실'이라는 대목이다.

《반찬등속》이라는 청주시의 고(古) 조리서 재현, 전수 사업에 참여하면서 절감했던 사실은 고조리서의 기록만으로는 그 음식의 형태는 물론 정확한 조리 방법이나 재료의 특성을 알 수 없었을 뿐 아니라, 가장 중요한 맛을 알 길이 없었다는 사실이다. 고조리서 집필 당시의 재료나 양념, 저장 방법이나 저장 환경 등이 지금과 다를 것이므로, 지금껏 내 안에 선입견처럼 자리 잡고 있는 우리 음식의 틀을 벗어나는 일에 매우 어려움을 겪었다. 고조리서에 나오는 음식들의 실체는 논란의 대상이라기보다는 여러 분야의 역사적 자료들과 연구 성과들이 종과 횡으로 만나, 가장 가깝게 추론하는 방식이 될 수밖에 없다는 생각에 머물렀다.

위의 두 사실을 적시한 것은 권대영 박사의 《한식 인문학》을 통해 절대적일 수 없는 역사적 사실에 대한 소모적 논란보다 진일보한 우리 음식의 바람직한 모델 설계를 중지를 모아 개발하고 제시하는 일이 중요하다고 생각하기 때문이다. 이럴 때 어렵고 귀하게 맞이한 '한식 붐'에 기름을 붓는 격이 될 것이라는 개인적인 소망을 가지게 되었다.

　오랜 세월을 한식 요리에 몸담아 오면서, 조리 외적인 내용에 대한 이해와 젊은 세대 조리사들이 알고 싶어 하는 부분—즉 그들이 조리하는 음식에 대한 정체성이나 문화적, 역사적 배경—을 고민하도록 이 책은 동기 부여하고 있다고 여겨진다.

　《한식 인문학》이 한식조리 현장과 한식 연구의 접점이 더욱 가까워졌음에 고마운 마음을 금할 수 없고, 많은 조리인들이 《한식 인문학》을 통해 우리 음식 공부의 기폭제가 될 수 있기를 간절히 바란다.

# 한식 매력, 인문학-과학으로 멋진 답

우리 음식의 어원, 정확하고 유쾌하게 설명

한식 나아갈 방향과 미래까지 정리해준 고마운 책

**강민구 오너셰프** | 미쉐린 2스타

모던 한식 레스토랑 밍글스(Mingles) 대표

안녕하세요! 저는 서울에서 5년 이상 한식을 기본으로 하는 레스토랑 밍글스(Mingles)를 운영하고 있는 오너 셰프입니다.

현대에 들어서 전통 한식을 넘어 모던 한식, 컨템포러리 한식(Contemporary Korean Food) 등 다양한 분류의 한식 기반 레스토랑들이 존재합니다. 하지만 밍글스라는 레스토랑은 정확히 어떠한 장르의 한식 레스토랑이라 규정짓기는 어렵습니다.

다만 셰프인 저의 음식 철학과 운영 방식, 저희 팀이 한 뜻을 모아 현대 사회를 살아가고 있는 소비자, 고객들에게 좀 더 색다른 한식 경험을 제공하고자 하는 것이 밍글스의 목표입니다. 사실 많은 분들의 도움으로 레스토랑을 꾸려가고 있지만, 변화되어 가는 새로운 한식을 선보인다는 입장에서 참으로 많은 고민이 됩니다.

처음 한국을 방문하는 외국인이 한식의 첫인상을 저희 레스토랑 한 곳만을 통해 온전히 판단하지 않을까 하는 걱정도 되면서, 그 방대하고 깊이 있는 한식의 특징을 어떻게 온전히 전할 수 있는 것인지, 그것을 저의 표현법으로 전하는 것이 모자람이 있지 않을지 커다란 고민이 되기도 합니다.

전 세계에서 아시아 식문화를 가장 크게 전파한 두 나라, 중국과 일본 사이에서 우리 한식의 특징을 어떻게 전해야 할지 큰 어려움을 느낍니다.

요리하는 젊은 친구들이나 미식에 관심이 많은 외국인 손님들이 제게 묻곤 합니다. 한식을 정식으로, 제대로 배우고 싶은데 그러한 교육기관이나 연구기관이 있는지, 과연 한식의 특징은 무엇인지, 한국의 된장, 간장은 다른 동아시아 지역과 어떻게 다른지, 한국은 발효 음식이 많다는데 과연 타국에 비해 한국의 발효는 어떻게 다른지 등등. 우리 음식, 한식의 매력과 가능성은 무궁무진하기에 이런 질문들에 명쾌하게 인문학적, 과학적으로 멋진 답을 해주고 싶었습니다.

과학자 권대영 박사가 집필한 《한식 인문학》은 이런 갈증의 많은 부분들을 해소해 주었습니다. 우리가 늘 먹고 있는 김치, 장문화, 장아찌 등 발효 문화의 역사나 우리 음식의 어원에 대한 정확하고 유쾌한 설명이 돋보입니다.

'진실은 높은 가치를 가지고 있으며 세계 어느 곳에서나 변함없이 통하는 까닭이다. 잘못된 정보는 오래 살아남지 못한다.'는 본문의 내용처럼 국수적(國粹的)인 마음으로 한식을 미화하기보다는 좀 더 객관적이고 정확한 정보와 시선으로 한식을 바라보고 싶었습니다.

한국의 양념문화, 국, 탕문화

한국의 고유 식문화에 대한 논의

한국 음식의 조리법에 대한 정의

한식의 나아갈 방향과 미래까지 정리해준 고마운 책입니다.


많은 한식 셰프들과 조리사 지망생, 그리고 우리 음식의 가치를 많이 알려줄 수 있는 분들이 꼭 한번 읽어봤으면 합니다.

# 한식 기원 찾아 나선 나의 학문적 오디세이, 과학적 대서사

#### 해방 후 70여 년, 한식 오류 논쟁 본격 불 지펴
#### 식품과학자의 통찰력, 한식 본질 파고든 인문서

### 권대영 박사 한국식품연구원 12대 원장

마음이 달뜨고, 꿈결같다. 《한식 인문학》을 탈고한 소회다. 한식들 판에 과학의 불씨를 붙인 심정이다. 식품과학에 대한 학문적 성취의 기쁨과 슬픔 사이, 그 지루하고 고통스러웠던 한식의 학문적 공간을 진실하게 채우기 위해 얼마나 많은 땀을 흘렸던가? 직접적이고 추상적인 학자인 척 일반성을 공략하는, 쓸모없는 올챙이 꼬리 같은 과장된 자기 전시와 내용의 기교 소모성을 벗어나기 위해 무수한 절망 연습과 데이터 인용의 절제를 거듭했다.

'한식 오류 논쟁의 싸움판을 벌여 놓고 가출하는 낭만주의 과학자는 아닐까?' 하는 걱정을 독자들은 지금 접어두어도 된다. 한식을 바라보는 본질적인 문제 접근을 위한 연구를 거듭했고, 그 사유의 조각들을 한 개씩 맞춰 나간 나의 아포리즘이다. 오천 년을 이어 온 우리 고유의 음식문화 원형, 한식의 기원을 찾아 나선 나의 학문적 오디세이이자 한식의 본질을 파고든 서사(敍事, narrative)다. 처음부터 끝까지 독자들의 눈을 게슴츠레하게 하는 장면보다, 아름다운 조약돌을 시냇가에서 하나씩 주워 담은 기쁨을 맛보게 할 것으로 기대한다.

과학자의 길을 걸어오면서 학문적으로 얻은 큰 정의(正義)가 있다. '데이터에 대하여 토론은 많이 하되 데이터에 승복할 줄 알아야 한다'는 것이다. 물론 합리적이고 분명한 데이터에만 승복한다. 데이터가 잘못되었으면 왜 그렇게 나왔는지 하나하나 토론한다. 과학자는 지도 교수의 말에는 승복하지 않을 수 있지만, 데이터에 항상 승복하는 것이 기본적인 연구 자세다. 과학의 여왕은 데이터이며, 데이터는 과학의 신데렐라다. 250여 편의 SCI(과학논문 인용색인, Science Citation Index) 논문들을 쓰면서 장식한 수많은 데이터는 곡예에 가까운 분석 이상의 노고를 필요로 했다. 합리적이지 않을 때에나, 혹은 쉽게 이해가 되지 않을 때에는 꾸준히 이해가 되지 않은 이유를 찾으려 했다. 이 과정 중에 새로운 진리를 찾아냈을 때 그 결과가 우수한 논문이 되는 경우가 더 많았다.

나는 전라북도 순창군의 한 시골 동네에서 4남 2녀 중 삼남으로 태어났다. 형들의 그늘에 가려 뭐든지 직접 해볼 기회는 없었고, 옆에서 형들이 시키는 것을 도와주는 조연을 했다. 무슨 일을 하고 싶어도 직접 해볼 수 있는 경험의 기회보다, 옆에서 눈여겨볼 객관적 관찰 기회가 오히려 많았다. 아버지는 농사를 짓고 방구들을 고치고 손수 집을 짓고, 어머니는 밭일을 하고 음식을 만들어 가족들에게 주는 반복된 일상들…… 형이 꼴 베러 갈 때 따라갔고, 꼴 따먹기 놀이하는 것 등을 지켜보면서 성장했다. 자연스럽게 사물을 객관적으로 바라보는 관점을 익힌 어린 시절이다.

우리 동네 이름이 '빛바우'다. '볏바우'인지 '빛바우'인지 정확하게 모른다. 당시 어른들은 '바위'를 '바우', '돌(石)'을 '독'으로 불렀다. 할머니께 어떤 이름이 맞느냐고 질문했더니, "둘 다 맞다"고 했다. 커서 보니, 할머니는 한글을 잘 모르셨다. 어느 날 아버지가 동네 이름이 한자로 잘못 쓰여서 '양암(陽岩)'이라고 알려 주셨다. 면사무소에서 사용한 한자 지명이다. 아버지는 빛바우를 그냥 빛나는 바위로 알고, 양암(陽岩)이라고 쓴 것 같다며 잘못됐다고 지적했다. 우리 동네에 '빛나는 바위'는 없다. 아니 있을 수 없다. 옛날 사람들은 빛나는 바위같이 추상적인 사물에 이름을 붙이지 않는다. 동네에 '빛(볏)'과 같이 생긴 바위가 있었다. 그 바위는 내가 어렸을 때 올라가서 즐겁게 놀았던 요람 같은 곳이고, 읍내 학교에서 돌아오는 형을 기다렸던 상징이 된 그리운 바위다. 새마을운동 때 길을 닦느라 깨부셔 없어졌지만, 그 바위가 빛(볏)을 닮아 '빛바우'로 불렸다.

빛(볏)은 농기구 쟁기 부품 중 하나다. 쟁기는 소로 논이나 밭을 가는 데 쓰는 농기구다. 땅을 갈아엎는 데 사용하는 쟁기 끝에는 쇠로 된 보습을 붙였다. 삼각형의 긴 보습은 땅을 깊게 파는 데 사용되며,

빛(볏)은 바로 그 보습 위에 붙어 있다. 보습이 흙을 파면 한쪽으로 흙을 몰아가게 해야 쟁기질을 하는 사람이 그 길을 계속 따라 걸어갈 수 있다. 이처럼 한쪽으로 흙이 올라가서 옆에 세워지게 하는 부품을 빛(볏)이라 불렀다. 그리고 빛을 닮은 바위가 있다고 해서 우리 동네를 '볏(빛)바우'라고 부른다고 알려주셨다. 동네 지명에 대한 유래는 동네 사람들에게 대대로 구전돼 왔다. '빛나는 바위'가 어디에 있었겠는가? 바위 이름은 모양이나 형태로 이름을 붙이지 추상적인 작명을 하지 않는다.

일제강점기에 소리 나는 대로 한자 이름을 붙이면서, 유래를 제대로 알지 못하고 붙인 이름들이 수두룩하다. 한자 사대주의자들이 볏바우

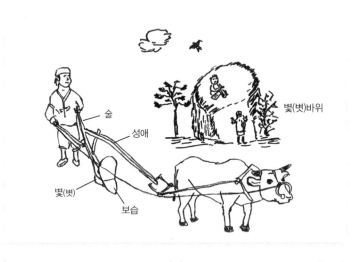

볏(볏)바위

술

성애

볏(볏)

보습

▌ 한자 차용의 오류를 처음 깨닫게 된 볏(볏)과 볏바위. 일제 강점기 때 '빛바위'로 잘못 이해해 마을 이름을 '양암(陽岩)'으로 불렀다. 볏바위 위에서 읍내 학교에 간 형을 기다리는 필자. 삽화는 권대영 필자가 직접 그렸다.

를 전혀 다른 의미의 빛바우로 착각하고, 한자 이름(陽岩)으로 작명해 형이상학적으로 설명을 하려다 보니 빛나는 바위가 있었다는 무리수를 둔 것이다. 이 무리수들이 우리말 어원 오류의 시작점이다.

일제강점기를 거치면서 우리 음식의 이름도 이런 패턴에서 한 발짝도 벗어나지 못했다. 진정 우리말의 뜻을 알지 못하고 알량한 한자로 표기하다 보니 왜곡된 음식언어들이 난무하게 됐다. 나는 이 지점에서 한식에 대한 또 다른 오류가 시작된다는 점을 지적하기 시작했다. 동네 이름 '볓바우'가 어느 날 양암(陽岩)으로 개명된 것처럼.

전북 순창은 고추장 발효식품이 조선 초기부터 유명했던 지역이다. 나는 어렸을 때 어머니가 고추장을 담그시고, 봄 여름 가을 겨울 계절별로 김치를 담그는 것을 보았다. 가을에는 콩으로 메주를 쑤고 정월에 된장 담그는 것을 보면서 어린 시절을 보냈다. 청국장 담그기, 두부 만들기 과정도 직접 보았다. 동네에서는 김치, 된장, 간장, 고추장, 청국장, 술을 제일 잘 담그시는 손맛 좋은 어머니로 통했다.

아버지가 4대 독자이신 관계로 우리 집은 거의 매달 한 차례씩 제사를 지내다시피 했다. 그럴 때마다 고모, 이모들은 멀리서 자식들을 다 데리고 오셔서 함께 제사를 지냈다. 새벽닭이 울고 나서야 가족들은 제삿밥을 나누어 먹었다. 제삿날을 앞두고 어머니는 언제나 제주(祭酒)를 직접 빚어 제사를 지냈다. 지금도 술 빚는 어머니 모습이 눈에 생생하다. 명절과 제사에는 떡을 만드는 것도 잊지 않았다.

어느 날 공무원이 밀주 단속을 나오자, 어머니는 새파랗게 겁에 질렸고 그 얼굴이 한동안 잊혀지지 않았다. 이후 우리 집만의 가양주는 전승되지 않았다. 일제강점기를 간신히 버텨온 우리 집 술은 맥이 끊겼다. 그렇지만 어머니는 할머니, 할머니의 할머니로부터 대대손손 전해져 온 김치, 고추장 만드는 비법으로 맛있는 음식을 행복한 가족 밥상으로 선물했다. 된장국, 비빔밥, 유과, 어느 것도 내게는 최고의 맛이었다. 어머니의 손맛이 그리워진다.

## 과학만이 우리나라가 살길로 생각하고 연구
## 농식업 500조, 맛의 다양성 필요한 시대

고등학교를 졸업하고 가족의 품을 떠나 대학교에서 식품을 전공하게 되었다. 전통식품인 우리나라 식품을 배운 것이 아니라, 오로지 공장에서 생산하고 포장하고 상품화하는 것만을 배웠다. 식품을 제조하는 과정의 과학과 그 원리를 배웠다. 과학만이 우리나라가 살길이라고 생각하고 열심히 배웠다. 이후 KAIST에 들어가서 학자의 길을 걷겠다고 다짐했다. 그리고 생명과학자의 길을 걸어오면서 인생에서 중요한 것들을 배웠다. 어떤 자연현상을 놓고 어떻게 해야 이 현상을 과학적으로 해석할 수 있는지, 어떠한 관찰의 해석을 놓고 진실인지 아닌지 검증하는 과정을 지도 교수(이준식 교수)를 비롯한 실험실 동료들과 끝없이 토론했다. 어떤 데이터가 하나 나오면 왜 그런지 서로 토론 후 어떤 의미를 갖는지 이야기하고 새로운 길을 모색하고 또 실험하고 또 검증했다. 그 결과를 논문으로 내는 일을 묵묵히 하며 국제적으로 검증받는 과학자로 성장해왔다.

대한민국은 이제 식품 산업화 로직(logic), 즉 생산 로직에서 벗어나야 할 때이다. 우리나라 식품산업은 개발, 가공, 생산만으로 성장하는 것이 아니다. 우리나라 식품시장의 규모는 식품제조 약 70~80조 원, 외식 시장은 약 130~140조 원이다. 외식 시장이 식품시장보다 거의 두 배 규모다. 그럼에도 식품의 품(品)자만 이야기한다.

거기에 농업 생산(70~80조원) 및 가정에서 먹는 것을 합하면 약 250조 원(수입 농산물 포함, 식량자급률은 약 25%)으로 우리 나라 농식업은 거의 500조 규모이다. 2020년 우리나라 예산 규모이다. 앞으로는 전체 식품산업 구조가 어떤 연결고리로 묶여 돌아가는지 볼 줄 알아야 하는, 새로운 음식의 로직이 필요한 시점이다. 맛과 문화, 관광 그리고 삶을 통섭적으로 관찰하는 것이 필요하다. 《한식 인문학》을 통해 이런 관점을 내보이려고 노력하였다. 기술, 규모, 자동화, 표준화를 통한 가격경쟁과 효율경쟁은 인류를 비만과 고혈압, 고혈당(당뇨) 등 대사성 질환으로 거칠게 몰아세우고 있다. 소비 측면이 아닌 생산 측면에서 맛의 표준화가 가져온 최악의 결과이다.

미래 음식은 소비자와 소통하면서 품질의 신뢰를 얻는 다양성이 필요한 시대다. 농경의 역사가 없는 미국 방식의 맛 패권주의 시각에서 벗어나야 한다. 미국은 산업 경제와 함께 식품산업이 발전하면서 오로지 영양, 즉 칼로리만을 계산해 패스트푸드 같은 노동을 위한 식품을 개발했다. 비만의 재앙으로 이어진 이유다.

## 《한식 인문학》은 오로지 1차 자료에 근거한 집필
## 2차 자료 인용은 끈덕지게 오류로 남게 돼

10년 전까지만 해도 《한식 인문학》 책 집필은 언감생심이었다. 어린 시절 어머니로부터 우리 음식을 어깨너머로 배우고 익히며, 느낀 지식과 자연과학자로 40여 년간 걸어온 진리를 탐구하는 자세가 집필 동기였다. 아버지가 우리 동네의 한자 표기가 얼마나 잘못되었는지 일러주신 것도 한 동기로 분명 작용했다. 한국학중앙연구원에서 일하는 아내가 필요한 고문헌을 찾아 해석하고 검증해주는 과정을 거치면서, 고문헌 콤플렉스를 벗어날 수가 있었던 것도 용기의 중요한 한 축이다.

《한식 인문학》의 본문 내용은 독창적인 언어로 쓰인 원전, 즉 1차 자료를 바탕으로 집필했다. 1차 자료를 충실히 읽어보지도 않고 쓴 교과서나 다른 대중적 요약 같은 2차 자료는 이용하지 않았다. 교과서나 텔레비전 퀴즈 같은 이미 알려진 2차 자료를 검증도 하지 않고, 술을 증류하듯 알코올 도수만 높인다면, 또는 일반인이 알아듣기 쉽게 뼈만 남기고 미묘함을 발라낸다면, 《한식 인문학》의 출판은 무슨 의미가 있을까? 그저 읽고 나서, 소장하는 책이 아닌 버리는 책이 될

게 뻔하다. 원문이라고 해도 이 책에서 저 책으로 옮겨지는 과정에서 오류가 증폭되는 건 불가피하다. 한번 오류가 전달되면 유전에 의한 선천성 이상보다 더 끈덕지게 남는다. '고추 임진왜란 전래설'이 대표적인 2차 자료 남용 사례이다. 물론 이 책에서 오류가 있다면 그것은 전적으로 필자의 책임이다. 얼마든지 토론하고 검증하고, 그 후 데이터에 승복하면 되는 것이다.

과학적인 통념을 가진 사람들은 한식 이야기가 비논리적이고 허점투성이였음을 느꼈을 것이다. 오류에 대한 정보 수정을 못한 것은 '고문헌 접근성 장벽' 을 넘지 못한 이유도 컸을 것이다. 자연과학자들은 문헌적 접근의 취약성으로 한자 고문헌에 근거한 한식의 비과학적 이야기에 아무 말도 못하고 '벙어리 냉가슴 앓듯' 해야만 하는 아픔을 겪었다. 일제강점기를 벗어난 지 올해로 74년이다. 이제 한식은 일본 강점기 트라우마에서 벗어나야 할 때도 됐다. 학문적으로 풀리지 않는 개념이 절벽으로 다가오면 늘 그래 왔듯이, '일제 탓'을 하는 것은 학문을 하는 바른 자세가 아니다.

## "한식의 본질, 한식 정체성 질문에 답변했다"
### 역사, 고문헌, 식품학적, 농경학적 데이터 근거

우리나라 식품, 한식이 세계적으로 발전하는 데 《한식 인문학》이 튼튼한 초석이 되었으면 한다. 지금도 많은 외국인들이 한식에 대해 요리하는 법을 넘어 한식의 본질과 정체성에 대한 질문을 한다. 이 책이 이들에게 답을 주는 데 조금이라도 기여하였으면 한다.

1장 〈한식의 오류〉 편은 한식에 대하여 몇몇 사람들에 잘못 알려진 이야기들이 방송에서 검증되지 않고 무책임하게 이야기되는 것을 자연과학적 근거(역사, 고문헌, 식품학적, 농경학적)로 바로 알리고자 노력하였다. 음식에 관한 잘못된 정보는 한식이 미래로 나아가고 발전하는 데 걸림돌이라는 점을 강조했다.

2장 〈한식의 탄생〉은 오천 년을 이어 온 우리 고유의 식문화를 주제로 한식의 뿌리를 이야기하고자 했다. 중국 민족과 다른 우리 민족의 뿌리를 이야기하며 우리 음식을 중국의 향국(鄕國)으로 보는 자세에서 벗어나야 한다는 점을 지적했다. 불의 발견과 음식의 역사, 양념의 탄생과 특히 우리 김치의 탄생에 대하여 자연과학적으로 이야기를 전개했다.

3장 〈한식의 본질〉 편은 한식의 원형을 찾아가는 본질적인 내용이다. 한식요리에 관한 책은 많아도 한식의 본질에 대해 이야기하는 책은 별로 없다. 한식이 서양식과 근본적으로 다른 점과 한식의 가치에 대해 설명했다. 서양인들이 한식에 대하여 가장 궁금해하는 질문에 대해 답하고자 했다.

4장 〈한식의 맛〉에서는 오미(五味)로 따질 수 없는 한식의 맛에 대해 논하였다. 서양학문으로 맛을 배우는 사람들은 많아도, 한식의 맛에 대하여 이야기를 들려주는 경우는 많지 않다. 오미로만 한식의 맛을 판단해서는 한식의 정수를 말할 수 없다. 우리 조상들이 한식을 만들면서 느끼는 맛과 우리 고유의 맛에 대해, 조상들이 맛을 내는 개념 등에 대해 알아보았다.

5장 〈한식과 우리말〉 편에서는 음식 이름을 붙이는 원리와 우리말의 조리 용어에 대해 기록했다. 우리 음식의 문화와 역사, 이름을 알아보려면 우리 조상들이 한식을 만들 때 말했던 말(용어)을 누군가는 이야기하여야 한다는 점을 예로 들면서, 우리 음식의 어원에 대해 살펴보았다. 고문헌에 한자로 우리 음식이 나온다고 그것이 우리의 음식의 어원이라고 단정 짓는 것은 경계해야 한다.

6장 〈구곡순담의 한식〉 편은 '한식은 건강 식단'이라는 관점에서 논의하였다. 제품 생산성으로만 보면 한식의 미래는 그리 밝지만은 않다. 앞으로는 인공지능(AI)의 발달로 다양성, 건강성, 삶의 질적 우수성과 한식이 우리 몸과 연결되는 것은 그리 어렵지 않다. 세계의 장수 지역에서 발견한 건강 음식의 조건을 분석하면서, 장차 발전 가능성이 매우 높은 '개인 맞춤형음식'으로 한식의 우수성을 이야기하고자 했다.

끝으로 이 책 집필에 계기를 마련해 준 아내 정경란 박사, 사랑스런 딸 려민, 아들 지환에게 고맙고 감사하다는 말을 전한다. 끝까지 좋은 조언을 해 주고 선뜻 출판해 준 황윤억 대표와 김순미 주간, 최문주·황인재 편집자에게 한없는 감사를 드린다.

2018년 7월 경기도 용인 석성산 줄기 밑에서

권대영

목
차

# 1. 한식의 오류

우리가 제대로 알지 못하는 우리 음식 이야기

# 2. 한식의 탄생

## 오천 년을 이어 온 우리 고유의 식문화

# 3. 한식의 본질

## 한식의 원형을 찾아서

# 4. 한식의 맛

## 오미(五味)로 따질 수 없는 한국인의 맛

# 5. 한식과 우리말

## 음식 이름 붙이는 원리와 우리말 조리 용어

# 6. 구곡순담의 한식

## 한식, 음식 다양성의 보고다

# 1.

## 한식의 오류

.. 우리가 제대로 알지 못하는 우리 음식 이야기 ..

# 식품과학자,
# 한식을 말하다

과학은 자연현상을 쉽게 이해하고 설명하기 위해 생겨났다. 수많은 질문에 대하여 관찰과 실험을 반복하여 명쾌하게 이해되도록 정립하는 것이 자연과학의 일이다. 과학자가 어떤 이론이나 설을 우선 이해하려고 노력하지만 그럼에도 쉽게 이해되지 않는다면 그것은 진리가 아닐 가능성이 크다.

갈릴레이가 한 유명한 말이 있다. "진리는 쉽게 이해되어야 한다." 기존의 천동설로 모든 우주와 지구의 자연 현상을 설명할 수 없을 때, 관점을 바꾸어 지동설을 도입하니 모든 자연현상이 쉽게 이해되고 쉽게 설명되었다. 그가 "지구는 둥글다"고 말할 수 있던 이유였다.

## 과학자는 데이터로 이야기한다

자연과학자들은 기본적으로 데이터를 갖고 이야기한다. 수억 년 전부터 현재에 이르기까지, 우주에서부터 작은 생명체까지, 모든 자연 현상을 연구하여 그로부터 얻은 데이터가 바로 근거가 된다. 만약 다른 종류의 데이터가 제시된다면? 깨끗이 자신의 오류를 인정하면 그만이다. 명백히 밝혀진 진실이 아닌 것에 집착하지 않는다.

어떤 학자라도 오류를 범할 수 있다. 그러나 데이터에 승복하는 학자들이 있는 반면에 현학(衒學)을 찾아 나서는 이들도 있다. 어떤 학자들은 쉽게 이해되지 않는 설을 현란한 지식을 동원하여 짜 맞추려 애쓰기도 하는데, 이들에게는 진리보다 '그럴듯한 언어 사용'이 우선인 것처럼 보인다.

특히 인류의 문화와 지식을 다루는 인문학 분야에서는 논란의 빈도가 더 자주 발생한다. 절대적인 진리를 주장하지 못하는 경우도 생긴다. 명쾌한 결론을 내리려 하는 자연과학과 달리 인문학은 명쾌하지 않음이 오히려 미덕으로 칭찬받기도 한다. 어떤 설에 집착하고 거기에 따른 동조자나 제자들을 규합하여 무리를 짓기도 한다. 학파나 종파를 만들어 서로 부딪치기도 한다.

그러나 아무리 인문학이라 하더라도 과학적 상식이 기본이 되어야 한다는 것이 내 생각이다. 학자라면, 특히 인문학자라 해도 명백하게 밝혀진 과학적 증거 앞에서는 수긍할 줄 아는 자세가 필요하다. 전체적 맥락에서 보면, 학문 발전에도 이롭다. 과학계에서도 스승의 이론을 뒤엎는 증거를 찾은 사람이 더 훌륭한 제자로 인정받고, 그런 사람들이 노벨상을 많이 받아왔다.

나는 지난 수십 년 동안 생명과학과 식품과학을 연구해온 자연과학자이다. 정부 출연 연구기관인 한국식품연구원에서 원장으로 일하기도 했고, 한국과학기술한림원의 정회원이기도 하다. 어렸을 때부터 한문을 공부했기 때문에 한문책에도 익숙하고, 책의 저자가 한문을 제대로 이해하고 있는지 아닌지 정도는 판단이 가능하다. 특히 나의 아내는 문헌 정보 분야에 뛰어난 한국학 학자이다. 필요한 실험(고문헌에서 자료를 찾아내는 일)에 아내가 직간접적 도움을 주고 있어, 한자 문장 해석에 따른 자료로 어느 누가 장난치는 일은 쉽게 파악할 수 있다.

평생 자연과학자로서 크든 작든 과학적으로 설명되지 않은 것들을 찾아 실험하고 관찰하는 일을 해왔다. 그런 과학자로서 우리 음식 문화에 너무나 많은 과학적 오류가 넘치는 것을 보고 안타까운 마음에 이 책을 쓰게 되었다.

'한식을 세계화하겠다'는 시대에, 과학적 오류가 뒤섞인 음식 문화 이야기를 가지고 세계로 나간다면 난감한 일이고, 한식의 정체성 논란은 끊임없이 도마 위에 오를 수밖에 없다. 진실은 높은 가치가 있으며 세계 어느 곳에서나 변함없이 통하는 까닭이다. 잘못된 정보는 오래 살아남지 못한다. 갈릴레이는 말했다. "쉽게 이해되어야만 진실이다. 그러나 문제는 어떻게 찾는가이다." 나는 말하고 싶다. "잘못된 정보는 진실을 덮을 수 없다. 그러므로 거짓을 어떻게 찾아내느냐가 문제이다."

# 고추 일본 전래설에 반기를 들다

자연과학자의 눈으로 볼 때 우리나라 식문화에서 가장 이해되지 않는 것이 '고추가 임진왜란 때 들어왔다'는 설*이다. 유전공학이 발달하고 방사선 동위원소로 생명체의 탄생 시기를 추정할 수 있는 시대이다. 지질학과 고고학의 측면에서도, 고추가 임진왜란 때 들어와 우리 고추로 변해서 김치와 고추장이, 그것도 거의 동시에 발생되었다는 것은 있을 수 없는 이야기다.

"고추는 임진왜란 때 일본으로부터 들어온 것이 아니며, 우리나라는 임진왜란 발발 훨씬 전부터 고추를 재배해왔다. 우리 조상들은 오래전부터 고추를 활용해 고추장을 만들어 먹어왔다."

이런 내용이 지난 2009년에 이미 전국 주요 일간지에 보도된 일이 있다. 한국식품연구원 계간지 〈흔맛흔얼〉에 실린 내 논문이 언론의 눈에 띈 것이다.

이 논문은 '고추가 임진왜란 때 일본을 통해 우리나라에 들어왔다'는 세간의 통설에 반하는 내용으로 언론의 관심을 받았다. 그러나 이후에도 여전히 사람들 인식에는 큰 변화가 없었다. 많은 이들이 여전히 기존의 설을 고수하고 있으며, 특히 국민의 세금으로 운영되는 방송에서도 여전히 무책임하고 비과학적인 이런 이야기가 예능, 교양 부분을 망라하고 계속 반복 재생산되고 있다.

---

* 저자는 이미 《고추 이야기》(권대영, 정경란 외 2명 저, 효일, 2011년), 《고추 전래의 진실》(권대영, 정경란 외 1명 저, 자유아카데미, 2017)에서 문헌 하나하나를 비교 분석하고 고추의 유전자 분석 자료 등을 들어 고추 임진왜란 전래설이 허구임을 밝힌 바 있다.

사실 약간의 과학적인 상식과 검증 노력만 있어도 '고추 일본 전래설'은 충분히 바로 잡을 수 있는 내용이다. 하지만 한번 잘못 알려진 사실을 고쳐 바로잡기란 쉽지 않다. 이런 현실을 볼 때마다 과학자로서 안타까움과 자괴감이 동시에 들곤 했다.

## 순창에서 나고 자라며 들은 이야기

나는 고추장으로 유명한 전북 순창에서 태어났다. 어렸을 때는 아버지를 따라 땔감을 하러 다녔다. 땔감을 하러 작은 절(동네 사람들은 이 절을 산안절이라 불렀는데, 지금은 만일사로 부른다)에 갈 때면 아버지께서는 "태조 이성계가 등극하기 전에 무학대사와 함께 이 절에 와서 고추장을 먹고 너무 맛이 있어서 조선을 세운 뒤 진상하라 했다"는 이야기를 들려주시곤 했다. 어렸을 때 이런 이야기를 듣고 자란 나는 1980년대 초 어느 날 '고추가 임진왜란 때 일본에서 전래되었다'는 이야기가 갑자기 나돌 때 그 이야기를 쉽게 받아들이기 어려웠다.

상식적으로 볼 때 '고추가 일본으로부터 전래되었다'는 설에는 의문점들이 많았다. 일본에는 고추로 만든 음식이 없는데 임진왜란 때 무슨 이유로 우리나라에 갖고 들어왔을까? 유럽에서 중남미 고추인 아히(Aji)가 들어왔다면[*], 그 당시 함께 들어왔다는 토마토, 타바코

---

[*] 배명희, 이성우, 〈고추의 역사와 품질평가에 관한 연구〉, 한국생활과학연구, 1, pp.187~202, 1984

처럼 적어도 '아히' 아니면 '피망'과 같은 유럽식 이름의 흔적이라도 있어야 한다. 그런데, 왜 순 우리말 '고추'만 남아 있고 심지어 '당초', '번초', '만초' 등 순전히 중국식 이름이 붙여졌을까? 담배는 사용 목적이 분명해 쉽게 번질 수 있지만, 고추는 일본에서 만들어 먹는 음식도 없고, 따로 용도가 없을 때인데도 어떻게 전국으로 퍼졌을까? 어떻게 고추가 들어오자마자 김치와 고추장이 동시에 만들어질 수 있었을까?

식품과학적인 관점에서 보면 '불가능한' 가설, 즉 있을 수 없는 주장이다. 인문학자라도 조금만 더 세심하게 바라보면 합리적 의구심이 들었을 것이다. 그런 의구심을 잠재우기 위해서일까? 고추 독살설, 우리민족 우수설, 고추 역수출설, 백김치론, 흑고추장설, 임무교대설 등 각종 주장이 등장한다.[*] 고추 일본 전래설을 합리화하는 곁가지 논리인 셈이다. 이런 주장은 내용을 뒷받침하는 근거 자료 없이, 일본 전래설을 떠받치기 위해 꾸며낸 가설에 불과하다는 것이 과학자로서 나의 주장이다.

자연과학의 관점에서 바라보면, 위의 다양한 설들이 있다는 것은 '고추가 임진왜란 때 들어왔다'는 지금까지의 통설이 허구라는 사실을 단적으로 증명한다.

---

[*] 권대영, 정경란 외 1인, 《고추 전래의 진실》, pp.32~45, 자유아카데미, 2017

## 대입 문제로 등장한 '고추 전래설'

1980년대 말 당시 대입 학력고사 문제 중에 '조선 초기 시대의 생활상과 맞지 않은 내용을 고르라'는 문제가 출제되었다. 답은 '할머니가 고추를 앞마당에서 말리고 있다'라는 보기였다.

과학적인 검증도 거치지 않은 잘못된 사실이 공신력 있어야 할 대학입학시험 문제로까지 출제된 것이다. 문제를 분석하기보다 외우기를 강요받는 우리 교육제도상 대입 기출문제가 되었으니 무비판적으로 퍼지고 강요될 일은 뻔했다. 그 설의 맹점을 알고 있던 나는 빨리 진실을 밝히지 않으면 학생들이 고추 일본 전래설만을 배워 영영 왜곡된 설이 진실로 굳어질 수밖에 없겠구나 하는 위기감을 느꼈다.

결정적으로 1990년 일본을 방문하였을 당시, 일본 《식품원료학》*이라는 책에서 '고추는 조선으로부터 가토 기요마사가 가지고 들어왔다'는 내용을 접하고 나서 고추의 일본 전래설에 문제가 있다는 과학적 확신을 갖게 되었다. 이후 본격적으로 고추의 전래에 대해 연구를 시작하였다.

처음에는 고추 전래를 밝히겠다는 마음만 앞섰지 고문헌을 찾을 줄도, 볼 줄도 몰라 연구의 진전이 거의 없었다. 그런 상태로 몇 년 흘러갔을 때 고추 진실 찾기를 위한 든든한 동지를 만났다. 한국학을 전공한 아내 정경란 박사였다. 몇 년 동안 고추에 대해 아내와 밤

---

* 사이토 스스무[齊藤進], 《食品原料學》, 圖書株式會社, 日本, 1970

낮으로 토론하고 수백 편의 고문헌을 같이 분석했다. 수십 종의 고추와 수백 편의 고문헌을 과학적으로 분석한 결과, 고추는 임진왜란이 발발하기 훨씬 이전부터 우리 땅에서 재배되었고, 우리 조상들은 오래전부터 고추를 이용하여 고추장 등을 제조해 먹어왔다는 결론을 얻었다.


## 과학자가 한식을 이야기하는 이유


나는 과학적 사실에 근거해 진실을 이야기하는 자연과학자다. 과학은 그 분야가 한정되어 있지 않다. 어떤 분야라도 과학적 사고로 접근하여 풀어가는 가는 것이 바로 진실에 가까이 가는 방법이다. 음식의 역사와 문화도 과학적인 접근이 필요하다. 고추 전래의 진실만 밝혀도 수많은 왜곡된 역사를 바로 잡고, 우리 음식 문화가 어떻게 발전해 왔는지를 쉽게 이해할 수 있다.

'닭도리탕'이 일본 말에서 온 잘못된 말이라는 주장 또한 아무런 과학적인 근거 없이 떠돌아다니는 잘못된 이야기의 대표적 사례이다.[*] 이렇게 과학적이지 않은 정보, 역사적으로, 문화적으로 맞지 않는 사실이 마치 진실인 양 왜곡되어 당연하게 받아들여지는 것이 현실이다.

잘못된 정보는 쉽게 이해되지 않기 때문에 또 다른 설을 만들어 더

---

[*] 권대영, 정경란 외 1인, 《고추 전래의 진실》, 자유아카데미, p.48, 2017; 권대영, 《식품산업 지속성장의 길》, 식품외식정보, pp.176~181, 2017

심한 왜곡을 부른다. 음식의 역사를 왜곡하고, 우리 음식 문화의 가치를 폄훼하는 단초가 되기도 한다. 각종 문헌과 설을 동원해 어렵게 이해하는 것은 우리 음식 문화를 이해하는 진실이 아니다. 쉽게 이해하는 것이 오히려 진실에 가까울 수 있으며, 한식에 대해 우리가 진정으로 추구해야 할 방향도 이와 같다. 진짜와 가짜를 가려내고 진실이 잘 전달될 수 있도록 하여 제대로 된 가치를 만드는 일, 우리의 음식 문화를 제대로 정립하기 위해 반드시 해야 할 우리의 역할이라 생각한다.

# 2

# 비 오는 날이면
## 부침개가 생각나는 진짜 이유

비가 오락가락하는 장마철이나 소낙비라도 쏟아지는 날이면 자연스럽게 떠오르는 음식이 있다. 바로 지글지글 소리와 고소한 기름 냄새가 오감을 자극하는 파전이나 부침개, 또는 수제비, 칼국수 같은 밀가루로 만든 음식이다. 비가 오는 날이면 으레 파전 골목 입구부터 문전성시가 되거나, 직장인들이 몰려있는 동네라면 점심시간 칼국수 집에 길게 줄을 선 풍경을 흔히 볼 수 있다. 우리나라 사람들 대부분이 공통적으로 이런 음식을 떠올린다는 사실이 때로 신기하기도 하다. 이렇게 비 오는 날이면 으레 부추전이나 파전, 수제비나 칼국수가 생각나는 이유는 무엇일까?

## 빗소리의 주파수 때문이라고?

어느 날 방송 뉴스를 보는데 우리나라 사람들이 비 오는 날 파전 같은 부침개를 좋아하는 이유가 바로 비가 떨어지는 소리와 전을 기름에 튀기는 소리의 주파수가 일치하기 때문이라는 내용이 생활 뉴스 한 꼭지로 소개되고 있었다. 깜짝 놀랄 일이었다. 소위 지식인이라는 배운 사람들이 근거도 없이 아무 이야기나 서로 이어 붙여 가짜 이야기를 지어내는구나 싶었다. 우리 음식 문화와 역사가 이렇게 쉽게 비과학적으로 왜곡되는구나 싶어서 헛웃음이 났다.

뉴스를 보고 혹시나 싶어 '비 오는 날에 파전을 좋아하는 이유'에 대해 인터넷 검색을 해 보았다. 아니나 다를까. '비 오는 날이면 파전이 더욱 간절해지는 이유는 기름을 두른 팬에 부침반죽을 넣고 익힐 때 나는 기름 튀기는 소리가 빗줄기가 땅바닥이나 창문에 부딪힐 때 나는 소리와 비슷해 자연스럽게 비가 부침개를 연상시킨다'(모 인터넷 지식백과)고 나왔다. 여기에 친절하게 과학을 들먹이면서 빗줄기 주파수가 프라이팬에서 기름 튀기는 주파수와 일치한다는 증거까지 내밀고 있다. 이렇게 우리 음식에 허황된 현란한 주장을 붙여야만 하는 걸까? 사실 과학적으로 주파수가 일치하지도 않는다.

식품의 본질을 모르는 일부 전문가들이 우리 식문화와 역사를 왜곡하고 호도하는 경우가 매우 많다. 파전에 관한 속설도 마찬가지다. 비가 떨어지는 소리와 파전을 기름에 튀기는 소리가 일치해서 비 오는 소리가 들리면 파전을 좋아한다고 했는데, 이는 소설, 시에서나 가능할 일이지 역사적인 근거와는 전혀 관계가 없다. 우리 음식에 대하여 철학적으로 해석하고 미적으로 표현하고 시를 짓고 소설을 쓰는 것은 다양한 문화적 표현의 하나로 아무래도 상관없다. 그러나 음식에 대한 역사와 문화를 왜곡하고 호도하는 것은 바로 잡아야 한다. 여기에 어설픈 과학까지 언급되는 것은 온당치 않다.


## 부침개는 튀김 음식이 아니다

먼저 파전이나 부추전은 튀김 음식이 아니라는 사실부터 명확히 해야겠다. 우리나라는 기름이 많지 않았기 때문에 튀김 음식이 발달하지 않았다. 참기름이나 들기름을 조금 넣어 열전달을 극대화하여 맛있게 지져 먹는 음식이나 부쳐 먹는 음식이 발달하였고, 이것이 바로 부침개였다.

또한 우리가 부침개를 즐겨 먹던 시기는 대부분 초가집이고 흙 마당이어서 흔히 창문이나 땅에 부딪쳐 나는 빗소리는 그리 크지 않았다. 그리고 옛날에는 프라이팬과 같은 팬은 없었고 솥뚜껑을 엎어서 파전이나 부추전을 부쳐 먹었다. 기름에 튀기는 소리, 프라이팬, 더군다나 주파수 운운하는 것은 사실에 맞지 않고, 식품과학에 대한 이해가 부족해서 하는 이야기다. 특히 음식업에 종사하는 사람들이나 음식 전문가 또는 미식 전문가라고 칭하는 이들이 서슴없이 이런 이야기를 하고 다니는 것을 볼 때면 씁쓸하다.

그러면 왜 우리는 비 오는 날이면 파전이나 부추전, 수제비나 칼국수가 생각나고 이를 즐겨 먹을까?

우리나라 음식 역사는 먹을 것이 풍부하고 여유가 있어 생긴 '낭만의 역사'가 아니라 '삶의 역사'였다. 기본적으로 우리나라는 산이나 들에 나가 농사를 짓거나 수렵을 하는 농경의 역사다. 따라서 일할 때 날씨가 매우 중요했다. 비가 오지 않아야 밭이나 논에 나가 일을 할 수 있기 때문이다. 갑자기 비가 오거나 하루 종일 비가 오면 들에 나가 일할 수가 없다. 이는 남자나 여자나 마찬가지다.


## 음식의 역사는 삶의 역사

농사철에 갑자기 비가 오고 밖에서 일을 못하게 되면 동네 정자(亭子)나 어느 집으로 마실을 나가 삼삼오오 서로 모여 세상 돌아가는 이야기를 나누며 즐거운 한때를 보냈다. 그야말로 노변정담(爐邊情談)의 문화다. 그러다가 출출해지면 당연히 먹을 것이 생각나고 별다른 준비 없이도 바로 해 먹을 수 있는 음식이 수제비나 칼국수, 또는 파전이나 부추전 같은 부침개였다. 파나 부추는 어디에나 있다. 집안 텃밭이나 뜰에 흔히 나 있는 걸 바로 뜯어다가 있는 밀가루에 섞어 부쳐 먹으면 된다. 밀가루가 없으면 밀을 곧장 갈아서 밀가루로 만들어 먹기도 했다. 만들기 쉽고 이웃과 함께하니 얼마나 맛있었겠는가? 더구나 비가 주로 오는 장마철은 밀을 수확한 지 얼마 되지 않은 때여서 밀가루를 쉽게 구할 수 있었다.

부족하나마 밀농사로 수확한 밀을 직접 갈아 먹기도 했지만, 값싼 밀가루가 외국으로부터 들어오기 시작한 1960년대 초부터는 이러한 삶이 더욱 일반화되었다. 특히 이때 즈음에 산업화가 시작되면서 농경 역사를 경험한 세대들이 대거 도시로 나가고, 도시로 나간 사람들이 비가 오는 날이면 생각나는 것이 어릴 적에 어머니가 해주셨던 파전이나 부추전, 수제비, 손칼국수였다. 고향에 대한 아련하고 그리운 추억도 함께 먹은 셈이다.

음식의 역사, 음식의 문화는 평범한 사람들의 소중한 삶의 경험과 일상에서부터 출발한다. 어릴 적부터 맛보았던 음식과 그 맛, 그리고 가족과 함께 먹을 때 행복했던 기억은 얼마나 소중할까? 일상의 삶 속에서 문화가 나오는 것이지, 양반들과 지식인들의 현란한 언어 유희에서 음식 문화가 나오는 것이 아니라는 것을 지적하고자 한다.

고향에 대한 향수를 시로 쓰고 소설로 쓰고 살을 붙여 아름답게 포장하는 것은 충분히 가능하다. 하지만 우리 음식 문화의 역사와 배경에는 분명한 근거가 있다는 점을 염두에 둘 필요가 있다. 문화적 가치와 역사적 사실까지 근거 없는 불확실한 정보로 진실인 것처럼 왜곡하면 곤란하다.


## 음식에 관한 '가짜 뉴스' 옥석 가리길

중국의 한(漢)나라 한비자 시절, 어느 화가가 그림을 그리고 있을 때 왕이 지나가다 화가에게 "어떤 그림을 그리는 것이 가장 어려운가?"라고 물었다. 화가는 "개와 말을 그리는 것이 가장 어렵다"고 대답했다. 이해가 잘 되지 않아 왕이 다시 물었다. "그러면 어떤 그림을 그리는 것이 가장 쉬운가?" 그는 "귀신을 그리는 것이 가장 쉽다"고 대답했다. 그 이유를 물으니 "개나 말은 사람들이 다 알고 있어서 그릴 때마다 지나가는 사람들이 한마디씩 하니까 그리기 어렵지만, 귀신을 그리면 아무도 말하는 사람이 없어서 쉽다"고 말했다.

음식에 대해서도 마찬가지인 듯하다. 사람들이 일상에서 매일 접하다 보니 각자 한마디씩 할 줄 알고, 관심이 많다 보니 사실이 제대로 검증되지 않은 채 잘못 알려지고, 그렇기 때문에 제대로 이야기해도 잘 받아지지 않는 경우가 많다.

한편으로는 소셜 미디어(social media)의 영향력이 커지다 보니 그 이면에 가짜 뉴스, 잘못된 정보들도 덩달아 넘쳐나는 듯하다. 음식에 관해서도 마찬가지다. 때로는 비과학적인 이야기가 진실인 것처럼 당연하게 확산되는가 하면, 때로는 음식 전문가라는 사람들까지 가세하여 거짓 정보를 흘리며 확대 재생산하는 경우가 종종 있다.

고추 일본 전래설, 부침개와 주파수의 상관관계 외에도 일본 말이라고는 고스톱 판의 '고도리'*밖에 모르던 사람들이 '닭도리탕이 일본 말이다'라고 허무맹랑한 주장을 펼치는가 하면, 여기에 몇몇 언어학자까지 가세해 어느 순간 '닭도리탕'이 '닭볶음탕'으로 뒤바뀌기도 했다.

---

* 고스톱 화투판에서 쓰는 일본말로 '다섯 마리 새'라는 뜻으로, 새 다섯 마리가 있는 화투 짝 세 개를 먼저 얻으면 이기는 화투놀이 고스톱에서 쓰는 말.

일부 전문가들의 그릇된 연구와 소셜 미디어를 통해 퍼져나가는 잘못된 식품 정보에 의해 우리 음식 역사가 왜곡되고 때로는 누군가가 선의의 피해를 겪기도 한다.

과학자의 책임으로 논문과 책 등을 통해 기회 있을 때마다 이들 주장의 허구성과 잘못된 부분을 지적하고 바로잡고자 노력해 왔지만, 한번 왜곡된 사실을 바로 잡는 것은 정말 쉽지 않은 일임을 뼈저리게 느낀다. 우리 한식을 사랑하고 즐기는 이들이 부디 우리 음식 문화에 관해 넘치는 정보들 사이에 옥석을 잘 가려 주기를 바랄 뿐이다.

# 3

# 닭도리탕은
## 닭도리탕이다

맛집 소개, 집밥 만들기 등 음식을 소재로 한 방송 프로그램이 수
년째 인기를 끌고 있다. 너도나도 음식 이야기라면 전문가 아닌 사
람이 없는 듯도 하다. 음식에 대한 이야기는 누구라도 TV에 나와 이
야기하면 그것이 정설인 것처럼 대중에게 받아들여진다. 다른 한편
으로 그 폐해도 커지고 있다.

반복해서 이야기하지만 우리 음식의 역사를 망가뜨린 가장 대표
적인 오류는 '고추가 임진왜란 때 들어왔다'는 근거 없는 오래된 설
이다. 이 설에 따르자면 우리 음식의 역사는 매우 짧아지고 심지어
우리 음식의 뿌리가 일본에 있는 것처럼 여겨지기도 한다. 김치의
뿌리가 '츠케모노'라는 주장이 대표적이다.[*] 심지어 오늘날 배추김

치의 역사가 백 년밖에 안 되었다고 말하는 음식 전문가도 있다.[**]
이러한 주장에 우리 김치의 역사가 왜곡되고, 임진왜란 이전에는 백
김치만 먹었다는 거짓 정보가 거리낌 없이 나돈다.

'떡볶이가 1970년대 이후 나타난 음식'이라는 말도 마찬가지다.
'닭도리탕'의 어원이 일본어로 둔갑하는가 하면 '닭볶음탕'이라는 정
체 모를 말이 그 자리를 대신 차지하기도 했다. 아나운서들은 일일
이 '닭도리탕'을 '닭볶음탕'으로 정정하기에 바쁘고, 이를 보고 듣는
국민들은 무비판적으로 받아들일 뿐이다.

우리의 음식 문화와 역사에 관해 우리가 오해하고 있는, 잘못 알
고 있는 사실들이 너무나 많다. 이런 것이 바로 역사 왜곡이 아니고
무엇일까. 실제로 우리 음식 문화는 어머니가 할머니로부터, 할머
니가 증조할머니로부터 대대로 음식 만드는 법을 배우며 전통을 이
어왔다. 하지만 이대로 가다가는 세대에서 세대로 경험을 통해 전해
내려온 우리 음식 문화가 조만간 부정되지 않을까 걱정스럽다. 잘못
된 방향으로 흘러가고 있는 우리 식문화를 바로잡는 일이 무엇보다
시급하다.


## 고스톱 열풍에서 엉뚱하게 튄 닭도리탕 논란

우선 '닭도리탕'에 관한 오해의 실마리부터 풀어보자.

---

* 주영하, 〈김치: 장아찌와 짠지의 후손〉, 풀무원 뉴스레터, 69, 18, 1999
** 주영하, 《음식전쟁 문화전쟁》, 사계절, p.58, 2000.

정말 닭도리탕은 일본에서 온 음식이고, 닭도리탕은 일제강점기를 거치며 오염된 일본어 표현일까?

닭도리탕의 어원 논란은 40여 년 전 온 국민에게 불어닥친 고스톱 열풍에서 시작되었다. 고스톱 용어에 '고도리'라는 말이 있다. 혹자는 일본어로 '고'가 '다섯'을 뜻하고 '도리'는 '새'를 나타내어, 화투장에 다섯 마리 새를 잡은 경우 고도리라 한다고 아는 체를 한다. 고스톱 열풍 때문에 일본어를 몰라도 '고도리'라는 말뜻은 알게 된 사람들이 엉뚱하게도 당시에 즐겨 먹던 닭도리탕의 '도리'가 '새'를 나타내는 일본 말이고, 닭이 새니까 닭도리탕이라고 불렀나 보다라며 본격적으로 회자되기 시작했다. 이것이 고스톱 유행과 함께 '닭도리탕이 일본 말'이라는 정체 모를 '설'이 나오게 된 배경이다.

닭도리탕이 일본 말이라는 이야기는 어느새 정설로 굳어졌고, 학교에서도 닭도리탕은 지양해야 할 일본어 표현으로 가르쳤다. 일부 식품학자들은 닭도리탕이라 하지 말고 닭볶음탕으로 고쳐 써야 한다는 주장까지 했다. 결국 국립국어원이 이를 받아들였고, 닭도리탕이 아닌 닭볶음탕이 바른 우리말 표현으로 자리했다.

여기서 한 가지 짚고 넘어가자. 닭도리탕은 과연 볶음 요리일까? 닭도리탕을 조리할 때 볶는 과정이 포함되어 있나? 닭도리탕을 한 번이라도 만들어본 사람이라면, 아니 먹어본 사람이라면 의아하게 생각하지 않을 수 없다.

## 닭도리탕이 일본어라고?

닭도리탕이 일본어라는 주장에는 닭도리탕이 일본 음식이라는 의미가 포함되어 있다. 그렇다면 일본에서도 과연 이 음식을 즐겨 먹을까? 아니 흔적이라도 남아있을까? 일본은 고추를 식재료로 사용하는 민족이 아니다. 그렇기에 닭을 고추장으로 조리하는 닭도리탕은 결코 일본 음식이 될 수 없다.

백번 양보하여 닭도리탕이 우리 음식인데 일본으로 건너가서 닭도리탕이 되었다고 치자. 그렇다면 원래 이 음식의 우리말은 무엇이었을까? 닭도리탕이 일본어에 의해 오염된 것이라면 원래 우리말 '닭새탕'이 일본 말 '닭도리탕'이 되었다는 걸까? 그렇다면 왜 '새'만 일본말 '도리'로 바꿔 닭도리탕이라는 이름으로 불렀을까? 우리 음식에 이렇게 '닭'에다가 또 '새'를 같이 붙여 만든 음식 이름은 그 유래가 없다. 상식적으로도 그렇게 부를 필요가 없기 때문이다. '닭도리탕'은 일본 음식도 아니고 그 이름도 일본어에서 온 것이 아니다.

실제로 '닭도리탕'은 닭도리탕을 즐겨 먹던 우리 조상들이 붙인 이름이다. 1920년대 문헌(《조선무쌍신식요리법》 등)에 보면 닭도리탕이라는 기록이 나온다. 우리 조상들은 꿩도리탕, 토끼도리탕도 즐겨 먹었다. 이는 일제강점기 이전부터 우리 조상들이 닭도리탕을 즐겨 만들어 먹었음을 알려준다. 당시 민간에서 일상적으로 먹는 음식 이름에 굳이 일본어를 갖다 쓸 필요가 있었을까? 더구나 그때는 고스톱 화투도 없던 때였다. 우리 할머니들은 '도리'라는 일본 말을 들어

보지도 못했고 그 뜻을 알 수가 없었다.

또한 굳이 일본 말을 아는 사람으로 유식한 체하고 싶었다면 '새'를 뜻하는 '도리'가 아니라 '닭'을 뜻하는 일본 말을 써서 '이와도리(닭)탕'으로 불렀을 것이다. 굳이 닭과 탕 사이에 새를 넣어서, 새만 일본말 도리라고 하여 닭도리탕이라 불렀다는 것은 설득력이 없다. 그렇다면 토끼도리탕은 토끼가 새라는 의미란 말인가? 근거가 부족한 주장이다.


## '도리치다'라는 우리말

그렇다면 '닭도리탕'은 어디서 온 말일까? 우리 음식은 그 이름을 붙일 때 보통 주재료가 먼저 나오고 필요하면 중간에 요리 과정이 나오며 마지막으로 종류(탕, 국, 찌개, 볶음, 찜, 무침 등의 음식 분류)를 의미하는 말의 순으로 이름을 짓는다. (5장 〈음식에 이름을 붙이는 원리〉 참조) 닭을 고아서 탕을 만들면 '닭곰탕'이 되고, 닭을 찌면 '닭찜', 닭을 기름에 볶으면 '닭볶음', 김치를 넣어 찌개로 만들면 '김치찌개', 닭을 도리쳐서 만들면 '닭도리탕'이 된다. 여기에 무슨 소란스런 언어 유희가 필요한 것일까?

우리말에는 '도려내다'와 '도려치다' 또는 '도리치다'라는 말이 있다. '도리다'에서 칼로 조심스럽게 도려내는 것을 '도려내다'라고 하고, 칼이나 막대기로 돌려가면서 거칠게 쳐내는 것을 '도려치다' 또는 '도리치다'라고 한다. '도려치다'는 표준어 '도리치다'로 굳어진다.

국어사전에도 '도리다'는 말이 나온다. 그러니까 닭도리탕은 닭을 칼 등으로 도리치어서 탕을 만든 것으로 오래전부터 자연스럽게 생긴 우리말이다. 이것이 우리 음식 이름에 관해 쉽게 이해 가능한, 설득력 있는 과학이다.

우리 조상들은 우리 음식의 이름을 만들 때 굳이 자기도 모르는 일본 말을 도입하여 어렵게 붙이지 않았다. 꿩을 도려쳐서 탕을 만들면 '꿩도리탕'이고 토끼를 도려쳐서 탕으로 만들면 '토끼도리탕'이라 불렀다.

그런데도 1980년대 갑자기 고스톱 화투판에서 나돌던 말이 퍼지더니, 국립국어원에서 아무런 식품학적, 자연과학적 검증 절차 없이 왜색 문화를 없앤다는 구실로 닭도리탕을 일본어로 단정하고 '닭볶음탕'이라고 써야 한다고 하여, 오늘날 많은 사람들이 닭도리탕을 일본어로 잘못 알고 있는 지경에 이르렀다. 이는 화투판에서 오직 일본 말이라고 고도리밖에 모르던 사람들이 근거 없이 잘못 퍼뜨린 이야기로 인해 우리 식문화가 왜곡된 대표적인 예이다. 이때 학자들은 무엇을 했을까?


## 기원이 오래된 우리 음식 '도리탕'

닭도리탕은 기원이 오래된 음식임에도 불구하고, 일본 음식의 한 종류로 인식되거나, 더 나아가 일제강점기에 생긴 음식으로 잘못 인식되기까지 한다는 것이다. 한발 더 나아가 일제강점기 이전에는 오늘날과 같은 닭도리탕이 없었다는 이야기까지 떠돈다.

조선시대 전순의가 기록한 《식료찬요》 등을 보면 닭이나 꿩에 마늘이나 양념과 함께 고추장을 넣어 끓인 음식이 나오는데, 이는 오늘날의 닭도리탕과 크게 다르지 않다. 닭도리탕의 유래를 일본어에서 찾는 것은 수백 년 된 우리 음식 '닭도리탕'의 역사를 축소 왜곡시키는 일이고, 폄훼하는 일이다. 그 배경에는 음식 전문가라는 지식인들과 국립국어원, 그리고 국민의 세금으로 운영되는 방송사의 책임이 크다고 할 수 있다.


## 음식의 이름은 누가 지었을까?


수백 년 전부터 즐겨 먹었던 우리 음식의 이름은 우리 조상들이 잘 통하고 잘 아는 말로 자연스럽게 붙인 것이다. 음식을 만들어 놓고 언어학자나 일본어, 영어, 한자 좀 안다는 학자들이 모여서 작명한다고 생각하면 큰 오산이다. 닭도리탕이 순수한 우리말이라는 주장에 대해 국어학자를 비롯한 학자들의 반향이 더 놀라울 때가 있다. 수백 년 전부터 즐겨 먹었던 음식의 이름을 붙이는데 학자들이 참여해야만 이름이 붙여지는 것으로 착각하는 것은 지식인의 오만이다.

어느 국립국어원 관계자는 "닭도리탕이라고 이야기할 만한 충분한 근거가 부족하다"고 하는데, 아니 과연 닭도리탕을 닭볶음탕으로 바꿀 때는 충분한 근거를 바탕으로 검토하고 결정했는지 되묻고 싶다. 볶음 과정에 대한 식품학적 지식도 없이, 볶음 과정이 없는 닭도리탕을 닭볶음탕이라고 한 것은 과연 식자들이 충분한 검토 후에 한 결정인가? 세간에 떠도는 말에 미혹(迷惑)하여 엄밀한 검토와 논의 없이 선불리 결정한 것은 아닌지 스스로에게 물어볼 일이다.

또한 닭도리탕에 대해 '닭을 도리쳐서 만든 탕'이라고 이야기하니까 국립국어원은 친절하게 '도리치다'가 국어사전에 없기 때문에 닭도리탕이 우리말이 아니라고 이야기한다.

그러면 '도리다'는 무슨 뜻인가? 또한 단어가 국어사전에 나오지 않는다고 우리말이 아닐 것이라는 추측은 적어도 국어학자들이라면 해서는 안 될 말이다.

오래전 닭도리탕을 즐겨 만들어 드신 우리 조상들은 일본어도, 영어도 모르고, 한자, 심지어 한글도 쓸 줄 모르는 사람들이 대부분이었다, 아는 것이라곤 말, 우리말뿐이었다. 그들이 붙인 음식 이름은 당연히 우리말이었다. 그때 사용했던 우리말이 현재 표준말인지 사투리인지 따지는 것은 지식인의 사치이다.

일제강점기에 우리말 사전을 만들기 위해 애쓴 사람들의 이야기를 다룬 영화 〈말모이〉를 보면 우리말 고추장 한 가지라도 지역마다 얼마나 다양하게 표현되었는지, 또한 최초의 사전을 만든 이들이 방언 하나하나도 우리말로 기록하고 남기기 위해 얼마나 노력해왔는지 잘 드러난다. 옛날 우리말이 표준어 한 가지만 있었다면 그들의 주장이 맞을지 모른다. 그러나 우리말은 표준어로 선택되어 사전에 등재되기 전에 이미 지역마다 조금씩 달리, 또 다양하게 쓰이고 있었다.

## 도리다→ 도리치다에서 온 '닭도리탕'

'도리다'라는 말은 엄연히 사전에 등재되어 있는 순수한 우리말이다. 우리나라 19세기 음식 문헌에도 음식을 만들 때 '도리다'라는 표현이 눈에 많이 띤다. '도리다'는 우리 음식을 만드는 과정 중의 하나이다. '도리다'에서 도리어 안으로 끌어들여 가져오면 '도리내다' 또는 '도려내다'이고, 도리어 바깥으로 쳐내면 '도리치다'가 된다. 이러한 우리말의 구조를 생각하지 않고 단순히 국어사전에 없다고 하여 '우리말이 아니다'라고 하는 것은 옳지 않다.

이러한 경우는 매우 많다. '받다'라는 사전적 동사에 받아 가져오면 '받아내다'가 되고 이를 쳐내면 '받아치다'가 된다. 만일 '받아치다'가 사전에 없다고 해서 '받아치다'를 우리 조상이 쓰는 말이 아니라고 할 수 있는가? '도리치다'는 우리 할머니들이 생활에서 흔히 쓰던 말이다. 나 또한 '도리치다'라는 말을 듣고 자랐고, 지금도 가끔 그 말을 듣고 있는데 그게 우리말이 아니라면 어떻게 된 것인가? 물론 사전이 모든 진실을 말하는 것은 아니다.

# 곤드레나물은 '곤드레만드레'와 관련 없다

곤드레나물은 취나물의 일종으로 강원도 태백산 고지에서 자생하는 산채 나물이다. 흔히 '술에 취해 정신을 놓은 상태'를 이르는 곤드레만드레와 관련이 있는 단어로 이야기하는 사람이 있는데, 무분별한 지식인이 만든 또 다른 오류다. 곤드레는 강원도 지역의 우리말로 곤드레나물은 술 취하는 것과 아무런 관련이 없다.

곤드레의 옛말이나 사투리는 '곤들레'이다. 풀의 일종인 곤들레는 강원도의 '고려엉컹퀴'를 나타내는 우리말이다. 강원도에서는 '곤들레', '곤드레'하지만 다른 지역에서는 '구멍이'라고도 한다. 곤드레는 오래전부터 먹어온 나물이다. 정선아리랑에 보면 '한 치 뒷산에 곤들레 딱쥐기 마지메 맛만 같으면 / 고것만 뜯어다 먹으면 한 해 봄 살아난다'라는 가사가 있다. 정선을 중심으로 한 강원도 사람들이 오래전부터 곤드레나물을 즐겨 먹었음을 알 수 있다.

산나물이 몸에 좋다지만 한 종류만 사나흘 지속적으로 먹으면 배탈이나 설사를 일으키기 쉬운데 비해 곤드레는 삼시 세 끼 몇 달을 먹어도 탈나거나 질리는 일이 없어서 즐겨 먹었다 한다. 강원도에 다른 나물보다 오직 곤드레나물이 많이 나기 때문에 이 나물로 보릿고개를 버티며 살다 간 수많은 사람들의 마음이 담겨 있다.

곤드레나물을 술 취한 모양새를 표현하는 곤드레만드레와 연결 지은 것이 좋은지 나쁜지는 알 수 없다. 하지만 사실을 미화하거나 왜곡하는 일이 우리 음식 문화 발전에 도움이 되지 않는다는 사실을 거듭 강조하고 싶다.

여기서 하나 더 이야기하면, 순수 우리말인 '나물'에 대해서도 왜곡하는 사람들이 많다. 어떤 학자가 순우리말인 나물을 한자 '羅物'이라 썼는데(당시에 한글이 있었음에도 한자로 써야 했기 때문에) 이러한 한자 기록이 나온다고 해서 '나물이 전라도에서 주로 나오니까' 羅物이라고 했다거나 '신라의 물건'이라는 뜻으로 羅物로 했다는 등 다소 황당한 주장을 펴기도 한다. 또 나물의 기원이 신라시대라는 황당한 주장도 한다. 김치의 어원이 '침채(沈菜)'라고 주장하듯이 전형적인 한자 사대주의에 빠진 학자들의 허황된 주장이다.

# '불고기' 유래 논란

　얼마 전 맛칼럼니스트라는 인사가 '불고기가 일본에서 온 것'이라
고 하여 한바탕 소동을 벌인 적이 있다. 이에 대해 국문학자는 물론
이고 일반 국민들도 문헌 근거를 제시하며 조목조목 반박해서 인터
넷 공간을 뜨겁게 달구기도 했다.

　논란이 거세게 일자 '불고기가 일본에서 왔다는 것이 아니라 불고
기가 야키니쿠(燒肉)의 번안이라 한 것'이라며 한 발짝 물러났다. 이
는 말장난에 불과하다. 번안이라는 것은 어떤 음식이나 문화가 외국
에서 들어와서 대단히 많이 먹거나 사용되었을 때, 그 말이 외국 말
(일본 말)이라서 우리말을 오염시킬 정도로 문제가 되어 정화 차원에
서 우리말로 바꾸어 부르자고 할 때 생기는 것이다. 그런데 불고기
가 야키니쿠의 번안이라 하는 것은 '일본 야키니쿠 음식이 우리나라
에 들어와 불고기가 되었다'는 말과 다르지 않다. 곧 불고기가 야키
니쿠에서 왔다는 말과 크게 다르지 않다.

그는 〈여성〉이란 잡지에 이효석이 쓴 글(1939)을 예로 들어서 '불고기'라는 말은 없고 '야키니쿠'라는 말이 있기 때문에 백성들은 불고기라는 말 자체를 모르고 있다고 주장하기도 했다. 그러나 국문학자, 심지어는 일반 네티즌까지도 그의 주장을 반박하는 문헌, 가사, 책, 잡지와 신문을 제시하였다. 국문학자나 네티즌이 제시한 근거나 주장은 모두 사실에 근거한다.

야키니쿠가 아닌 한자 그대로 燒肉(소육)은 18세기 서명응의 《고사십이서》 등 많은 우리 문헌에 꾸준히 나온다. 이러한 사실을 간과하고 소육이 일본에만 있는 것처럼 설명해 놓았는데, 그러한 주장을 하려면 철저하게 고문헌을 찾아 분석하고 과학적으로 이해한 뒤에 주장했어야 옳다. 소육은 불고기의 일본식 한자 표현일 뿐이다.

또한 불고기가 다른 불로 구운 음식, 예를 들어 '군만두', '군고구마'와 같이 '군고기'라 하지 않고 '불고기'라 한다 해서 일본에서 유래된 것이라고 하나, 이 또한 문헌을 더 찾지 않고 하는 말이다. 1930년대 글인 〈별건곤〉에 보면, 당시에도 '군고기'라는 말이 자주 쓰였다. 표준어가 정립되지 않고 표준어만 쓰이지 않은 시절에 '군고기'란 말도 쓰이고, '불고기'라는 말도 쓰였다. 둘 다 쓰이다가 나중에 불고기가 더 자주 입에 오르게 되면서 불고기로 굳어졌을 가능성이 높다. 이렇듯 어느 말이 일방적으로 맞다, 틀리다 할 수는 없다.


순우리말인 '불고기'를 한글이 없던 시대에 기록된 고문헌들에는 불가피하게 한자로 표기하였는데 그중 하나가 '맥적(貊炙)'이다. 중국《수신기》에 '맥적을 만들 때 장과 마늘로 조리하여 불에 직접 굽는다'는 말이 나오고,《의례》에는 '범적무장'이라 하여 '적(炙)은 이미 조리되어 있으므로 먹을 때 일부러 장에 찍어 먹을 필요가 없다'고 나온다. 맥(貊)은 중국에서 북쪽 오랑캐를 일컫는 말로 고구려를 나타내는 것이므로 맥적은 고구려인들이 즐겨먹던 불고기였을 것으로 추정된다. 맥적은 설야멱적, 설야적 등의 이름으로도 불렸다.

1600년대 한글로 집필된 조리서《음식디미방》에는 '설야멱(불고기)을 가지처럼 먹는다'라는 말이 나오는 것으로 보아 조선시대에 일반인들에게도 꽤 보편화된 음식이었음을 알 수 있다.《산림경제》에는 설야멱적(雪夜覓炙)에 대해 '쇠고기를 저며 칼등으로 두들겨 연하게 한 다음 대나무 꼬챙이에 꿰어 기름과 소금을 바른다. 충분히 스며들면 뭉근한 불에 구워 물에 담갔다가 다시 굽는다. 이렇게 세 차례 하고 참기름을 발라 숯불에 다시 구우면 아주 연하고 맛이 좋다'고 하였다.


과학적으로 볼 때 불고기는 양념 문화가 발달하지 않으면 절대로 발달하지 못할 음식이다. 또한 일본의 식문화는 양념 문화가 아니며 불고기는 일본의 왜간장(일제시대 일본식 간장을 조선간장과 대비해서 왜간장으로 불렀음)만 가지고는 발달할 수 없는 음식이다.

순수한 우리말, 우리 음식이 왜 다른 나라에서 온 것으로 둔갑해야 하는지 모르겠다. 그런 주장을 펼치려면 종합적으로 검토되어야 한다. 애국이나 친일의 문제가 아니다. 그리고 어느 주장도 문헌적으로 국어학적으로 식품학적으로, 여러 군데에서 모순점이 발견된다면 그것은 결코 진리가 될 수 없다. 섣부른 지식으로 한식의 이해에 대해 국민을 더 이상 호도하지 않기를 바란다.

인터넷상에서 떠도는 수많은 정보를 무조건 받아들이고 당연하게 여기기보다, 누군가는 의구심을 갖고 검증하고 상호 토론을 거쳐서 논의하고 이를 통합하여 좀 더 진실에 가까이 다가갈 수 있기를 바란다.


## 한자에서 한식을 논할 때 피해야 할 오류들

한자를 기반으로 우리 식문화를 이야기하는 소위 지식인들이 무의식 중에 범하기 쉬운 오류가 있다. 우리 음식에 이름을 붙이는 것을 지식인의 특권으로 생각하는 것이다. 이 때문에 우리말의 유래나 어원을 억지로라도 한자에서 찾으려 하고, 이는 결국 우리 음식 문화를 왜곡시키는 출발점이 되었다. 우리 음식 이름은 한자나 영어, 일본 말을 몰라도, 심지어 한글을 쓸 줄 몰라도 오직 우리말을 할 줄 아는 사람들 간에 자연스럽게 불린 이름으로 시작해서 발전한 것임을 지식인들이 분명히 알았으면 한다.

한자 중심으로 공부한 학자들이 범하기 쉬운 오류 중 또 하나는 어느 시기의 옛 문헌에 처음 나온다 해서 그때까지는 그런 음식이 없던 것으로 주장하는 일이다.

음식 기록은 수십 년, 길게는 수백 년 전에 우리말로 존재했던 음식이 무슨 사건을 계기로 문헌 기록으로 나온 것이다. 그것도 순수 우리말 기록으로 나오기보다는 잘 사용되지 않고, 잘 활용되지 않는 한자로 꾸며 나오는 경우가 많다. 고추가《지봉유설》에 처음 나오는 것도 아니지만 남만초가 처음 나온다고 임진왜란 전에 고추가 없었다는 주장이나, 〈여성〉 잡지에 순수 우리말로 불고기라는 말이 나오지 않는다고 불고기가 없었다는 논리는, 그래서 매우 위험하다. 김치나 어느 음식의 기록이 어느 시대 문헌에 처음 나온다고 하여 그 전에는 김치나 그 음식이 없었다고 단정 짓는 것은 오류이자 역사 왜곡이다.

  과거에는 우리글이 '언문'이나 '아낙글'이라 하여 못 배운 사람 글로 취급당하고 업신여김을 받아왔기 때문에, 굳이 한자로 기록해서 지식인이라는 사실을 밝혔다. 그런데 오늘날 이 한자 기록에 의존해서 식품을 이해하려는 학자들도 있다. 한자를 사용해서 기록하는 과정 중에 오류를 범할 수 있으므로 경계해야 한다.

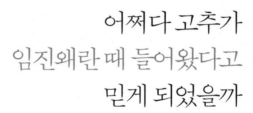

# 어쩌다 고추가
# 임진왜란 때 들어왔다고
# 믿게 되었을까

우리는 고추를 언제부터 먹기 시작했을까? 인터넷에서 '고추의 유래'를 검색해보니 임진왜란 때 일본을 통해 우리나라에 들어왔다고 뜬다. 백과사전을 출처로 한 지식 정보, 공신력 있는 언론사 이름을 단 기사 정보도 대부분 '고추의 원산지는 남미 지역'이며, '임진왜란 때 일본을 통해 국내에 들어왔다'고 적고 있다. 지인들에게도 물어보았다. 고추가 언제 우리나라에 들어왔는지 아느냐고. 대답은 똑같다. "임진왜란 때 일본을 통해 들어온 것 아닌가요." 한마디 덧붙인다. "그 이전 우리 조상들은 백김치만 먹었잖아요." 너무나 당연하게 말하니 질문이 무색해진다.

고추는 정말 임진왜란 때 일본을 통해 우리나라에 들어왔을까? 매운 멕시코 고추가 들어와서 우리 고추로 변하였을까? 우리 조상들은 정말 백김치만 먹었을까? 그럼 고추장은 언제부터 만들어 먹은 것일까? 고추가 임진왜란 때 일본에서 전해졌다는 '가설'이 어쩌다가 전 국민의 보편적인 상식으로 자리 잡게 되었는지 안타까운 마음을 금할 길이 없다.

실제 옛 문헌을 살펴보면 고추가 일본을 통해 들어왔다는 기록보다 우리나라에서 일본으로 전해졌다는 기록이 훨씬 많다. 또한 임진왜란 이전 수많은 문헌에 이미 고추와 김치, 고추장에 대한 기록이 남아있다. 그럼에도 고추 일본 도입설은 여전히 '정설'처럼 널리 퍼져 있다. 정말 고추는 임진왜란 때 일본에서 들어온 것일까? 그게 아니라면 왜 이렇게 진실이 왜곡되는 상황이 벌어진 걸까?


## 지봉유설에 적힌 '남만초'의 맥락

고추가 임진왜란 때 일본에서 들어왔다고 주장하는 이들이 대표적인 근거로 드는 것이 이수광의 《지봉유설(芝峯類說)》(1613년)이다.

'남만초(南蠻椒)에는 독이 있다. 일본에서 건너 온 것이라 그 이름을 왜개자라고 한다. 소주에 타서 팔기도 하는데 이것을 마시다 죽는 자가 다수 있었다.'

이 고서에 등장하는 남만초에 대한 설명이 바로 고추가 일본을 통해 건너 온 근거라고 주장한다. 그러나 지봉유설에 적힌 남만초는 말 그대로 남만초(南蠻椒)다. 품종학적으로 지금의 태국, 인도네시아

**이수광의 《지봉유설》(1614년)**
고추가 임진왜란 때 일본에서 들어왔다는 첫 번째 근거로 드는 고문헌이다.

등, 당시 중국에서 보면 남쪽 지방 오랑캐들이 먹었던 고추로, 우리 고추와는 종과 속이 완전히 다르다.

무엇보다 남만초가 언급된 글의 맥락을 살펴보자. 남만초를 술에 타 먹다가 죽은 사람이 있었다는 것은, 평소 술에 고추를 타 먹는 문화가 있었다는 의미이기도 하다. 그대로 해석하면 남만초가 얼마나 매운지, 독성이나 효능에 대해 잘 모르고 평소 우리 고추처럼 술에 타 먹듯이 했다가 사람이 죽었다는 내용이다. 실제로 현대 의학적으로 인도네시아나 태국의 고추는 우리 고추보다 수천 배 매워 술에 타 먹으면 죽을 수도 있다. 최신 의학 논문을 보면 매운 고추를 먹다가 '벼락 통증'을 일으키고 심하면 죽을 수 있다고 보고된다.

술과 고추의 조합은 이미 우리 고추를 술에 타 먹는 습관(문화)이 있었기에 가능한 것이고, 이것이 일반적인 경우와 달리 사람이 죽는 '사건'으로 벌어졌기에 《지봉유설》에 기록된 것으로 볼 수 있다. 《지봉유설》에 남만초가 언급된 부분은 남만초라는 우리 고추와 다른 새로운 고추가 우리 땅에 들어왔으며, 오히려 우리나라에는 이전부터 널리 사용했던 '우리 고추'가 있었다는 내용으로 해석되는 대목이다.

이 주장대로 보면, 남만초가 독초였는데 우리 민족은 어떻게 그 독초를 활용해 일상적으로 먹는 음식인 김치와 고추장까지 한꺼번에 만들 수 있었을까?

먹는 일은 생명과 건강이 달린 문제로 함부로 시험할 수 있는 일이 아니다. 수백, 수천 년 동안 먹고 무탈한 경험이 쌓여야 문화로 자리 잡을 수 있는 것이 바로 음식 문화다. 우리 김치와 고추장은 태국이나 멕시코의 고추로는 절대 만들 수 없다. 오직 우리 고추로만 담글 수 있는 음식이다. 만약 고추의 품종이 한 가지라고 생각한다면 이렇게 과학에 무지한 큰 오류를 범할 수 있다. 이에 대한 이야기는 다음 장에서 좀 더 자세히 보기로 한다.


## 아초(我椒 우리 고추)로 만든 고추장

앞서도 이야기했지만 태조 이성계가 조선을 건국하기 전 무학대사와 함께 순창군에 들러 만일사의 고추장을 맛보고 그 맛이 매우 좋아 나중에 왕이 된 후에도 그 맛을 잊지 못해 고추장을 진상하게 했다는 이야기는 유명하다. 이후 많은 조선의 왕들이 순창 고추장을 찾았고, 전국적으로 유명해졌다. 고추가 임진왜란 때 들어왔다고 주장하는 이들은 이 이야기도 구전(口傳)일 뿐이라고 말한다. 과연 그럴까? 이러한 사실을 무시하려면 어떤 근거가 있어야 하는데, 오직 《지봉유설》 고문헌 하나로 임진왜란 때 고추가 들어왔기 때문이라며 이 사실을 부정한다.

그러면 《지봉유설》 이외에 다른 문헌이 있을까? 고추가 일본에서 들어왔다는 설을 뒷받침하는 문헌은 전혀 없다. 이들은 이규경 (1788~1863년)의 《오주연문장전산고(五洲衍文長箋散稿)》를 들어 일본 전래설을 뒷받침하려고 주장했으나 오히려 그 문헌에 우리 고추가 있었다는 문구가 발견되어 역풍을 맞았다.

《오주연문장전산고》를 보면 '고추의 종류인 번초(番椒) 또는 남만초(南蠻椒)가 들어왔으며, 담배, 토마토도 임진왜란 전후에 들어왔다'는 내용이 나온다. 한 학자는 이를 근거로 고추가 임진왜란 당시 일본에서 들어왔다고 주장했다. 하지만 이 문헌을 자세히 살펴보면 인도나 티베트 지방의 고추를 나타내는 번초와 태국 등 동남아시아의 고추를 나타내는 남만초가 들어왔다는 것임을 알 수 있다.

또한 눈여겨볼 것은 이 책에서는 사람이 죽을 정도로 매운 번초(番椒)에 대하여 이야기하며 바로 뒤에 '아초'(我椒)라고 하여 우리나라 고추를 언급하고 있다는 사실이다.

그 내용은 다음과 같다. '유명한 고추장이라고 한다. 순창군 천안군에 나오는데, 한 나라에 이름이 났다. −중략− 요사이 '우리 고추'는 품질이 좋아 왜관에 팔면 심히 이익이 난다.'*

---

* 앞 《고추 이야기》, 《고추 전래의 진실》 참조

■ 이규경의《오주연문장전산고(五洲衍文長箋散稿)》. 번초남과변증설에는 번초와 순창 고추장에
대한 기록이 나오며, 번초와 비교하여 우리나라 고초에 대한 기록도 나온다.

이 문헌은 '번초'와 '우리 고추'를 구분하여 기록했다는 것을 알려
준다. 일본 전래설을 주장하는 학자들은 앞 문장의 번초만 보고 고
추가 임진왜란 때 일본에서 들어온 근거라고 주장한다. 하지만 뒤의
문장에 나오는 '아초'는 아예 언급조차 하지 않는다. 자신들의 주장
을 합리화하기 위해 입맛에 맞는 근거만을 선택해서 쓴 것이다. 재
미있는 것은 임진왜란 때 일본에서 고추가 들어왔다고 주장하는 이
들이 근거로 드는《지봉유설》과《오주연문장전산고》가 오히려 우리
나라에 고추가 오래전부터 있었음을 보여준다는 사실이다.

농경학이나 식품 발달사 연구자들에 따르면, 어느 지역에 새로운
작물이 들어와서 전국적으로 재배되고 음식에 사용되기까지는 적어
도 수세기가 걸린다. 토마토나 담배 같은 경우는 용도가 분명하였기

에 전국적으로 퍼지는 데 수백 년이 걸리지 않았지만, 문헌에 언급된 고추는 독초로 취급되었다. 사람을 죽이는 목적 외에 아무 용도가 없는 살상용 고추를 가지고 김치와 고추장 등 음식 만드는 법을 터득하기에는 아무리 짧아도 수백 년 이상의 시간이 걸릴 것이다. 실상 가능하지도 않다. 설령 살상용 고춧가루로 김치나 고추장을 담글 수 있다 하더라도 절대 먹을 수 없기 때문이다.

고추장은 발효와 숙성과 같은 고급 발효기술을 필요로 하는 음식이다. 이 비법을 터득하려면, 적어도 수백 또는 천년 이상 시간이 걸린다. 이 음식이 전국적으로 유명해지려면 수백 년이 더 필요할지도 모른다.

따라서 임진왜란 때 고추가 처음 들어와 이후 백 년 안에 사람들이 고추장과 김치를 만들어 먹고, 국왕이 좋아할 정도로 유명한 음식이 되었다는 것은 상식적으로도 이해하기 어려운 이야기다.


## 잘못된 '가설'이 어쩌다 '정설'로 둔갑했나

'고추 일본 유래설'이 시작된 시기는 1980년대 들어서다. 한양대 이성우 교수가 1984년 《고추의 역사와 품질평가에 관한 연구》(한국 생활과학연구)에서 '1492년 콜럼버스에 의해 고추가 서인도 제도에서 포르투갈로 들어갔다가 100년 동안 인도 등을 거쳐 일본을 통하여 임진왜란(1592년) 때 우리나라에 들어왔을 가능성이 있다'는 소위 '고추의 일본 도입설'을 주장하면서부터다. 이전까지 고추는 당연히 중국을 비롯한 동아시아에 있었고, 중국을 통하여 들어왔을 것으로 생각하고 있었다.[*] 대대로 김치와 고추장을 먹어왔던 민족이 당연히 고추가 아주 오래전부터 있었을 것이라고 생각하는 것은 매우 자연스러웠다. 일부 학자들이 자연스런 현상을 거슬러 고추의 임진왜란 전래설을 제기하면서, 그동안 당연하게 받아들이던 생각은 무너지고, 이후 한식의 역사도 복잡하게 전개된다.

이러한 주장이 기존 관념을 깨는 현대의 학문으로 인식되어 국민적 반향을 일으킨 것인지는 모르겠다. 가장 의아스러운 점은 음식 역사나 문화를 연구하는 학자, 전문가들이 이런 주장을 무비판적으로 받아들여 왔다는 점이다. 자연과학자들도 이러한 주장에 대해 과학적으로 검증하려는 시도를 하지 않고, 방치한 셈이다. '고추 일본 도입설'은 여러 가지 반증의 문헌이 나왔음에도 불구하고 그의 제자나 후학들을 통해 어떤 결정적인 근거도 확보되지 못한 채 철통같은 방어 논리로 이후 다른 문헌과 책을 통해, 반복 또는 확대 재생산되었고 어느새 정설로 굳어져 버렸다.

이 잘못된 설을 무리하게 합리화하고 꿰맞추려 하다 보니 임진왜란 이전 옛 문헌에 나오는 모든 한자 초(椒)를 일률적으로 후추, 산초 등으로 번역하고, 임진왜란 전의 문헌에 나오는 김치는 모두 백김치라고 주장하고, '순창 고추장'도 흑색의 후추고추장이었다는 주장까지 하게 된다.

소위 학계의 주장이 이러하니, 일반 국민들이 고추가 일본에서 전

---

[*] 장지연, 《만국사물기원역사》, 황성신문사, p 102, 1909/동아일보.../경향신문 1966년 2월 23일

래됐다고 믿게 된 것은 당연한 일이다. 하지만 한번 잘못 끼운 단추는 우리 음식의 역사를 엉뚱하고 복잡하게 만들어 버렸다. 고추의 역사가 잘못 기술되니 고추가 들어가는 우리 전통 음식인 김치, 고추장, 비빔밥, 떡볶이 등의 역사도 덩달아 축소되거나 왜곡되었고, 그릇된 통설에 우리 음식의 역사를 꿰맞추려다 보니 엄연한 역사적 사실과 전통의 가치 퍼즐까지 일그러지는 지경에 이르렀다.

## 잘못된 주장에 꿰맞추기 위해 동원된 설

한글 창제 후 한글을 아이들에게 가르치기 위한 옥편 격인 최세진의 《훈몽자회(訓蒙字會)》(1527년)를 보면 한자 초(椒)가 한글 '고쵸'와 함께 나온다. 즉 고쵸라고 불리는 식물이 존재한 것은 분명해 보인다. 국어학자인 홍윤표는 이 점을 들어 고추는 조선시대 이전에 우리나라에 존재했을 것이라고 주장했다. 당연히 문헌에 함께 짝을 지어 나온 한자 '초(椒)'와 '고쵸'를 그대로 고추로 인식하는 것은 매우 자연스러운 인식의 흐름이었다. 이성우 교수가 이 문헌을 보았는지의 여부는 모르겠지만, 이 문헌만 보았어도 고추 임진왜란 전래설을 주장하지는 않았을 것이다.

어쨌든 주장의 근거가 부족하다 보니 설명이 쉽지 않고, 논리적 허점이 금방 드러나면 그때마다 엉뚱한 근거를 들고 나와 새로운 설들만 난무하게 된 것이다.

대표적인 몇 가지 예만 살펴보겠다.

# 고추 독살설

식재료가 한 나라에서 한 나라로 전해질 때에는 충분한 이유가 있어야 한다. 대부분 그 민족이나 종족에게 그 재료로 만든 음식이 중요한 의미를 차지하여 사람들이 이동을 하면서 음식이나 재료를 함께 가져가 전해지는 경우가 많다.

임진왜란 때 일본군이 식재료인 고추를 한국에 갖고 왔다면 일본에 전통적으로 고추로 만든 음식이 있어야 한다. 그러나 일본에는 고추로 만든 음식이 없다. 오히려 우리나라와 중국에 흔하다. 고추를 갖고 들어올 필요가 없는데 무엇 때문에 고추를 우리 땅에 들여왔을까. 당연히 이런 반론이 제기될 수밖에 없다.

고추 일본 전래설을 주장하는 이들은 《지봉유설》에 남만초를 술에 타 먹다 죽었다는 이야기를 확대해서 일본이 우리 민족을 독살하려고 고추를 갖고 들어왔다는 '독살론'을 들고 나왔다. 그러나 당시 일본군은 이미 조총을 가지고 있었다. 굳이 고추(번초)를 화학무기로 갖고 들어왔다는 것은 설득력이 약하다.

왜군이 우리를 죽이러 가져온 고추를 가지고, 어떻게 우리 민족은 모든 음식에 넣어 먹을 생각을 했을까? 논리적으로 이해되지 않는 대목이다. 임진왜란 때 행주산성에서 권율 장군이 왜군을 물리칠 때 여성들이 한 손에는 돌을 들고 다른 한 손에는 고춧가루를 들고 올라와 이를 던져 승리했다는 이야기도 한다. 일본이 우리를 죽이려고 가져 온 고추를 우리가 역으로 왜군을 물리칠 때 무기로 사용하였다는 것이다.

실제로 행주대첩 때 여성들이 고춧가루를 뿌렸는지는 정확히 알수 없다. 그러나 만약 고춧가루를 실어 날라 이를 뿌려 왜군들을 물리쳤다면 이는 고추가 임진왜란 훨씬 이전에 있었다는 반증이 된다. 행주대첩은 1593년 2월 12일에 있었고 임진왜란의 발발은 바로 한해 전인 1592년 4월 14일이다. 음력 4월이면 고추 파종시기가 이미지났을 때로, 우리나라에서 심어 수확한 고추나 고춧가루가 있을 수없다. 행주대첩에 쓰인 고추는 과연 어디서 나왔을까? 일본군이 가지고 있던 것을 빼앗아 일본군을 무찌르는 데 쓰기라도 했다는 이야기인가? 고추 독살설은 고추의 일본 전래설을 합리화하기 위해 만들어낸 근거 없는 주장이다.

## # 흑고추장설

고추장에 대해서는 이미 임진왜란 이전 문헌에도 여러 기록이 나온다. 고추 일본 도입설을 주장하는 이들은 고추장의 존재를 부정하려니, 이 고추장이 고추로 만든 것이 아니라 산초나 후추로 만든 고추장이라고 주장하며 '흑고추장' 이론을 내세우기도 했다. '고추장은 맨 처음 산초, 천초, 후추로 만들었으나 고추가 들어오면서 고추로 고추장을 만드니 체질에 맞아 후추로 만든 고추장이 감쪽같이 사라지고 고추로 만든 고추장으로 바뀌었다[*]는 주장이다.

---

[*] 김상보, 《조선시대의 음식문화》, 가람기획, pp.277~278, 2008

우선 언어학적으로 '흑고추장'은 말이 성립되지 않는다. 고추로 장을 만들어 고추장이지 다른 것으로 만드는데 고추장이 될 수는 없다. 초장이 산초, 후추, 천초로 담근 산초장, 후추장, 천초장이라면 이들의 기록이 어딘가에 남아 있어야 할 텐데, 그 이름을 찾아볼 수 없다. 검은색은 생리학적으로 입맛을 돋게 하지 않는다. 그런데 흑고추장은 왜 만들었을까? 또한 어떻게 검은 고추장이 100년도 안되어 빨간 고추장으로 바뀌어 우리 식문화를 바꿀 수 있었을까 하는 점이다. 최소한 우리 음식 문화에 후추장, 산초장을 만든 흔적이라도 남아 있어야 하나 그것도 없다. 식문화가 그렇게 휙 바뀌는 것을 보았는가?

임진왜란 때 들어왔다는 번초나 멕시코 고추는 우리나라 고추보다 수백 배는 맵다. 그런 고추로 고추장을 담그는 것이 가능할까? 가능하다고 해도 아예 먹을 수 없으며 만약 그 고추장을 우리가 고추장 먹듯이 먹는다면 《지봉유설》에 나온 이야기처럼 아마도 살아 있지 못했을 것이다.

이들은 고추장에 대한 최초의 기록이 유중림의 《증보산림경제》(1766년)라는 주장만 되풀이한다. 임진왜란 이전에 고추장에 대한 기록이 여러 문헌에 나오고 《소문사설》에 순창 고추장이 나오지만, 같은 주장만 되풀이하는 것은 고추의 일본 도입설을 꿰맞추기 위한 수단에 불과하다. 유중림은 우리 음식을 한자로 기록할 때 우리말의 소리를 중요시하기보다 중국의 물건이나 음식을 빌려서 표현하려한 인물이다. 식품 명칭은 한자 표기의 오류를 기본적으로 범하고 있음을 알고 있어야 한다. 고추장을 고초장(椒醬)이라 다수 표현하였어도 그는 굳이 만초장(蠻椒醬)이라 표현하였다.

## 진실은 쉽게 이해되어야 한다

"진실은 단순하게 쉽게 이해되어야 한다." 갈릴레이 말처럼 많은 설이 동원되어야 한다면 이는 이미 진리가 될 수 없다. 임진왜란 전에 고추장이 있다고 기록되어 있으면 있는 것이다. 문헌에 고추, 김치가 기록되어 있으면 그것이 고추와 김치다. 왜 굳이 고추와 김치가 아닌 다른 것으로 해석하고, 다양한 설을 만들려는 것일까? 일본 다수의 문헌에 고추가 조선에서 전래되었다는 기록이 있다. 기록되었으면 그렇다고 인정하면 되는 것이다. 아주 단순하다. 이 기록들에 의해 고추는 이미 임진왜란 이전에 우리나라에 있었으며 우리 민족의 식문화로 자리 잡고 있었음을 충분히 알 수 있다.

# 임진왜란 이전 '고추장'에 관한 기록들

임진왜란 이전 시기 많은 문헌에 이미 고추장에 대한 기록을 찾아 볼 수 있다. 《식료찬요(食療纂要)》(전순의, 1460년, 세조6년), 《향약집성방(鄕藥集成方)》(유효통 등, 1433년, 세종15년), 《의방유취(醫方類聚)》 (1477년, 성종8년) 등에서 다양하게 발견되는데, 그 내용을 보면 '비위 나 위가 약해 몸이 허해질 때, 닭이나 꿩을 도리쳐서 고추장(椒醬)을 넣고 끓여 먹거나 찍어 먹으면 밥맛이나 얼굴색이 좋아진다'고 하여 주로 식치의 개념으로 많이 쓰인 음식으로 소개되었다.

이는 요즘 고추장을 먹을 때의 용도와도 아주 비슷한 걸 알 수 있 다. 속이 거북하거나 느끼할 때 또는 스트레스를 받았을 때 고추장을 넣은 칼칼하고 개운한 음식을 찾게 되는 연유와 비슷하다.

《오주연문장전산고》 보다 80~120년 이전 문헌인 이시필(1657~ 1724년)의 《소문사설(謏聞事說)》(1720년경 편찬)에는 임금님에게 진상

淳昌苦艸醬造法

콩닉어二斗白屑餅五升合細末亂擣入於空
石中正二月限七日어리瞋乾後好苦艸末六
升調和又蔘荂一升粘米一升并作末되게쑤
어快冷後甘醬分數同入又全鰒五簡好品을
비슷되슷칠비고 大蝦紅蛤分數同入生薑作
片限一坕入缸삭진後置之冷處出而食之
余謂不和以蜜則味應不甘而此方不載嬹其
關也

李時弼 著

譏聞事說

■ 이시필의 《소문사설(譏聞事說)》. 《오주연문장전산고》의 발행 연도보다 80~120년 이전 문헌으로
순창 고추장의 제조 방법이 나온다. 참고로 그 당시의 고추장에는 전복, 홍합, 대하 등 비싼 소재가
들어간 것으로 보아 임금님께 진상한 고추장으로 추정된다.

한 것으로 보이는 순창 고추장의 제조 방법이 나오기도 한다.

좋은 고추로 만든 고추장은 윤기가 나는 붉은색으로, 향과 맛이
좋아 다양한 조리법에 응용해 사용한다. 특히 생선찌개, 매운탕, 조
림 등에 비린내를 없애주는 소중한 조미료다. 조선시대 초기 문헌에
나오는 음식인 비빔밥, 떡볶이, 닭도리탕 등도 고추장이 있었기에
만들어 먹을 수 있는 우리나라 고유의 음식이다.

# 콜럼버스의 고추와
## 우리 고추

임진왜란 때 고추가 들어왔다는 주장의 근거는 이렇다. 고추는 멕시코와 페루를 비롯한 중남미가 원산지인데, 1492년 콜럼버스가 포르투갈로 가져온 것을 당시 육상이 막혀서 중국으로 가지 못하고 인도를 거쳐, 해상 무역이 활발한 일본을 통해 1592년 우리나라로 들어왔다는 것이다. 이 주장이 맞다면 콜럼버스가 포르투갈로 가져온 고추와 일본에서 들어왔다는 고추, 그리고 우리가 먹고 있는 고추는 모두 같은 품종이어야 한다. 그렇지 않고 이들 고추가 각기 다른 종류의 고추라면 어떨까?

《지봉유설》과 《오주연문장전산고》에 기록되어 있는 번초와 남만초, 그리고 우리 고추가 각각 다른 종이라면? 고추 일본 전래설은 여기서부터 논리적으로 삐거덕거린다. 우리나라와 중국, 몽골, 인도, 태국, 서역, 터키, 오키나와의 고추는 그 품종이 모두 다르다.


## 나라마다 그 종류가 다른 고추

고추 일본 전래설이 맞으려면 다음 두 가지 경우밖에 없다. 하나는 콜럼버스가 중남미로부터 거의 100여 종에 가까운 고추를 가지고 왔고, 아시아 각각의 기후와 풍토에 맞게 각 나라에 골고루 분포시킨 것이다. 서로 다른 고추가 존재하는 것이다.

또 다른 하나는 콜럼버스가 한두 종류의 고추를 갖고 들어왔는데, 이 고추가 각 나라에 들어가서 고유하게 진화돼 다양한 고추가 된 것이다. 임진왜란 때 들어온 중남미 고추 아히가 진화하여 우리 고추로 개량됐다는 주장이 이와 맥을 같이한다.


그런데 정말 이런 일이 가능할까? 이는 생명과학의 지식을 모르고 하는 말이다. 임진왜란 때 우리나라에 들어온 고추가 불과 100~200년 안에 우리 고추로 진화하는 것이 생물학적으로 가능한 일이라고? 그 정도의 진화는 100~200년이 아니라 100~200만년이 지나야 가능하다.

콜럼버스가 중남미에서 한 종류의 고추를 들고 유럽으로 건너가고, 그것이 일본을 통해 임진왜란 때 우리나라에 들어왔다고 주장하려면 생물학적 데이터가 뒷받침돼야 한다. 고추의 품종과 진화에 대한 생물학적 연구가 고추의 일본 도입설 진위 판별에 명쾌하게 도움이 된다. 과학의 눈으로 바라본 고추 이야기 속으로 들어가 보자[*].

## 우리 고추와 콜럼버스의 고추는 품종이 다르다

먼저 생물학적 관점에서 고추의 품종 특성과 진화 과정을 살펴보자. 고추는 가지과의 일종으로 가지, 토마토와 기원이 같다. 세계적으로 널리 재배되고 있는 고추는 그 종류가 수십 종, 많게는 백여 종에 이른다.

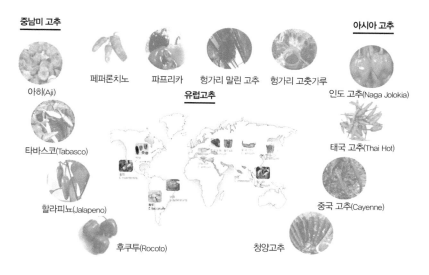

중남미 고추

페퍼론치노  파프리카  헝가리 말린 고추  헝가리 고춧가루

아시아 고추

아히(Aji)

유럽고추

인도 고추(Naga Jolokia)

타바스코(Tabasco)

태국 고추(Thai Hot)

할라피뇨(Jalapeno)

중국 고추(Cayenne)

후쿠투(Rocoto)    청양고추

▌세계 품종별 고추 지도. 각국의 고추의 재배 분포와 종의 다양성

* 권대영, 정경란 외 1인, 《고추 전래의 진실》, 자유아카데미, pp.60~92, 2017

어떤 식물이나 동물이 같은 품종인지 아닌지를 알기 위해서는 고전적인 방법으로 '표현형 차이'를 알아보는 방법이 있다. 즉, 고추의 모양과 길이, 매운맛의 차이 등을 관찰하여 품종의 같고 다름을 분류하는 것이다. 멕시코 고추 아히*Capsicum baccatum*나 남만초인 태국 고추*Capsicum frutescens*가 우리 고추*Capsicum annuum*와 다르다는 것은 육안으로도 쉽게 구분할 수 있다. 번초(naga jolokia)를 일컫는 인도 고추*Capsicum chinense*와 중남미 고추인 아히나 할라피뇨(jalapeno), 남만초를 가리키는 태국 고추와 우리 고추는 모양이나 크기, 매운 맛 등에 있어서도 확연히 차이가 난다. 유전자 분석 이전에 속명이 다르다는 것만 보아도 금방 알 수 있다.

세계를 두루 여행해 본 사람이나 웬만한 과학자라면 1492년에 콜럼버스가 유럽으로 가져갔던 멕시코 고추가 인도·동남아를 거쳐 일본을 통해 1592년에 우리나라에 들어온 후 우리 고추로 품종이 바뀌는 것이 있을 수 없는 일이라는 것을 쉽게 이해한다. 아히, 할라피뇨, 인도 고추, 태국 고추, 우리 고추가 모양과 색, 성질이 각기 다른 품종이며, 100년이란 기간에 멕시코 고추에서 인도 고추로 진화되고 다시 우리 고추로 진화할 수 없다는 것은 굳이 생명과학자가 아니어도 알 수 있는 사실이다.

몇몇 학자는 고추의 유전자 분석 데이터가 나오면 임진왜란 전래설이 오류가 있다는 것을 인정하겠다고 버틴 적이 있다. 그런데 세계 유전자 데이터와 세계적인 과학 잡지 〈Nature〉에 나온 논문[*]을 제시해도 근거가 부족하다고 받아들이지 않는다.


## 인류보다 지구에 오래 산 고추의 진화

좀 더 객관적이고 확실한 과학적 결과를 얻고자 한다면 직접 고추의 유전자를 분석하는 방법이 있다. 생명과학기술의 발달로 고추의 유전자 분석까지 가능하게 되어 세계의 다양한 고추 유전자 분석을 통해 고추의 탄생과 전파, 진화와 그 방향을 추정할 수 있다.

유전자 분석 결과에 따르면 지구 상에 가지과*Solanaceae* 식물이 나타난 것은 약 2500만 년 전이다. 가지*Solanum*와 고추*Capsicum*가 분화된 것은 약 1960만 년 전으로 이에 따르면 고추는 인류보다 더 오래전부터 지구 상에 존재했다.(가지과에서 토마토*Lycopersicon*와 감자 *Tuberosum*가 분화된 것은 그보다 훨씬 이후인 694만 년으로 나타난다.) 유전자 분석 결과를 살펴보면, 1960만 년 전에 지구상에 나타난 고추는 거의 1500만 년 이상 크게 진화하지 않다가 최근 300~200만 년 전부터 활발히 진화하는 모습을 보인다. 그러니까 천만 년 이상 몇 개의 소수 품종을 유지하다가 비교적 최근인 300만 년 전부터 급격히 다양한 품종으로 진화되었다고 볼 수 있다.

---

\* Tewksbury, J.J. and G.P. Nabhan, Directed deterrence by capsaicin in chillies, Nature, 412, 403~404, 2001 / Kim S., M. Park, S.I. Yeom, Y.M. Kim, J.M. Lee, et al. and D. Choi, Genome sequence of the hot pepper provides insights into the evolution of pungency in Capsicum species, Nature Genetics, 46, 270~278, 2014

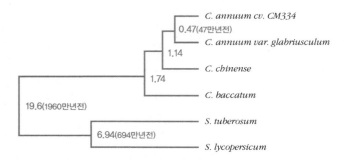

▌ 고추 유전자 분석을 통한 계통수. 숫자는 고추(*c.*)와 가지(*s.*)가 분화된 연도를 나타냄.
  : Reconstructed Phylogenetic Tree for Solanaceae Genomes
  (Kim et al., 2017, http://biorxiv.org/content/early/2017/03/09/115410)

　유전자 분석으로 고추의 진화 과정을 살펴보면 우리나라 고추로 대표되는 매콤달콤한 우리 고추*Capsicum annuum*와 중남미의 아히로 대표되는 매운 고추*Capsicum baccatum*가 분화된 것은 174만 년 전이다. 또한 고추의 유전자 분석으로 고추의 진화 과정을 나타내는 진화 계통수를 그린 결과, 우리나라 고추*Capsicum annuum*는 174만 년 전에 분화된 후 오랜 시간 동안 진화가 정체되었고, 대부분 열대 지방에서 자라는 매운 고추*Capsicum baccatum*는 더 다양하게 진화가 이루어진 것을 알 수 있다.

　진화 과정도 최근 200~300만년에 걸쳐서 일어남을 알 수 있다. 즉 터키, 중국, 헝가리, 만주 등 우리나라와 같은 온대 지방에서 자라나는 고추보다 멕시코 같은 열대 지방에서 많이 나는 매운 고추가 훨씬 다양하고 활발하게 진화되었다는 얘기다. 그 이유는 확실하지 않으나 아마도 열대 지방의 기후나 풍토가 더 격정적이어서 그에 맞

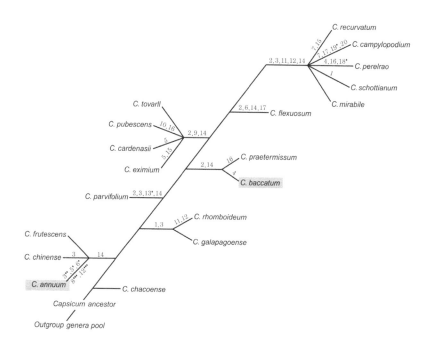

C. recurvatum
7,15
7,17,19*,20
C. campylopodium
2,3,11,12,14
4,16,18*
C. perelrao
1
C. schottianum
C. mirabile

C. tovarll
2,6,14,17
C. flexuosum
C. pubescens
10,16
2,9,14
C. cardenasii
5
5,15
C. eximium
2,14
16
C. praetermissum
4
C. baccatum
C. parvifolium
2,3,13*,14
1,3
11,12
C. rhomboideum
C. galapagoense
C. frutescens
C. chinense
3
14
3**,5*,6*
8**,12**
C. annuum
C. chacoense
Capsicum ancestor
Outgroup genera pool

▌ 다양한 고추의 진화 계통수. 우리나라 고추는 진화계통수상 진화가 덜 된 쪽에 있음. 멕시코
　고추는 진화가 많이 됨. Garcia 등의 논문에서 따옴[*]

게 진화도 계속 진행된 것으로 추정된다. 동시에 매운맛도 열대 지방
의 고추가 훨씬 매워졌는데, 아마도 온화한 조건이 아닌 지방의 고추
일수록 매워지는 쪽으로 진화된 것으로 보인다.

　위 그림 〈다양한 고추의 진화 계통수〉를 보면 유전자 분석 결과도
더 진화된 중남미 또는 멕시코 고추가 몇 백 년 만에 진화계통수를

[*] Garcia, C.C., M.H.J. Barfuss, E.M. Sehr, G.E. Barboza, R. Samuel, E.A. Moscone and F. Ehrendorfer, Phylogenetic relationships, diversification and expansion of chili peppers (Capsicum, Solanaceae), Annals Botany, doi: 118, pp.35~51, 2016

벗어나 거꾸로 덜 진화된 우리고추로 진화될 수 없다는 사실을 분명히 보여준다.


## 고추는 어떻게 전 세계로 퍼져나갔을까

사람이 지구 상에 나타나기 훨씬 전인 1960만 년 전에 이미 지구 상에 나타난 고추는 언제, 어떻게 오늘날과 같이 다른 대륙, 다양한 나라에 전파되었을까. 진화를 끝낸 후 사람에 의하여 지금과 같이 다양한 대륙에 퍼졌을까, 아니면 뭔가 다른 매개체에 의해 퍼진 다음에 각 풍토에 맞게 진화되었을까?

첫 번째의 경우는 앞서 언급한 바와 같이 한 지역에 2000만 년 동안 있으면서 거기서 진화되었다가 백여 종에 이르는 고추를 인간이 유럽으로 먼저 가져와 각 나라의 풍토를 과학적으로 분석하여 나누어 주었을 경우에만 성립한다. 이는 과학적으로 역사학적으로 가능하지 않은 이야기다. 한 지역에 있을 경우 그렇게 다양하게 진화하지 않으며 진화의 필요성 또한 없다. 따라서 첫 번째 주장은 성립될 수 없으며, 고추 임진왜란 일본 전래설도 성립될 수 없다.

식물이나 식량자원이 전파되는 경로는 보통 두 가지이다. 먼저 필요에 따라 사람에 의하여 전파되는 경우, 다른 하나는 사람이 아닌 바람이나 새나 쥐와 같은 동물 등에 의하여 전파되는 경우이다. 소

### Seed dispersal

## Directed deterrence by capsaicin in chillies

The primary function of ripe, fleshy fruit is to facilitate seed dispersal by attracting consumers[1,2], yet many fruits contain unpleasant-tasting chemicals that deter consumption by vertebrates[3]. Here we investigate this paradox in the chilli (*Capsicum*) and find that capsaicin, the chemical responsible for the fruit's peppery heat[4], selectively discourages vertebrate predators without deterring more effective seed dispersers.

▌ 새에 의해 고추가
　전파되었다는
　〈Nature〉 논문

나무와 같이 바람에 의해 식물의 뿌리나 씨가 전파되는 경우도 있지만 이는 전 세계적으로 퍼지는 데 시간적, 공간적 한계가 있다. 새나 동물에 의해 전파되는 경우는 조류나 포유류가 먹어서 소화되지 않고 배설물에 씨 형태가 그대로 나오는 경우만 해당되는데, 바로 고추가 그렇다. 콩과 식물은 새와 같은 동물이 먹으면 씨 자체가 소화돼 멀리 전파되지 않는다. 콩은 사람에 의해서만 전파된다. 이런 이유로 사람에 의해 퍼지기 전 한 곳에 있었던 콩은 다양한 진화가 일어나지 않아 수 종의 품종만 존재한다.

고추는 어떤 동물이나 전파할 수 있는 것은 아니다. 대부분의 동물들은 고추를 먹을 생각도 하지 않는다. 사람을 포함한 대부분의 포유류는 매운맛을 느끼는 통각 리셉터(vaniloid receptor, TRPV1)가 있어 매운맛의 고추를 먹을 수 없다. 고유의 매운맛을 함유한 캡사이신은 고추가 동물로부터 자신을 지키기 위해 만든 화학무기이다. 주렁주렁 달린 고추를 탐하는 것은 사람뿐이다.

다른 동물은 붉은 고추를 탐하지 않았다. 반면 새는 수용체의 형태가 약간 달라 캡사이신이 결합하지 않으므로 매운맛을 전혀 느끼

┃ 태국에 서식하는 새로,
앵무새와 같이 말을 잘하며,
고추를 잘 먹고 똥으로 고추씨를 배설한다.

지 못한다. 새를 통해 번식시키고자 하는 고추의 책략인 셈이다. 조류는 매운맛 성분의 통각 리셉터가 없는 경우가 대부분이다. 그렇다고 모든 새가 고추를 먹는 것은 아니지만, 태국에는 매운 고추를 잘 먹고 똥으로 고추씨를 배설하는 앵무새와 같이 말을 잘하는 새(talking bird)가 있다.

생물학적으로 볼 때 세계 여러 지역에 고추가 어떻게 전파되었는지 각 지역마다 갖고 있는 고추의 품종, 형태, 그에 따른 매운맛 세기와 특성을 분석하는 것은 앞으로도 매우 흥미 있는 주제가 될 것이다.

## 우리 고추 '고초당초'

고추 이야기를 한참 하다 보면 "그렇다면 도대체 우리나라에 고추가 언제 들어왔느냐"고 묻는 이들이 많다. 그 얘기인 즉, 조선시대인지, 고려시대인지 아니면 그 이전인지를 묻는 것이다. 하지만 이는 지극히 인간 중심의 이야기다. 사람에 의해서만 고추가 전파되었을 것으로 생각하는 데에서 오는 오류이기 때문이다. 질문이 잘못된 사례이다.

　우리나라에서 계속 재배해 왔던 우리의 두 가지 전통 고추를 유전자 분석한 결과, 이미 47만 년 전에 분화된 두 품종으로 밝혀졌다 (98p 그림 참조) 하나는 김치와 고추장을 담그는 데 쓰이는 우리 고추이고, 다른 하나는 약간 매운 고추로 국과 탕에 맛을 내는 고추, 그러니까 청양고추의 원조로 보면 된다. 지금도 일부 지방에는 좀 매운 고추를 '땡초'라고 이야기한다. 많은 사람들이 청양고추가 최근에 남만초인 태국 고추와 우리 고추의 교잡종이라고 생각하는데, 식물유전학자로 세계적인 전문가인 최도일 교수는 청양고추의 뿌리는 우리나라 약간 매운 고추를 근간으로 종자 개량한 것이라고 한다.[*]

　우리나라는 오래전부터 고추를 두 가지 이름으로 같이 불렀다. 일반인은 '고초땡초', '고초당초'로 부르고, 한문을 안다는 식자들은 '고초천초', '호초천초'로 표기하였다(《시집살이》,《음식디미방》,《훈몽자회》등). 이는 수만 년 전부터 우리나라에 두 가지 고추가 있었기 때문으로 해석된다. 다만 47만 년 이전에 분화된 두 가지 품종의 고추 '고초당초'가 한반도에 들어와 존재한 것인지 아니면 수백만 년 전에 우리나라에 들어온 고추가 진화되어 47만 년 전에 우리나라에서 두

---

[*] Kim S., M. Park, S.I. Yeom, Y.M. Kim, J.M. Lee, et al. and D. Choi, Genome sequence of the hot pepper provides insights into the evolution of pungency in Capsicum species, Nature Genetics, 46, pp.270~278, 2014

품종으로 나누어졌는지는 정확히 알 수 없다. 유전자 분석 결과, 두
고추가 매우 밀접한 것으로 보아서 다른 품종이 우리나라에 들어왔
을 가능성보다 우리나라에 들어온 다음 진화되어 분화되었을 가능
성이 높은 것으로 보인다.

　우리나라 고추는 지역적으로 먼 중남미의 매운 고추보다는 가까
운 만주, 중앙아시아, 헝가리 고추와 유전적으로 비슷하다. 우리나
라 고추 안에서도 매우 비슷한 두 고추가 47만 년 전에 분화되었고,
우리 고추와 거의 비슷하다고 하는 중앙아시아나 헝가리 고추는 우
리나라 고추와 50만 년 이전에 갈라졌을 것으로 보인다. 어떤 경우
든 적어도 50만 년 전보다 훨씬 이전에 우리나라에 고추가 유입되었

을 가능성이 있다.

여기서 과학적으로 분명한 것은 우리가 육안으로 구별하기 매우 어려운 우리나라 고추가 두 가지가 갈라지는 데 적어도 50만 년 이상 걸렸다는 사실이다.

오늘날 아시아, 아프리카, 유럽, 아메리카 등의 모든 대륙에서 다양한 품종의 고추가 재배되고 있다. 아시아는 민족이나 국가별로 고유한 한두 품종 이상의 고추가 특징적으로 재배되고 있는 데 반해 중남미에서는 국가별로 특정지어지지 않은 수십 종의 다양한 고추 품종이 자란다. 중남미는 고추 품종만 하더라도 거의 수십 종에 이른다. 우리나라 고추와 같이 길쭉한 고추는 물론, 파프리카와 같은 둥근 형태를 하는 종류도 있으며 매운맛 역시 다르다. 별로 매운맛이 나지 않는 고추부터 우리나라의 청양고추보다 200배 이상 매운 고추도 있다.

고추의 유래와 음식 문화를 이야기 하려면 최소한 과학적인 사실은 염두에 두었으면 한다.

유전학적으로 고추가 우리나라에 들어와 진화되어 우리 고추가 되려면 수백 만 년이 걸린다. 고추가 어느 지역에서 처음 분화하였는지는 알 수 없지만, 유전자 분석을 통해 고추가 어떤 방향으로 진화했는지는 알 수 있다. 고추 계통수 그림을 보면 멕시코 고추는 우리나라 고추보다 훨씬 나중에 진화된 것으로, 역으로 멕시코 고추가 우리나라 고추로 진화하는 일은 가능하지 않다(99쪽 그림 참조).

농경학적으로도 고추가 임진왜란 때 식품학적 목적 없이 들어와 우리나라 전국 지역에서 재배되려면 수백 년의 세월이 필요하다. 식품학적으로 우리 고추 품종에서 고추장과 김치를 동시에 발견하여 전국적으로 유명한 대표 식품이 되려면 수백에서 수천 년의 역사가 쌓여야 한다.

이제 고추 유래에 관한 그릇된 통설을 버리고, 고추의 진실이 우리 음식 역사와 문화 속에 제자리를 찾길 바란다.

# 고추의 '원산지'가 중남미일까?[*]

　고추가 임진왜란 때 일본에서 들어왔다고 생각하는 사람들은 '원산지'를 강조한다. 고추의 원산지가 중남미라는 것이다.

　이에 따르면 1492년 콜럼버스가 신대륙을 발견하기 전에는 아시아에 고추가 전혀 없었고, 콜럼버스가 서인도 제도에서 들여온 고추가 아시아에 와서 수십 종의 고추로 짧은 시간에 진화되어야 한다.[*]

　아니면 콜럼버스가 수십 종의 고추를 유럽으로 갖고 들어가 각각 고추의 품종과 생장에 맞는 농경학적인 특성, 그리고 그 지역의 기후와 풍토를 고려해, 몽골, 헝가리 등에는 매콤달콤한 고추를, 인도나 태국에는 작고 아주 매운 고추를, 중국에는 인도보다 크면서 우리고추보다 매운 천초를, 우리나라에는 임진왜란 때 내몽고 고추처

---

[*] 앞 《고추 전래의 진실》 참조

럼 덜 맵고 달달한 고추를 심게 했어야 한다. 그러나 콜럼버스가 이렇게 다양한 품종의 고추를 가져갔을 리도 없고, 만약 가져왔다고 해도 각 지역의 풍토와 용도에 맞게 일일이 별도로 나누어 주고 키우게 했을 가능성 또한 어렵다.

보통 식물의 품종과 종류를 이야기할 때 많이 언급되는 것이 바로 '원산지' 개념이다. 원산지를 이야기하는 사람들은 고추가 몇천 년 전에 지구 상 어딘가(원산지)에 있었다가 인간에 의해 본격적으로 전파된 것이라 쉽게 생각한다. 하지만 어떤 식물의 원산지를 이야기하는 것은 실은 지극히 인간 중심의 이야기다. 원산지가 어디라고 지정하는 것은 인류가 그 식물이나 동물을 발견하여 인식하기 시작하였을 때, 인류 문명에서 큰 교류가 없는데 야생 상태로 처음 발견된 특정 지역을 의미한다. 원산지가 특정 지역이었는데 나중에 사람에 의해, 다른 나라나 대륙으로 전파되는 경우를 뜻한다.

▌ 고추가 서리를 맞지 않고 오래되면 목질화되어 고추나무가 됨(충남 농업기술원 제공)

만약 고추가 사람에 의해 주로 전파되었다면 원산지를 쉽게 이야기할 수 있을 것이다. 그러나 인류가 지구 상에 나타나기 전에 이미 광범위하게 퍼져 있었다면 어떻게 해야 할까? 원산지를 특정하기 쉽지 않은 일이다.

물론 이에 반하는 경우도 있다. 예를 들어 '콩'의 경우는 지금은 중국 땅이 되어 버린 동이족이 거주하는 만주지역을 원산지라고 한다. 이때 최초로 콩에 대한 기록, 고문헌 자료가 근거로 제시된다. 기록을 근거로 두고 이야기하는 것은 자연과학적으로도 일리가 있다. 우선 만주 지역이 원산지가 아니라고 주장할 만한 근거가 부족하다. 원론적으로 식물의 이동이나 전파는 바람이나 다른 동물에 의해 이루어지는데, 콩의 경우 동물이 씨앗(콩)을 먹으면 배아가 완전히 분해되어 동물 전파는 불가능하다는 특징이 있다. 이러한 이유로 콩의 전파나 이동은 인류가 나타나기 전에는 쉽지 않았을 것이며, 콩을 이용할 필요에 따라 전파되었을 가능성이 크다. 그래서 콩은 원산지

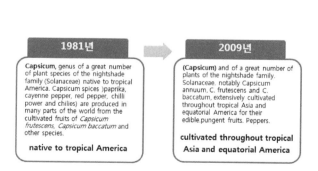

| 1981년 | 2009년 |
|---|---|
| Capsicum, genus of a great number of plant species of the nightshade family (Solanaceae) native to tropical America. Capsicum spices )paprika, cayenne pepper, red pepper, chilli power and chilies) are produced in many parts of the world from the cultivated fruits of *Capsicum frutescens, Capsicum baccatum* and other species.<br><br>**native to tropical America** | (Capsicum) and of a great number of plants of the nightshade family. Solanaceae. notably Capsicum annuum, C. frutescens and C. baccatum, extensively cultivated throughout tropical Asia and equatorial America for their edible.pungent fruits. Peppers.<br><br>**cultivated throughout tropical Asia and equatorial America** |

▌ 브리태니커 백과사전에 나타난 고추 기록의 변화

를 특정하는 것이 어느 정도 타당하다.

그러나 1960만 년 전에 지구상에 나타난 고추는 콩과 다르다. 고추는 씨로 전파되는데, 대부분 동물이 고추를 먹으면 고추씨가 분해되지 않고 배설물로 나온다. 이와 같은 특성을 지닌 식물로 수박도 있다. 고추는 인류가 지구 상에 나타나기 전에 동물에 의해 여러 지역으로 광범위하게 전파돼 나갔을 가능성이 높다. 실제로 여러 고추 품종이 지구 상에 존재하기 때문에 원산지를 일방적으로 특정하는 것은 쉽지 않다.

흔히 요즈음처럼 고추를 재배하는 나라가 많은 경우 식물의 원산지를 찾을 때 보통 야생종이 자라는 지역을 원산지라고 이야기하기도 한다. 어떤 사람은 고추나무가 발견되면 고추의 야생형이라고 하고, 고추가 성장하는 중남미나 인도 지역을 고추의 원산지로 이야기하기도 한다. 그러나 고추나무가 있고 없고는 원산지 특정과 관련이 없다. 고추가 서리를 맞지 않고 다년생이 되면 목질화되어 고추나무가 된다. 우리나라에서도 온실에서 고추를 오랫동안 기르면 고추나무가 되는 경우가 있다. 고추나무가 없는 것은 원산지가 아니라서가 아니라 단지 기후가 추워져 서리가 내리면 다년생인 고추나무로 자라지 않기 때문이다. 이 경우에도 다음 해에 고추는 씨에 의해 야생으로 자란다.

일부 학자들이 주장하듯이 다년생인 고추가 우리나라에 들어와서 일년생 고추로 바뀌었다는 주장은 비논리적이다. 중남미가 고추의 원산지란 주장 또한 근거가 없다. 고추와 같이 인간에 의해 전파되지 않은 식물에 원산지를 논하는 것 자체가 무의미하다고 보아야 한다. 브리태니커 백과사전도 오래전(1981년) 고추의 원산지를 열대 중앙아메리카라고 언급하였다가 최근(2009년) 자료에는 고추의 원산지에 대한 언급을 아예 삭제해 버렸다. 고추의 원산지에 대한 논란이 많다는 반증이다.

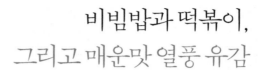

# 비빔밥과 떡볶이,
## 그리고 매운맛 열풍 유감

고추 임진왜란 전래설은 고추의 역사만 왜곡한 데 멈추지 않았다. 고춧가루, 고추장이 들어간 한식 문화의 역사까지 축소 또는 왜곡하거나, 그 가치를 깎아 내리는 결과로 이어졌다. 우리 고추가 없으면 김치와 고추장이 발견될 수 없듯이, 비빔밥과 닭도리탕, 떡볶이도 고추장이 없으면 발전할 수 없는 음식들이다. 고추 역사의 중요성이 거듭거듭 강조되는 이유이다. 이렇듯 우리나라 음식에 있어 고추의 역할은 여러 음식과 직접적이고도 밀접한 상관관계를 이룬다.

그러나 고추가 임진왜란 때 일본에서 들어왔다고 주장하는 이들은 고추를 이용한 대표적인 우리 음식인 비빔밥, 떡볶이 역사도 축소한다. 오늘날 즐겨 먹는 국민 음식인 떡볶이도 전통 떡볶이와 다른 것으로 설정하고, 그 역사를 1960년대부터 시작된 것으로 주장한다. 그야말로 어처구니없는 한식 역사 축소, 한식사 단절의 역사다. 일본 말이라고 한 것도 그 이면에는 이러한 우리 음식 문화의 정통성을 부정하고 축소하는 잘못된 인식의 틀에서 발생한 것으로 볼 수 있다.

## 고추장이 있어야 비빌 수 있다

고추가 임진왜란 때 일본으로부터 도입되었다고 주장하는 이들은 비빔밥이란 기록이 1890년경 쓰인 《시의전서(是議全書)》에 처음 등장한다며, 그 이전 비빔밥의 기록이나 역사에 대해 언급하지 않으면서 그 역사를 축소한다[*].

고추장의 역사를 짧게 할 수 밖에 없으니 고추장을 이용한 비빔밥의 역사도 짧게 이야기하고자 하는 당연한 논리가 아닌가 생각된다. 옛 문헌에 등장하는 비빔밥은 고추장이 없는 단순 나물과 밥을 섞어 만든 흰 비빔밥으로, 현재의 비빔밥은 고추가 들어온 이후에 등장한 음식이라는 시각이다. 비빔밥은 고추장이 만들어지고 고추장이 널리 알려진 다음에 생긴 음식이라는 논리다. 비빔밥의 역사를 백년 남짓한 것으로 줄이거나, 왜곡하는 것이다.

------

[*] 이성우, 《한국요리문화사》, 교문사, 1999 / 주영하, 〈비빔밥의 진화와 담론 연구〉, 사회와 역사 제87집, 2010.

고추가 양념이나 주재료로 들어가는 김치나 고추장의 역사를 수백년 이하로 줄여 놓아, 다른 음식의 역사도 같은 맥락으로 줄여 갈수 밖에 없는 고육지책이 뒤따른다. 고추장이 필수인 비빔밥의 역사도 백년의 역사로 줄일 수밖에 없는 논리적 오류가 발생한다. 이런 잘못된 주장이 우리 문화와 역사를 담은 백과사전류에 전문가 검증 없이 수록되고 언론 매체에도 되풀이하여 보도되는 슬픈 현실이다.

일반적으로 음식이 옛 문헌에 기록으로 등장한다면, 그로부터 수백 년 전, 수천 년 전에 이미 백성들이 먹고 있던 음식일 가능성이 높다. 《시의전서》에 '비빔밥'이 처음 등장했다고 하더라도 그 역사를 100년으로 확언할 수는 없다. 당연히 비빔밥은 이미 16세기 말엽 박동량의 《기재잡기(寄齋雜記)》에 '혼돈반(混沌飯)'으로, 1724년 권상일이 쓴 《청대일기(淸臺日記)》에 '골동반(汨董飯)'으로 한자로 쓴 명칭이 수록되어 있다. 《명물기략》에서는 소리를 빌려와(借用) '부비반(抙批飯)'으로 표기하였다. 이는 《시의전서》보다 300여 년 앞선 문헌 기록이다. 비빔밥의 한글 명칭도 1819년 《몽유편(蒙喩篇)》에 '브뷔음'으로 한글 기록되어 있는 것으로 보아 《시의전서》보다 100여 년 전에 비빔밥을 한글로 기록하였음을 알 수 있다.[*]

비빔밥은 고추장이 있었기에 탄생할 수 있었던 우리나라의 대표적인 전통 음식이다. 비빔밥이 나물만을 섞어 먹는 밥이라면 비빔밥이라고 부르지 않고 그냥 '섞음밥'이라 했을 것이다. 오늘날 비빔

---

[*] 앞의 《고추 전래의 진실》 참조

밥의 이 비빔 원리를 모르고 영어로 번역할 때도 섞음밥(mixed rice vegetables)으로 번역하는데, 이는 잘못된 표기다. 차라리 비빔밥(bibimbap)으로 번역해야 한다. 비빔밥을 영어로 번역할 때도 이렇게 잘못하기 쉬우니, 한자와 지식을 중시했던 우리 조상들은 오죽했으랴. 비빔밥을 굳이 한자로 쓰느라 이 같은 오류에 이르고 말았을 것이다.

비빔밥은 숟가락으로 문질러서 비비는 동작이 있기에 비빔밥이다. 비비는 매개체(고추장)가 없으면 비빌 수도, 비빌 필요도 없다. 고추장이 없었으면 비빔밥은 탄생할 수 없는 음식이다.


비빔밥은 농경문화가 낳은 서민 음식이자 한국 음식의 멋을 찾을 수 있는 음식이다. 농번기에 일을 하다가 짧은 시간 안에 맛있으면서도 먹기 편하게 커다란 바가지에 밥과 나물과 고추장을 넣고 숟가락으로 썩썩 비벼서 떠먹는, 감칠맛도 멋도 있는 음식이다. 이런 자연스러운 한식 문화에 어려운 문장과 한자가 끼어들어올 이유가 있을까.

조선시대 세시풍속을 담은 《동국세시기》에는 섣달 그믐날 저녁에 남은 음식을 해를 넘기지 않으려고 비빔밥을 만들어 먹었다는 기록이 있다. 비빔밥의 최초 기록이 《시의전서》라는 주장은 우리나라 음식 역사를 왜곡한 주장이라는 것을 다시 한 번 강조하고자 한다. 한식에서의 잘못된 부분은 바로잡는 노력이 필요하다.

## 떡볶이는 신당동 할머니가 개발했을까?

고추장이 들어가는 대표적인 국민음식인 떡볶이도 같은 맥락이다. 고추의 임진왜란 도입설을 주장하는 이들은 고문헌에 나오는 떡볶이는 고춧가루, 고추장이 없는 흰 떡볶이이며, 오늘날처럼 고춧가루가 들어간 떡볶이는 1960년대 신당동 마복림 할머니의 맛 개선 노력으로 대중화됐다고 주장한다.

우리 음식의 역사를 20세기 밀가루 수입 이후 특수 음식을 파는 식당이 생겨난 시점부터 대중화된 시기로 보는 것은 경계해야 한다. 시장에서 대중화된 시기부터 우리 음식 문화의 역사를 찾는 것은 한국 식문화를 축소시키는 일부 사람들의 연구 자세다. 우리 음식의 역사는 우리 민족과 농민들이 어떻게 먹기 시작하였는지부터 출발해야 한다.

모든 음식이 그렇듯 우리 국민이 즐겨 먹는 떡볶이는 한 사람이 하루아침에 개발한 음식이 아니다. 오래전부터 우리 조상들이 설이나 추석 등 명절에 해먹었던 가래떡과 고추장이 있었기에 생겨나고 발전한 음식들이다.

명절에 먹을 수 있는 떡은 농경문화와 함께 발달한 한국 고유의 의례음식이다. 평소에는 손쉽게 먹기 어려운 귀한 음식이었다. 쌀이 재료인 떡은 빠른 노화(retrogradation)로 딱딱하게 굳어지고 변한다. 특히 가래떡은 다른 떡에 비해 빠른 속도로 딱딱해져서 먹기가 쉽지 않다. 그래서 가래떡을 다시 맛있게 먹는 방법을 알아낸 것이 찌거나 굽거나 볶는 것이었다.

굳어진 가래떡이나 흰떡을 화로에 구워 먹기도 하고, 굳어버린 가래떡을 잘라서 고추장 등 여러 양념을 넣어 볶아 먹기도 한 것이다. 이렇게 떡볶이는 우리 조상들이 떡을 자연스럽게 호화(糊化)시켜 먹을 수 있는 방법을 알아낸 결과이다.


## 사대부가 즐겨 먹던 '귀한' 음식 떡볶이

1890년대 《규곤요람(閨壺要覽)》에는 '떡볶이' 글자가 떡볶이의 한자어인 '병자(餠炙)'와 같이 기록돼 있다. 동시대의 《시의전서》에는 떡볶이 만드는 방법까지 나온다. 그런데 일부 학자들은 옛날 떡볶이는 오늘날과 달리 '오래 전에는 간장으로 떡볶이를 만들어 먹었다가 나중에 고추나 고추장을 넣어 볶아 먹었다'고 주장한다. 이는 김치, 고추장, 비빔밥과 같이 고추가 임진왜란 때 들어왔다는 설을 뒷받침하기 위한 것으로 보인다. 간장으로 만든 떡볶이는 궁중떡볶이고 고추장으로 만든 떡볶이는 일반 떡볶이라는 주장도 근거가 없다. 고추로 만든 음식은 서민 음식이고, 고추장을 넣지 않은 음식은 궁중 음식이라는 것도 잘못됐다. 꼭 집어서 말하자면, 고추나 고추장이 들어가지 않은 음식은 '궁중 음식'이 아니라 '제사 음식'이었다.

의례용, 제례용으로 제사상에 올리는 떡볶이는 떡을 쇠고기와 함께 들깨를 넣고 간을 맞추어 볶는 것이었다. 양념의 분량이 적어 일반 서민 음식과 차이가 있었다. 그러나 일반 사람이나 군왕이 평소에 먹는 떡볶이는 오늘날의 떡볶이와 같이 고추장 등으로 양념한 떡볶이였다. 《승정원 일기》 등에 떡볶이가 나오는 걸로 보아 떡볶이가 왕이 좋아한 음식이었음을 알 수 있다. 또한 사대부가의 남인 이익의 문집 《성호집(星湖集)》에도 떡볶이 기록이 있어, 사대부가에서도 떡볶이는 즐겨 먹었던 음식이었음을 알 수 있다. 《식의심감》이나 《규곤요람》 등을 보면 서민들은 고추장을 중심으로 양념을 한 떡볶이를 즐겨 먹었다. 궁중이나 사대부가들은 전복, 해삼, 쇠고기, 돼지고기 등 서민들이 구하기 어려운 귀한 식재료를 사용한 떡볶이를 즐겨 먹었다. 맛있는 떡볶이를 해 먹는 데 특별한 기술이 있는 것은 아니다. 생활에 여유가 있으면 비싼 재료를 넣어 먹은 것이다. 이를 뒷받침하는 자료는 1938년 인기 대중가요인 〈오빠는 풍각쟁이〉 노랫말에도 남아 있다.

오빠는 풍각쟁이야 뭐 오빠는 심술쟁이야 뭐 / 난 몰라 난 몰라 내 반찬다 뺏어 먹는 건 난 몰라/ 불고기 떡볶이는 혼자만 먹구 오이지 콩나물만 나한테 주구 / 오빠는 욕심쟁이 오빠는 심술쟁이 오빠는 깍쟁이야…

이렇게 귀한 떡볶이가 대중화된 것은 1960년대 이후다. 신당동 떡볶이 음식점이 요즘과 같이 대중화된 떡볶이의 시초라 볼 수 있다. 그렇다고 하여 이것이 우리 음식 떡볶이의 시초라고 하는 것은 옳지 않다. 대중화되기 시작한 시점과 우리 민족이 처음 먹었던 시기는 전혀 다른 개념이다.

1960년대부터 밀가루 수입과 기계화된 대량 생산으로 떡볶이를 만들 수 있었기에 대중화는 가능했다. 떡볶이 골목의 대명사로 꼽히는 신당동 떡볶이 골목이 생겨나면서 본격적으로 유행하기 시작하였고, 오늘날에는 떡에 어묵, 배추, 쫄면 등을 넣어 만드는 방식으로 조리는 진화했다. 일반 대중에게 파는 음식점이 생겨났다고 그때부터 그 음식이 시작되었다는 주장은 역사적으로 잘못됐다. 100여 년 전의 음식이 감쪽같이 사라지거나 바뀔 수는 없는 일이다.

## 매콤달콤, 우리 고추 고유의 맛

모든 음식이 그러하듯이, 세계의 유명 음식은 모두 그 지방이나 그 나라에서 나는 고유한 농수산물을 재료로 탄생한다. 불가리아의 요구르트나 유럽의 치즈는 그 지역만의 목축 환경과 우유가 생산돼 가능했다. 프랑스나 이탈리아의 와인도 최적의 자연환경에서 생산된 양질의 포도가 있어 가능한 제품이다. 우리나라의 대표 발효식품인 김치와 고추장도 마찬가지다. 수천 년 전부터 한반도에서 자라온 매콤달콤한 우리 고유의 재래종 고추가 있었기에 전통 음식 문화로 자리 잡을 수 있었다.

멕시코 아히와 같은 매운 고추가 우리 고추였다면 지금의 고추장과 김치는 세상에 나올 수 없었다. 식품공학적으로 그렇다. 매운 고추로는 김치가 발효되지도 않을 뿐더러, 무리하게 김치를 담근다 해도 지나친 매운맛은 먹을 수 없기 때문이다. 앞 장에서 설명한 것처럼 아히와 같은 매운 고추가 생물학적으로 짧은 시간에 우리 고추로 진화된다는 것은 과학적으로 있을 수 없다.

요즘 사람들이 즐겨먹는 떡볶이나 비빔밥, 닭갈비, 닭도리탕, 낙지볶음 등도 바로 우리 고추와 우리 고추장이 있었기에 발달할 수 있었던 음식이다. 이런 음식은 아히 같은 아주 매운 고추로 양념을 한다면 결코 먹을 수 없는 음식이다. 그 고유의 색깔과 맛을 내려면 선홍빛깔의 우리 고춧가루가 반드시 필요하다.

왜 오늘날의 김치, 고추장, 비빔밥, 떡볶이, 닭도리탕이 우리 조상들이 오래전 먹어왔던 김치, 고추장, 비빔밥, 떡볶이, 닭도리탕과 다르다고 생각할까? 그런 주장을 하고 싶다면 올바른 논리적 근거가 필요하다. 오직 고추가 임진왜란 때 들어왔다는 설에 근거해 이야기한다면, 한식의 문화를 근본부터 뒤흔드는 일이다.

## 값싼 수입 '캡사이신' 이용한 매운맛 상술 유감

한동안 매운맛 열풍이 불며 앞에 '불'자를 붙인 음식이 유행했다. '매운 요리' 마케팅으로 불닭, 매운 떡볶이, 매운 볶음요리 등 독한 매운맛을 앞세워 광고하면, 그 맛을 느끼기 위해 음식점을 찾는 사람들이 줄을 이었다. 뿐만 아니라 심지어 가공식품도 '불짬봉', '불라면'이라는 이름으로 팔린다. 여느 식당에 가도 독한 매운 요리 메뉴가 한두 가지 포함되어 있고, 맵지 않게 해달라고 주문해도 여전히 매운맛에 먹기가 쉽지 않은 경우도 있다.

고추장, 고춧가루가 들어가는 기존 음식에 수입산 고춧가루를 더해 일부러 자극적이고 매운맛을 낸 음식들이다. 여기에 첨가한 것은 정작 그들 나라에서는 잘 먹지 않는, 값이 싼 중남미나 베트남산 수입 고춧가루(소위 '캡사이신'이라는 이름으로 판매)이다. 이들은 매운맛 성분인 캡사이신이 우리 몸의 신진대사를 원활하게 하며, 우리 몸의 활력을 되찾는 데 도움이 된다고 선전한다. 또 이렇게 매운맛을 좋아하는 것이 우리 전통인 것처럼 이야기하기도 한다.

이 말들이 전적으로 틀린 건 아니다. 정확히 설명하자면 이는 우리 고추 매운맛에 맞는 말이고, 중남미나 베트남 산 고추에는 틀린 말이다. 우리나라 사람들이 매운맛을 좋아한다고 하지만, 우리나라에는 이렇게 매운 고추가 없었다. 이 때문에 소위 캡사이신의 강한 매운맛을 즐겨 먹는 것이 우리의 전통은 아니다. 우리의 전통은 고추장과 김치 정도의 매콤달콤 매운맛을 즐겨 먹는 것이다.


## 지나친 매운맛, 벼락두통 유발

흔히 고추에는 비타민 C가 풍부하다고 한다. 보통 감귤이나 사과보다도 많은 양이 들어 있어서 감기 예방뿐만 아니라 피로 해소에도 효과적이다. 그런데 모든 고추가 비타민 C가 풍부한 것은 아니다. 헝가리 출신의 생화학자 센트죄르지(Szent-Gyorgyi Albert)가 고추에 비타민 C가 매우 풍부하다는 사실을 발견했는데, 이는 우리 고추와 비슷한 헝가리 고추를 대상으로 실험한 결과였다. 만약 센트죄르지 주변에 아히나 할라피뇨와 같은 매운 고추가 있었다면, 그는 비타민 C도 발견하지 못하였을 것이고 1937년 노벨상 수상은 언감생심이었을 것이다.

고추의 캡사이신 역시 대사를 활발하게 하고 혈류량을 증가시켜 스트레스 해소에도 효과적이다. 에너지 소비(energy expenditure)를 활성화시켜 비만 예방에도 효과가 있다. 그러나 이는 우리 고추와 같이 캡사이신이 적당량 있을 때에 가능한 효능이지, 매워서 못 먹을 정도로 캡사이신 농도가 높아지면 오히려 독으로 작용한다. 그래서 중남미나 인도, 동남아시아 사람들은 우리와 같이 양념으로 묻힐 고추장이나 고춧가루를 쓰는 것이 아니라 고추의 즙을 짜서 향신료로만 주로 쓴다.

옛 문헌을 보면 조선시대 초기에 김종서가 북벌 당시 고뿔(감기의 옛말)이 나거나 맹추위를 견뎌야 할 때면 우리 고추를 술에 타 먹었다는 기록이 있다. 우리 고추는 비타민 C와 캡사이신이 적당하게 들어 있기에 분명 고뿔에 효과가 있었을 것이다. 그러나 오늘날 과학으로 보면 우리 고추와 다른 남만초를 우리 고추처럼 술에 타 먹다가는 목숨을 잃을 수도 있다.

최근 영국 의학저널 사례보고(BMJ Case Reports) 잡지에 실린 논문[*]에는 고추의 매운맛 성분이 '벼락두통'이라는 가역성 대뇌혈관수축증후군(reversible cerebral vasoconstriction syndrome, RCVS)을 일

---

[*] Boddhula,S.K., S. Boddhula, K. Gunasekaran, and E. Bischof An unusual cause of thunderclap headache after eating the hottest pepper in the world - "The Carolina Reaper" BMJ Case Reports: first published as 10.1136/bcr-2017-224085 on 9 April 2018.

으켜 뇌에 치명적인 영향을 일으킬 수 있다고 밝힌다.

또 최근 연구 결과를 보면 지나치게 과도한 캡사이신 섭취가 인지 기능 저하에도 관련이 있음을 보여준다.[*] 이왕 고추에 대하여 진실을 알았으니, 소비자인 우리가 현명하게 판단하고 선택할 일이다.

과학적으로 역사적으로 살펴보아도 지나치게 맵게 먹는 것은 몸에 좋지 않다. 맵게 먹는 것이 우리의 전통 식문화도 아니다. 그런데도 맵게 먹는 열풍이 분 이유는 무엇일까? 비싼 우리 고춧가루로는 가격을 맞출 수 없다. 우리 고추와 같은 종류인 중국산 고춧가루도 기본 가격을 지불해야 한다. 그런데 우리 고춧가루의 십분의 일 가격으로 대신할 수 있는 대용품이 있으니 바로 수입산 고춧가루, 캡사이신이다. 이런 고춧가루를 사용하면서 매운맛이 우리 전통이니, 한국 사람은 역시 매운맛을 좋아한다느니, 매운맛이 스트레스를 해소하고 몸의 활력을 주느니 하는 것은 상술로 해석되는 대목이다. 적당한 매운맛을 원해도 먹을 수 없는 현실인 것이다.

---

[*] Shi, Z.; El-Obeid,T.,et al., High Chili Intake and Cognitive Function among 4582 Adults: An Open Cohort Study over 15 Years, Nutrients 2019, 11(5), 1183

# 2.

## 한식의 탄생

:: 오천 년을 이어 온 우리 고유의 식문화 ::

# 한식,
## 문명의 뿌리부터 다르다

　한국은 오천 년이 넘는 농경문화를 지닌 나라다. 지리적으로는 중국에 인접해 있지만 특이하게도 중국이라는 나라에 문화적으로 흡수되지 않고 우리만의 고유한 문화와 역사를 지키며 발전해 왔다.

　중국이 황하 유역을 중심으로 한 황하문화(黃河文化)를 기반으로 나라의 기틀을 세웠다면, 우리 민족은 만주 벌판(현재 중국 요령성, 길림성, 흑룡강성 및 내몽고자치구 등 동북지방의 동부지역으로, 청나라 태종이 만주라고 부르기 시작함)을 기반으로 한 요하문화(遼河文化)에 뿌리를 두고 역사와 문화를 발전시켜 왔다.[*] 이는 우리가 중국과는 문명의

---

[*] 우실하, 《고조선문명의 기원과 요하문명》, 지식산업사, 2018

뿌리가 다르다는 것을 뜻한다. 고조선으로부터 고구려–백제–신라로 대표되는 삼국시대를 거쳐 고려, 조선으로 이어진 역사를 들여다보아도 우리 민족은 중국과 대별되는 고유의 문화를 계승하며 존속해 왔음을 알 수 있다. 이는 음식 문화에 있어서도 마찬가지다.

## 중국과 뿌리가 다른 우리 음식 문화

요하문화는 황하문화와는 생물학적, 고고학적, 언어학적, 문화학적으로 전혀 다른 특징을 보인다. 대표적으로 빗살무늬 토기와 온돌 문화는 요하문화권에만 나타나는 고유의 유물과 유적으로 꼽힌다.

언어의 경우 우리말은 우랄–알타이어족(몽골계)으로 분류된다. 이는 중국의 언어 체계와는 전혀 다른 것으로, 우리말은 만주(옛 고구려), 몽골, 일본, 헝가리, 핀란드의 언어와 같은 계통의 띠를 이룬다.

한국인은 몽골족과 같은 몽골반점(Mongolian spot)을 갖고 있기도 하다. 유전자 분석기술이 발달하여 최근에는 요하문명을 대표하는 민족과 황하문명을 대표하는 민족의 DNA 구조가 완전히 다르다는 사실이 밝혀지기도 했다.[*]

이렇듯 지리적으로나 인종학적으로, 또 문화적으로 한국은 중국과 다르게 발전해왔다. 음식 문화 또한 마찬가지로 우리 음식 문화

---

[*] Park H, Kim JI, Ju YS, Gokcumen O, Mills RE, Kim S and Lee S, et al., Discovery of common Asian copy number variants using integrated high-resolution array CGH and massively parallel DNA sequencing. Nature Genetics, 42:400–5, 2010

전통은 중국의 음식 문화와는 전혀 다른, 독자적이고 고유한 특징을 지닌다. 그럼에도 불구하고 많은 이들이 여전히 한국의 문화가 중국의 황하문화에서 유래된 것으로 오해하는 경우가 많다. 식문화에서도 마찬가지로 우리 전통 음식 문화가 중국의 음식 문화에서 온 것으로 착각하거나 그로부터 많은 영향을 받았다고 생각하는 경우가 흔하다. 왜 이런 오류와 착각이 일어나는 것일까?

## 한자 사대주의, 오류를 키우다

황하문화에서는 일찍부터 문자가 발달했다. 한자(漢字)를 만들어 고대부터 기록을 남길 수 있었고, 그 기록을 통해 당시의 역사와 문화를 이해할 수 있다. 이에 반해 요하문화는 문자가 발달한 문화가 아니었다. 따라서 요하문화는 문자 기록이 아닌 유적과 유물을 통해 고대 문화와 생활상을 유추하고 짐작할 수 있다.

다만 시간이 흐르고 문화 간의 교류가 활발히 이루어지면서 요하문화권에서도 기록이 필요한 일들이 생기고, 이때 이웃 중국의 한자를 빌려 사용하게 된다. 이후 우리말을 표현하는 문자인 '한글'이 창제(1443년)되기 전까지 오랜 시간 동안 우리 역사도 대부분 한자로 기록되었다. 한글이 창제된 이후에도 우리 문화를 한자로 표기하는 일은 멈추지 않고 계속되었다.

분명 한자는 아름다운 글이다. 또한 무한한 즐거움을 갖고 배울 만한 글이기도 하다. 그러나 무조건 맹신할 정도로 우리에게 완전한 문자는 아니었다. 중국에서 발명된 '한자'로 우리의 말과 삶을 표현하기에는 역부족이었고, 한자 기록과 실제 우리 삶 사이에는 큰 간극이 있을 수밖에 없었다.

더구나 한자는 한글과 같은 소리글자가 아닌 뜻글자이다. 우리말의 소리를 다 표기할 수 없기 때문에 어떤 면에서 우리에겐 유용하지 못한 글자였다. 우리말을 한자로 표현할 때면, 차용(借用)하는 이의 의중에 따라 한자의 '뜻(意)'을 가져다 쓰기도 하고 때로는 '소리(音)'를 가져다 쓰기도 하였다. 한자를 글자 그대로 해석하려다 보면 오류 빈도가 높았다.

한자로 표현할 때에 발생하는 기본적인 오류를 알면서도 우리 조상들은 '어려운 한자로 쓰면 배운 사람이고, 한글로 쓰면 배움이 짧은 사람'이라는 인식이 강하였다. 결국 한글이 창제된 이후에도 많은 학자들이 우리말을 억지로 한자로 표기하여 글을 쓰는 경우가 많았다.


우리 역사와 문화를 연구한다는 사람들도 대부분 한글보다 한자를 신뢰했다. 안타깝게도 전문가라고 자부하는 부류일수록 맹신했다. 실제로 한글로 남겨진 기록이 많지 않아 그 불가피성은 인정한다. 하지만 우리 문화를 연구한다는 학자들이 한자를 우리말의 근본으로 착각하는 것은 매우 위험한 일이다. 우리 문화의 기원을 찾는데 한자 기록만 파고들다 보니 한자로 표기되기 이전의 우리말이나, 그 말이 지니고 있는 의미는 무시되기 일쑤였다. 자연스럽게 이해되지 않는 한자 표기를 두고서도 이것이 우리 것이라고 주장하려다 억지로 '설'을 덧붙이는 경우까지 생겼다. 이 과정에서 잘못된 정보가 사실로 둔갑하고 심지어 우리의 뜻이나 얼이 왜곡되는 일도 버젓이 발생했다. 이는 한자 기록이 우리 문화를 100퍼센트 대변한다는 잘못된 발상에서 비롯된 것이고, 우리 음식 문화의 역사가 왜곡된 근본적인 원인이기도 하다.

## 낫 놓고 기역 자도 모르던 백성들도 아는 '부뷔움밥'

인류와 언어의 역사를 통틀어 볼 때 사물이 먼저 있었다. 그리고 그 사물에 이름이 지어지고 난 후에야 그 사물에 대한 표기(기록)가 등장했다. 인류 역사 중에서도 기록의 역사는 불과 몇천 년에 불과하다. 그럼에도 많은 역사학자나 문화를 연구한다는 사람들이 인류의 역사, 더 나아가 생물의 역사, 지구의 역사를 짧은 한자 기록에만 의지하여 해석하려는 경향을 보인다. 더구나 한자의 기록이 전부인 양 바라보고 쉽게 왜곡하기도 한다.

비빔밥은 오래전부터 우리 민족이 밥에 나물과 고추장을 넣고 비벼(고어로는 '부뷔어') 먹은 밥이었다. 소위 '낫 놓고 기역 자도 모르는 백성'들도 그냥 '비빔밥(부뷔움밥)'으로 불러 온 우리말이다.

우리나라에만 있는 비빔밥을 기록하려고 보았더니 한자어에 알맞는 글자가 없었다. 중국에는 없는 음식이니 당연했다. 그래서 글을 만들어야 했는데, 우리말의 뜻을 살려 '부뷔움밥'이란 뜻으로 부뷔을 동(董)과 밥 반(飯)을 빌려 동반(董飯), 또는 중국의 골동갱(骨董羹, 섞음국)을 빌려 골동반(骨董飯)으로 기록하였다. 그런데 한자로 이렇게 기록된 책을 두고 몇몇 학자들은 '비빔밥'의 어원이 '골동반'이라고 주장하기도 한다. 한자로 표기되기까지의 과정을 한 번이라도 생각해보았으면 이런 얼토당토 않은 주장을 할 수 없다. 우리말을 무시하는 발상에서 이런 잘못을 저지르지 않았나 생각된다.

## 김치의 어원까지 한자로 둔갑

김치도 마찬가지로 중국에는 없는 음식이다. 한글이 창제되기 전에는 백성들이 김치라고 부르는 것을 菹(저)로 표기해왔다. 그때는 한글이 창제되기 이전이어서 김치는 '딤치', '팀치', '짐치' 등 여러 가지로 불렸지만 모든 책에 김치를 菹(저)로 기록하는 것으로 통용돼왔다.

이후 한글이 만들어지면서 김치는 백성들이 부르는 말을 따라 '짐치', '딤치', '팀치' 등 다양하게 한글로 표기했다. 그럼에도 유중림(1705~1771년)과 같은 한문학자는 《증보산림경제》를 쓰면서 김치를 한글 대신 沈菜(침채)라는 한자어를 차용해 썼다. 우리말의 김치 발음에도 맞고 뜻도 비슷한 한자어를 찾아 차용한 것이다. 한글이 창제된 이후에도 많은 학자들이 중국에 없는 우리말을 억지로 한자로 표기하여 글을 쓰는 경우가 많았다. 이렇게 우리말을 무리하게 한자로 표기한 것이 어느 날 우리말 어원으로 둔갑해 버린다.

실제로 일부 후대 학자들이 유중림의 책을 보고 김치의 어원이 침채(沈菜)라는 주장을 펼치기도 했다. 맹목적으로 한자 기록에만 기댄 결과였다. 이들은 심지어 자기 논리에 밀려 침채(沈菜) 이전에 김치를 표기한 글자 저(菹)는 김치가 아니라는 허황된 주장을 하기도 했다. 더 나아가 한자어 沈菜(침채)의 뜻을 억지로 해석하여 '물에 담근 김치니, 어쩌니' 하며 우리 김치의 역사와 진실을 왜곡하고 궤변을 쏟아놓는 이들도 생겼다. 정말 안타까움을 넘어 개탄스러운 일이 아닐 수 없다.

단언컨대, 우리나라 김치의 어원은 우리말 김치에 있지, 중국에도 없는 한자어 침채(沈菜)에 있다고 할 수 없다.


## '산림경제'의 실제 뜻은 '살림경제'

《산림경제(山林經濟)》는 조선 후기 실학자 홍만선(1643~1715년)이 엮은 책으로 농업과 살림살이 전반에 대해 종합적으로 서술한 책이다. 농림축산업뿐 아니라 가정생활에 관련되는 주택·건강·의료·취미 등에 이르기까지 모든 살림살이가 망라되어 있다. 홍만선은 이 책을 서술하고 책의 이름을 山林經濟라 명명했다. 그러나 이 책은 산림경제의 한자 의미인 산림(forest economy)에 관한 책이 아니다. 소위 임학(林學)에 대해 나오기도 하지만 전반적인 내용은 그 당시의 농어업, 식생활, 식치, 구충까지 담은 온갖 생활 경제에 관한 것이었다.

홍만선도 우리말을 사용해 '살림(經濟)'이라고 하고 싶었을 것이다. 그러나 글을 쓰던 당시에는 한글을 업신여기는 풍토였기에 많은 고민 끝에 살림을 山林으로 기록했을 것으로 보인다. 이는 당시에 우리 글 한글이 있었음에도 김치를 굳이 '沈菜(침채)'라고 표기한 것과 닮은 것이다. 이러한 고문헌을 제대로 이해하려면 당시의 시대적, 문화적 배경과 저자가 우리말을 어떤 한자로 표현하였을까를 먼저 생각하는 것이 순서다.

매우 심각한 지경으로, 우리 학자 중에는 순우리말 '살림'이 '山林(산림)'에서 왔고 그 근거가 홍만선의 산림경제(山林經濟)라고 주장하기도 한다.[*] 우리말이 한자에 의해 얼마나 희롱당하고 왜곡되고 있는지, 특히 학자들이 한자 표기에만 얽매일 경우 얼마나 위험한 결론에 도달할 수 있는지 보여주는 사례라 할 수 있다.

[*] 김일권, 《조선후기 치농과 음식의 필용지식 전개로서 거가필용과 산림경제 지식지형 고찰》, 농업사연구, pp.15, 19~48, 2016.

## 옛 문헌을 제대로 이해하는 법

한자를 안다는 것과 진실을 안다는 것은 다르다. 그럼에도 불구하고 한자를 아는 사람은 배운 사람, 한자를 모르는 사람은 못 배운 사람이라는 등식이 불과 얼마 전까지 우리 사회에 팽배했다. 한자를 아는 사람들의 말은 거짓도 진실처럼 받아들이는 풍토가 만연했다.

우리나라는 중국과 완전히 다른 음식 문화의 역사를 쌓아왔다. 혹시 우리 음식 문화에 대하여 한자로 된 고문헌 기록이 있다고 하더라도 자체 한자 기록의 문자 그대로 뜻풀이 내용을 맹신하기보다는 '우리의 어떤 문화를 한자로 왜 이렇게 기록한 것일까'를 고민하고 분석하려는 자세가 필요하다. 그것이 고문헌에서 우리 음식 문화를 바로 이해하는 방법이다. 옛 문헌 안에 한자 기록이 수많은 오류를 내포하고 있다고 가정하고 해석해야 우리나라 음식 문화를 바르게 이해할 수 있다.

글은 사실을 표현하고 기록하는 도구에 불과하다. 우리 선조들이 우리말을 어떻게 기록할 지를 수없이 고민하고 고민했을 순간들을 상상해 보자. 그 고민을 생각하고 진실을 이해하는 것이 우선이며 학자의 임무이다.

# 우리 음식의 역사,
## 누가 기록했을까?

　우리 음식에 관한 옛 기록은 많은 편이 아니다. 특히 오늘날과 같이 음식 조리에 대한 본격적인 기록은 조선 후기에 등장한다. 이전에는 대부분 식약동원(食藥同原)의 의미로 '몸이 편하지 않을 때 어떤 음식을 먹으면 좋아진다'라든가 '어떤 음식을 먹고 탈이 났다'라는 등의 기록이 많았다.

　전순의가 쓴《식료찬요》나《식의심감》은 우리 음식에 어떤 효능이 있는지를 일러주는 대표적인 책이다. 여기에 보면 위나 비위가 좋지 않아 소화가 되지 않고 더부룩할 때 닭이나 꿩고기를 고추장에 끓여 만들어 먹으면 가라앉는다는 표현이 있다. 바로 닭도리탕, 꿩도리탕 등을 일컫는 말이다.

조선 인조 때 박동량이 쓴 《기재잡기》에는 비빔밥을 먹고 배탈이 나서 한바탕 소동이 벌어진 일이 나오는데, 이때 비빔밥을 혼돈반(混沌飯)으로 표기한 걸 볼 수 있다. 이수광의 《지봉유설》에는 남쪽의 고추(남만초, 南蠻椒)가 들어와서 우리 고추처럼 술에 타 먹다가 사람이 죽었다는 기록이 있다. 이규경의 《오주연문장전산고》에는 우리나라 각 지역의 다양한 비빔밥에 대한 기록이 소개되어 있다.

## 남성들이 음식에 관한 책을 쓴 이유

음식의 조리법이 들어있는 기록은 17세기에 본격적으로 등장하기 시작한다. 조선시대에 음식과 살림살이에 관한 책은 크게 두 종류로 나뉘는데, 하나는 남성들이 쓴 책으로 대부분 한자로 쓰였으며, 다른 하나는 음식을 직접 만들던 여성들이 쓴 책으로 주로 한글로 쓰였다.

조선시대 남성들은 왜 한자로 음식에 관한 책을 썼을까? 유교적 전통을 이어 온 조선시대에는 유교식대로 제사를 지내고, 제사 형식에 맞게 음식을 만드는 일을 매우 중요하게 여겼다. 이 때문에 제사상 차리는 법이나 의례 음식을 기록으로 남길 필요가 있었는데, 대부분 남성들이 쓴 책에 이러한 내용이 담겼다.

남성들이 쓴 책에 기록된 음식들은 대부분 제례나 의례에 사용되는 음식이다. 집에서 일상적으로 만들어 먹던 음식에 관한 것이 아니다. 처음에는 주로 중국의 책을 근거로 우리나라 실정에 맞게 고쳐 쓴 책이 대부분이었고, 나중에는 처음 나온 한자 책을 개정 증보해 낸 책들이 많았다. 직접 만든 경험을 바탕으로 쓴 책이 아니었다.

중국의 가장 오래된 고서로 산동지방을 기반으로 가사협이 쓴 《제민요술》과 원나라 때 쓰인 《거가필용》 등이 있는데, 실학자 홍만선이 쓴 《산림경제》도 중국의 《거가필용》을 기반으로 한 책이다. 마찬가지로 강희맹의 《사시찬요초》(1482~1483년)도 중국 당나라 한악이 쓴 《사시찬요》(996년)를 개사한 것이다. 유중림은 홍만선의 《산림경제》에 우리 음식의 조리법 등을 덧붙여 《증보산림경제》(1766년)를 엮어냈다.

이처럼 조선시대 남성들에 의해 쓰인 한자 책에는 일상에서 먹는 음식보다는 유교적으로 제사나 의례 때 필요한 음식에 대한 기록이 많았다. 서민들이 먹는 음식에 대한 기록은 거의 찾아볼 수 없으며, 우리 음식 이야기는 나중에 《산림경제》나 《증보산림경제》에 조금씩 덧붙여 들어가는 식이었다.

심지어 중국책을 기반으로 한 책들은 대부분 베껴 쓰는 과정에서 한자를 잘못 쓰거나 숫자의 경우 자릿수나(예를 들면 10에서 0이 떨어져 나가 1이 되는 경우) 단위가 바뀌는 경우도 있었다. 술 제조법 같은 경우 책 내용에 따라 해보면 전혀 재현이 안 되는 경우도 있다. 이런 면에서 보자면 이시필이 쓴 《소문사설》(1720년경)은 남성이 쓴 책이지만, 우리나라 사람들의 농사와 살림살이에 관한 최초의 실학서적이라 볼 수 있다.

한자로 쓰인 우리의 옛 음식 문헌들이 기본적으로 중국의 고서를 기반으로 쓰이다 보니, 후대에 한자를 기반으로 연구하는 음식 연구자들은 우리 음식 문화가 중국에 많은 영향을 받았다고 주장한다. 많은 사람들 또한 그 주장을 비판없이 받아들인다. 하지만 현실과는 다르다. 실제로 우리 조상들이 대대로 만들어 먹어 온 음식은 책 속의 음식과 달랐다. 오히려 중국의 영향을 전혀 받지 않았다고 하는 것이 옳다.

## 직접 만들고 먹어온 경험담은 여성들의 책

반면, 조선 후기에 여성들이 쓴 음식에 관한 책들이 있다. 이 책들은 남성들이 쓴 책과 달리 대부분 한글로 쓰였으며, 우리나라 사람들이 주로 먹는 음식이나 술 등을 직접 만들었던 저자의 경험이 풍부하게 녹아들어 있다.

안동 장씨가 쓴 《음식디미방(규곤시의방)》, 빙허각 이씨가 쓴 《규합총서》, 작가 미상의 《시의전서》, 방신영이 쓴 《조선요리제법》 등이 바로 그것이다. 이 책들은 현장 경험을 바탕으로 비교적 우리나라 음식에 관하여 자세히 쓰여 있으며, 실제로 백성들이 먹고 있는 음식을 주로 썼다.

이러한 책들은 수백 년, 어떤 경우 천년 이상 전해 내려온 우리 전통 음식에 기반을 두고 쓴 책이라고 볼 수 있다. 한글로 된 이 책들이 《산림경제》나 《증보산림경제》보다 늦게 나왔다 하더라도 그 내용을 들여다보면 우리 음식 문화의 실제에 더 가깝고 그 기원을 찾을 때에도 더 정확한 정보를 주고 있다고 볼 수 있다.

## 진짜 우리 음식 원형은 어디에 있을까?

고추가 임진왜란 때 들어왔다고 주장하는 사람들은 잘못된 주장을 합리화하기 위해서인지 한자 책에 기록된 연대에 집착하는 모습을 보인다. 특히 《증보산림경제》의 예를 들어 그 이전에는 어떤 음식이 없었다고 주장하기도 하고, 어떤 음식이 18세기 이후에야 있었다고 주장하기도 한다. 그러나 이런 주장은 우리 식문화를 쉽게 왜곡시켜버린다.

어떤 음식이 책에 기록된 것은 수백 년 동안 먹어왔기 때문에 기록될 수 있다. 책의 발행 연도 전에는 그 음식이 없었다고 해석하는 것은 지나친 가설이다. 또한 음식을 조금 안다는 사람들이 대중 미디어에서 너무도 쉽게 우리 음식의 기원이 《증보산림경제》에 있는 것처럼 이야기하는데, 이 점도 주의해야 한다. 우리 음식 문화는 제사나 예식 때 만들었던 차림 음식에 그 기원을 두지 않는다. 의례 음식에는 고추도 쓰지 않아 색깔도 하얗고, 그 때문인지 우리 입맛에는 그리 맞지 않는다. 진짜 우리 음식은 제례 음식이 아닌 일반 평범한 민중들의 음식이다. 한자를 사용하고 제사를 중시하는 양반들이 기록한 책들은 우리 음식을 제대로 기록하고 있다고 볼 수 없다.

음식을 직접 만들고 먹어 온 경험을 꾹꾹 눌러 담아 우리 할머니들이 한글로 쓴 책은 양반들의 기록에 밀려 꽤 오랜 시간 동안 무시당하고 제대로 대접을 받지 못했다. 지금도 역사의 뒤안길로 밀려나 있다. 하지만 과연 진짜 우리 음식의 원형을 보여주는 책은 어떤 책일까?

우리 음식 역사를 바로 알려면 한자 사대주의에서 벗어나야 한다. 우리 음식의 역사를 누가 기록했느냐에 따라 한식 역사도 달리 해석될 수 있다는 점은, 깊이 염두에 두고 생각해 봐야 한다.

# 김치와 기무치 사이

　해방 전에는 한자를 많이 아는 사람이 지식인의 주류를 이루었다. 해방 이후에 많은 사람들이 선진국인 미국에서 공부했고 영어를 배운 사람이 신지식인의 주류가 되었다. 영어를 한마디라도 해야 지식인 축에 낄 수 있었던 것이다.

　근대 이후 식품과학은 선진기술 습득을 통한 개발과 제조에 중점을 두고 발달하였다. 당시 식품과학을 공부한 지식인들은 사실 우리 음식에 크게 관심을 두지 않았다. 우리 음식의 역사나 문화는 그들의 관심 밖에 있었기에, 우리 음식 문화를 과학적으로 접근하여 발전시킬 기회가 실제로 많지 않았다.

　문제는 이들도 과거 한자를 중시하는 이들이 우리 역사를 왜곡한 것과 똑같은 어리석음을 범하고 있었다는 사실이다. 해방 이후에 우리나라 음식을 영어로 번역하는 과정에서 영어의 뜻에만 집중한 나머지 우리말을 잃을 뻔한 일이 비일비재하였다.

앞서 언급한 바와 같이 옛 조상들이 우리말 김치를 한자 침채(沈菜)로 잘못 번역했는데, 후학들이 그 뜻에 매달려 김치의 역사를 왜곡하는 일이 생겼다. 한자 뜻에 매달리다 보니 '발효 음식' 김치는 어디론가 사라지고 '김치가 물에 담가 먹는 것에서 유래되었다'는 궤변을 낳는 오류가 발생했다.

영어에서도 똑같다. 곰탕을 소리 나는 대로 komtang 했으면 오히려 오해가 없으련만, 영어를 좀 안다는 사람이 기어이 뜻을 매겨 bear-soup으로 번역했다. 후세 어느 누가 이런 번역을 두고 곰탕은 곰이 먹었던 soup였는데, 사람이 먹기 시작하여 곰탕이라고 주장하고 다니면 어떻게 해야할까? 이러한 것이 잘못된 번역에 의한 우리말의 이중 왜곡이다.

인삼을 insam으로 하면 될 것을 잘난 체하면서 human-sam으로 하려 했다가 그 말을 일본에게 뺏겨 인삼의 일본말인 ginseng이 인삼의 영어 표현이 되어버렸다. 두부도 dubu로 안하고 굳이 soybean curd로 주장하다가 두부의 일본말인 tofu가 세계적인 국제 영어가 되어버렸다. 된장과 간장도 soybean paste와 soybean sauce 등으로 표현하다가 miso와 soyu로 자리를 내 줄 처지에 있다. 여기에는 서양 신학문을 처음 받아들인 신지식인의 책임이 크다. 기존의 한자를 중시한 사람들과 같은 실수를 저지른 것이다.

김치도 마찬가지다. 대부분 식품과학자들은 김치를 kimchi로 하지 않고 fermented vegetables라고 고집하여 영어로 써 왔다. 아마도 kimchi로 하면 영어 공부가 짧고 fermented vegetables로 하면 좀 더 영어를 배운 사람 취급하기 때문일 것이다. 김치를 우리말인 '짐치'로 하면 될 걸 굳이 한자로 '沈菜(침채)'로 표기해야 양반인 것처럼 보이는 것과 크게 다를 바 없다.

고추를 우리말인 '고쵸'로 표기하면 될 걸 유중림은《증보산림경제》에서 굳이 '고초(苦椒)', 심지어 '蠻椒(만초)', '蕃椒(번초)'라고 표기하였다. 살림살이를 살림살이라고 표기하면 될 것을 홍만선은《산림경제》에서 살림을 山林이라고 표기했다. 당시에는 한글을 업신여기는 풍토가 만연했기 때문에 불가피하게 쓸 수밖에 없었다는 어려

**고추의 다양한 한자 표기**

중국은 주변의 각 나라를 오랑캐로 부르는 역사적 관습에 따라 '오랑캐 고추'로 명칭을 붙였다. 번초, 호초, 남만초 등으로 붙이고, 중국 고추는 진나라, 당나라, 촉나라, 사천 지방 이름 앞에 붙여 진초, 당초, 촉초, 천초 등 다양한 한자를 붙였다.

움을 어느 정도 이해는 하지만, 지금도 똑같이 실수를 범하는 것에 대하여는 식품과학자들과 언어학자들의 각성이 필요하다.

오늘날 김치는 우리가 김치(kimchi)로 찾아 왔다. 우리가 김치를 반복해서 fermented vegetables(발효채소)로 하니까 일본 사람들이 기무치(kimuchi)로 세계 코덱스 규격에 올려서 ginseng처럼 하려는 것을 우리 정부가 미리 알아차리고 부랴부랴 막아서 kimchi를 지킨 것이다.

김치와 마찬가지로 비빔밥도 자꾸 영어로 mixed rice vegetables(섞음밥)만 고집하다가 일본 사람들에 의하여 비빈파(bibinpa)로 될 뻔하였다. 우리가 비빔밥을 bibimbap으로 제대로 표현하고 지켜 비빈파로 가는 것을 막아야 한다.

이미 우리가 청국장(chongkukjang)이란 단어를 쓰면 국제사회에서 Korean natto로 사용하라고 할 정도로 우리 음식과 말이 왜곡되어 왔다. 모두 다 한자나 영어를 중시하고 우리 글을 사랑하지 않은 탓이다.

어묵을 omuk으로 표시하면 영어를 못 배운 사람이고 fish cake라고 하면 영어를 아는 사람이 아니다. 우리 음식 문화와 역사를 제대로 배우기 위해서는 가짜 지식을 맹목적으로 받아들여서는 안 될 일이다. 우리 음식 문화에 이러한 잘못된 인식과 오류가 있었다는 점을 충분히 파악하여야만 음식 문화와 역사를 바로 이해할 수 있다.

# 한식의 뿌리,
## 김치 탄생의 비밀

우리 몸은 음식을 맛있게 먹을 때 가장 기분이 좋고, 위장운동 또한 활발하여 소화도 잘되고 건강해진다. 인간은 맛을 느끼지 않으면 어떠한 음식도 먹을 수 없다. 또한 음식을 적당량 먹으면 배가 불러서 더 이상 먹을 수도 없다. 물론 인간은 음식을 저장하는 시스템도 없다. 인류의 음식 문화는 '어떻게 하면 맛있게 먹을 수 있을까'와, '어떻게 하면 이 음식을 나중에도 두고 먹을 수 있을까'에 초점을 맞춰 발달해 왔다. 식품 과학 발달의 역사는 바로 이 두 방법을 찾아가는 과정이었다. 즉 음식을 맛있게 먹고 남은 음식을 나중에도 탈 없이 먹을 수 있는 방법을 찾는 자연 발생적인 발견의 역사다. 이것이야말로 인류 식품 과학기술 발달의 기원이라 할 수 있다.

## 맛있게, 그리고 나중에도 두고 먹을 수 있게

어느 나라, 어느 민족에게나 먹고 사는 것은 생사 여부의 큰 문제였다. 이는 자연에 있는 어떤 재료를 먹을 수 있느냐, 먹을 수 없느냐의 문제로 귀결되었다. 독이 있어 못 먹고, 맛이 없어 못 먹는다는 것은 단지 취향이 아닌 생존과 직결되는 문제였다.

음식을 맛있게 먹는 방법이나, 나중에도 그 음식을 먹을 수 있는 방법에 대해 조상들이 처음부터 어떤 이치나 원리를 알고 있었던 것은 아니었다. 먹어도 아프거나 죽지 않았던 경험, 이렇게 했더니 맛이 있더라는 경험적 자료이다. 이런 데이터가 수백 년, 수천 년 동안 쌓이고 검증되면서 어느 지역, 어느 민족의 음식 문화로 자리 잡았다. 이는 경험적인 학습의 결과이자 경험 과학이라 할 수 있다. 자연 환경과 문화가 각기 다른 나라와 민족들이 서로 다른 음식 문화를 발전시켜 온 이유이기도 하다.

앞서 언급한 바와 같이 우리 민족은 중국과 다른 문명에 뿌리를 두고 있으며 서로 다른 고유의 문화와 역사를 만들어 왔다. 이는 우리 음식 문화가 중국에서 온 것이 아니라 자연 발생적으로 고유의 음식 문화를 창조하며 발전해왔음을 의미한다. 지극히 당연한 이런 사실에도 불구하고, 우리가 이 사실을 제대로 인식하지 못하고 지금껏 우리 음식 문화를 논해 왔다는 점이다. 첫 단추를 잘못 끼우니, 한자만 붙잡고 우리 문화를 이해하겠다는 소위 전문가들에게 우리 음식 문화 역사가 농락당하는 모습을 그저 넋 놓고 지켜볼 수밖에 없었다.

어떻게 우리만의 고유한 음식 문화가 발전하게 되었는지, 김치를 통해 살펴보려 한다. 세계에서 오직 우리나라에만 있는 김치의 탄생을 이야기하기 위해서는 먼저 우리 민족과 우리 민족이 살아온 곳의 지형과 환경부터 이야기해야 한다.


## 불과 소금의 발견

수렵 채집을 하던 원시 시대를 상상해 보자. 들짐승이 아무리 많고 물고기가 아무리 많아도 그 고기를 날것으로 먹을 수는 없었을 것이다. 산과 들에 아무리 풀이 많아도 그대로 먹기에는 입에 맞지 않고 배탈이 나는 일도 발생했을 것이다. 어떻게 맛있게 먹고, 탈이 나지 않게 먹을 수 있을까? 인류 음식 문명 발달에 커다란 획을 그은 사건이 있으니, 바로 불과 소금의 발견이다.

수백 만 년 전 불을 발견하고 활용하면서 인류는 비로소 음식을 안전하고 맛있게 먹을 수 있었다. 불에 익히니 당연히 배탈도 나지 않았다. 음식은 조리 온도가 높을수록 그 맛이 매우 좋아진다. 보통 고기는 600~700℃의 불로 굽거나 태우면 맛있게 먹을 수 있다. 그러나 우리나라와 같이 산림이 많고 식량이 부족한 나라에서는 곡물이나 풀(채소의 순우리말)을 높은 온도로 가열해서는 먹을 수가 없었다. 풀을 날것으로 먹거나 낮은 온도(100℃)에서 삶거나 데쳐서 먹었다. 아무래도 높은 온도로 가열한 음식보다 맛이 덜 할 수밖에 없었다. 원래 풀은 대부분 쓰고 맛이 없다.

소금의 발견도 음식을 맛있게, 오래 두고 먹을 수 있는 획기적인 사건이다. 물론 인간이 소금을 먹는 것은 학습이 아니라 본능일지 모른다. 오늘날 어떤 동물들을 보면 자연 속에서 소금을 어떻게든 스스로 찾아 먹는 걸 볼 수 있다. 소금을 먹지 않으면 목숨을 잃기 때문에 본능적으로 찾는 것이다.

인간의 경우 소금이 음식에 맛을 더해주는 생존의 기본 재료임을 깨닫는 데 그리 오래 걸리지 않았다. 세계 모든 음식 물질 중에서 가장 맛있는 것이 소금이다. 소금은 생물학적으로 사람이 살아가는 데 가장 중요하며 건강하게 살아가기 위한 조건에 가장 쉽게 다가갈 수 있는 물질이다. 음식의 맛(간)을 맞추는 요소로, 또 어떤 음식이라도 소금을 적당량 넣으면 가장 맛있는 맛을 느낄 수 있다. 소금은 음식을 맛있게 하는 물질의 대표주자다.


## '풀'을 맛있게 먹는 방법이 발달한 나라


인류는 내가 가지고 있는 재료를 가지고 어떻게 맛있게 먹을까를 궁리하는 존재이다. 남방 나라와 가까운 중국은 식물성 기름이 많이 나고 먹거리가 풍부한 나라였다. 기름이 많이 나기 때문에 갖가지 식재료를 기름에 튀기기만 하여도 음식 맛이 매우 좋았다. 튀기는 조리법은 보통 300~400℃의 고온에서 조리하는데, 과학적으로 음식은 고온에서 조리하면 맛이 월등히 높아진다. 이에 따라 중국은 기름에 볶거나 튀기는 요리가 대부분이다. 매우 단순한 요리법이다. 바로 다양한 요리법이 등장하지 않은 이유다. 그러나 우리는 달랐다.

산림이 우거졌고 농사지을 땅이 넓지 않다 보니 곡물이 풍부하지 않았고 고기가 많은 것도 아니어서 먹을 것이 늘 부족했다. 가까이 산과 들에 난 풀이라도 뜯어 먹을 수밖에 없었고, 그야말로 초근목피(草根木皮)의 생활을 오랫동안 해온 역사라 할 수 있다. 그렇다고 맛있게 먹을 수 있는 또 다른 요소인 식물성 기름이 많은 것도 아니었다. 이런 환경적인 요인으로 우리는 채소를 맛있게 먹는 문화가 세계 어느 나라보다 발달한 나라가 되었다.

풀을 배탈없이 맛있게 먹는 가장 쉬운 방법은 없을까? 바로 살짝 데쳐서 소금으로 간을 해서 먹는 것이었다. 우리 조상들은 여기서 좀 더 맛있게 먹는 방법을 점차 발전시켜 왔다. 먼저 후각과 미각을 자극하는 방법, 또 하나는 시각을 자극하여 맛있게 하는 방법이다. 후각과 미각을 자극하여 맛있게 한 조리법의 특징이 바로 우리나라만이 특이하게 발달한 '양념 문화'이다.

우리는 여기에 더해 시각 자극도 매우 중요한 요소로 여겼다. 입맛을 돋우고 군침 나게 만드는 데는 시각 효과가 매우 크다는 걸 알았던 것이다. 옛날 우리나라 속담에 '보기 좋은 떡이 먹기도 좋다'라는 말이 있다. 우리 전통 조리법에 음식을 맛있게 만드는 법 중에는 '맛있어 보이게 하는 부분'이 엄연히 한 자리를 차지하고 있었다.

## 우리만의 양념 문화에서 탄생한 김치

음식을 맛있고 건강하게 먹기 위해서는 첫 번째로 색깔이 고와야 하고, 두 번째로 맛이 있어야 하며, 세 번째는 먹고 나서 탈이 나지 않고 속이 후련해야 한다. 우리는 전통적으로 붉은색으로 입맛을 돋우고, 소금에서 맛을 얻고, 시원한 맛을 통해 후련함을 느끼도록 했다. 음식이 맛있어 보이고 군침이 나는 데 시각적 효과가 가장 큰 색이 빨간색이라는 것은 오늘날 과학적으로도 입증된 바 있다. 그래서 중국의 레스토랑 같은 경우 시각적 효과를 배가하려고 실내 장식도 빨갛게 꾸미는 경우가 많다.

그러면 우리나라는 무엇으로 빨간색의 시각적 효과를 냈을까? 오래전부터 빨간색을 낼 수 있던 것은 고추밖에 없었다. 나중에 토마토, 맨드라미 등이 들어와 빨간색을 낼 수 있었지만 이전에는 고추가 유일했다.

색깔이 붉고 매콤달콤한 맛이 나는 고추를 빻아서 나물이나 풀을 무쳐서 색깔을 내어 맛있게 보이게 했을 거라는 건 누구나 쉽게 짐작할 수 있다. 참고로 검은색은 음식의 시각 자극에 효과적이지 않다는 것이 과학적으로 밝혀져 있다.

사실 고추의 의미는 이뿐만이 아니었다. 나중에 과학이 발달하여 알고 보니 고춧가루는 시각적 효과뿐만 아니라 캡사이신이 들어 있어서 다른 균을 자라지 못하게 하는 효과도 뛰어나고 후각과 미각적으로도 음식을 맛있게 하는 효과가 있었다. 이러한 이유로 고추는 우리나라 양념에서 가장 중요한 자리를 차지하였고, 여기에 파와 마늘 등이 함께 어우러져 우리만의 독특한 양념 문화의 핵심을 구성한다.

## 김치 탄생의 결정적 배경

김치는 '양념 문화'의 발달과 떼어 놓고는 생각할 수 없는 음식이다. 한번 상상해 보자. 옛날 우리 조상 중 누군가 날 채소를 맛있게 먹으려고 고춧가루가 들어간 양념을 넣어 무쳐서 먹다가 남은 것을 어디엔가 두었다. 이렇게 두었던 걸 나중에 먹어보았더니 쉰내는 나지만 배탈도 나지 않고 맛있게 먹을 수 있다는 경험을 터득하게 된다. 이때부터 자연발생적으로 다양한 방식으로 개량해 나가면서 발견한 음식이 바로 김치이다. 김치는 다른 나라에서 들어온 것이 아니라 오로지 양념 문화가 발달한 우리나라에만 있는 음식이다. 김치 발효는 어떻게 보면 두 가지를 동시에 얻는 일석이조였다. 가장 맛있게 먹는 방법을 생각하다 보니 나중에도 먹을 수 있는 것을 발견한 셈이었다. 그래서 김치는 치즈같이 꼭 발효시켜야만 먹는 음식이 아닌 것이다.

김치와 같이 음식의 저장을 위해 오랫동안 우리 조상들이 사용해 온 방법은 오늘날 식품과학의 관점에서 보아도 매우 과학적이고 놀랍다. 식품을 나중에도 먹을 수 있느냐 없느냐 하는 문제는 과학적으로 볼 때 미생물에 의해 부패되었음에도 배탈이 나느냐, 나지 않느냐의 차이를 의미한다. 우리 옛 조상들은 오늘날의 미생물 개념을 몰랐을 것이다. 발효과정을 귀신이 다녀간 것으로 이해했다. 하지만 음식을 깨끗이 씻거나 불에 태우거나 말리거나 소금이나 물엿 등에 절여두면 오랫동안 저장하여 먹을 수 있다는 것을 경험적으로 알았다. 오늘날의 과학으로 보면 이 모든 과정은 음식 내에 수분활성도(Aw)를 줄여 미생물이 잘 자라지 못하게 하여 부패를 막는 역할을 하는 것이었다.

## 미생물을 이용해 미생물을 제어하다

중국은 기름 생산량이 많아 식재료를 기름에 튀겨 수분활성도를 줄이는 방법을 활용했다. 인도는 각종 향신료를 활용하여 미생물의 활동을 억제했다. 북극 지방은 낮은 온도로 미생물의 성장을 늦추거나 소금을 활용하여 수분활성도를 낮게 하는 방식을 썼다. 이와 같이 대부분 온도, 소금, 기름, 향신료 등을 사용해 부패 미생물의 활동성을 억제하는 방식으로 음식의 저장성을 높여왔다. 그런데 이 모든 것보다 더 놀라운 방법이 있었다.

균을 자라지 못하게 하여 부패를 막는 것이 아니라 오히려 균을 자라게 하여 음식을 오래도록 먹을 수 있게 하는 방법. 우리 조상들은 다른 미생물을 이용해 부패 미생물을 제어하는 지혜를 발견한다. 소위 '이균치균(以菌治菌)'. 이것이 바로 발효(醱酵) 현상이다. 즉 김치에서 쉰내와 같은 냄새가 나는 것은 균이 자라고 있다는 뜻이고, 이를 먹어도 괜찮다는 것은 그 균이 나쁜 균이 아니라는 뜻이다. 심지어 오늘날에는 그 균이 우리 몸에 이로운 균이라는 것이 밝혀졌다.

더군다나 김치에서 생긴 발효물질인 젖산은 우리가 음식을 먹었을 때 후련하게 내려가는 듯한 시원한 느낌을 주는 물질이다. 그야말로 군침이 날 정도로 입맛이 돌게 하고, 맛있게 먹고 후련하게 소화도 잘되고 우리 몸을 건강하게 하는 일석사조의 효과다. 이것이 김치 탄생의 비밀이다.

만약 우리 고추가 임진왜란 때 우리나라에 들어왔다고 주장한다면, 우리 음식 문화 발전에 대한 이런 자연스러운 인식이 가능할까? 김치가 다른 나라에서 들어온 것으로 치고 이해도 되지 않는 억지 지식을 받아들이느라 어려움을 겪었을 것이다.

김치는 이 땅의 자연 환경과 독특한 우리만의 식문화 속에서 자연스럽게 탄생한 우리의 전통 음식이다. 왜 김치가 우리나라에만 있는 우리 고유의 음식인지를 인류의 진화 과정과 문화 발달사에 맞물려 과학적으로 설명할 수 있어야 한다. 그것이 비로소 우리 음식 문화의 초석을 바로 세우는 일이다.

# 4

# 우리 고추로만
# 담글 수 있는 우리 김치

고추가 임진왜란 때 전래되었다는 주장을 신주단지처럼 여기는 사람들은 김치도 다른 나라에서 들어온 것이라고 주장한다. 우리 김치의 역사를 100년으로 축소하기도 한다. 이는 우리 식문화를 심각하게 왜곡하는 주장으로, 반드시 수정되어야 할 내용이다.

고추 임진왜란 전래설에 반기를 들고 그 주장이 틀렸다고 이야기하고 다니다 보니 사람들이 내게 와서 종종 묻곤 한다. '그럼 고추가 언제 들어온 거냐?' '그럼 김치는 어디서 들어왔느냐?'

실은 이런 질문 자체가 어리석은 질문이다. '세상에 김치가 우리나라 말고 어디 다른 나라에도 있느냐?'라고 내가 반문하면 그제야 그 사람은 자신의 질문이 잘못된 줄 깨닫는다. 김치는 세상에서 우리나라에만 있는 우리 고유의 식품이다.


## 농경문화 속에서 탄생한 특별한 발효식품


동서양을 막론하고 대표적인 발효식품은 술이다. 서양에는 와인이 있고, 동양에는 다양한 전통 발효주가 있다. 한국에도 전통 발효주로 대표적인 가양주(막걸리)가 있다.

유목생활을 하던 유목민들은 전통 음식인 우유를 사용해 발효식품을 발달시켰다. 그리하여 서양에서는 주로 치즈, 요구르트와 같은 유제품 발효식품이 발달했다. 이에 반해 동양은 대체로 농업을 중심으로 정착 생활을 하였기에 곡류나 채소에서 술, 장류, 김치와 같은 발효식품이 나왔다. 수천 년의 농경문화를 이어 온 우리나라도 마찬가지로 김치, 된장, 청국장 등 채소를 이용한 발효식품을 발달시켰다. 그중에서도 김치는 세계 어느 나라에서도 볼 수 없는 한국에만 있는 대표적인 채소 발효식품이다.

김치의 역사와 마찬가지로 우리나라 발효식품은 그 전통이 오래되었다. 그러나 옛 조상들은 미생물에 대한 개념이 없었기 때문에 부패와 발효의 차이를 정확히 알지 못했다. 이것이 미생물에 의한 것인지도 몰랐다. 하지만 어떤 차이는 분명히 알고 있었다. 바로 뭔가 쉰 것 같은 데도 먹을 수 있는 것이 있고, 먹을 수 없는 것이 있다는 사실이었다.

한국은 오천 년 이상 농경문화를 이어왔다. 이러한 농경문화의 바탕이 있었기에 김치라는 세계적으로 특별한 발효식품을 발전시킬 수 있었다. 몇 가지 채소를 고추, 마늘과 같은 양념으로 무치거나 버무려 맛있게 먹고 남은 것은 그냥 두었는데 시간이 지나 썩은 것 같은 냄새가 나는데도 먹어도 아무 탈이 나지 않음을 알게 되었다. 이 것이 김치의 시초이다.

김치는 다른 나라에서 갖고 들어 온 것이 아니다. 고추가 임진왜란 때 들어왔다고 주장하는 학자들이 말하듯이 김치의 역사는 100년 밖에 안 된 것이 아니다. 이미 수천 년의 역사를 갖고 있는 우리의 전통 식품이다.


## 삼국시대 이전부터 먹었던 김치

발효 음식을 직접 만들고 오랫동안 먹어왔지만, 우리 조상들이 이를 과학적으로 이해하거나 설명할 수 있었던 것은 아니다. 대신 문화적으로 접근하였다. 그렇기에 전통 음식(ethnic foods)의 문화적, 역사적 특성을 이해하는 일은 현재 그 음식을 과학적으로 이해하는데에도 매우 중요하다. 역사와 문화 속에서 조상들의 과학을 엿볼 수 있는 것이다.

굳이 김치를 정의하자면, 김치는 배추를 소금에 절여서 씻은 후 무채, 마늘, 파, 생강, 고춧가루, 미나리, 갓, 새우, 젓갈 등을 넣어 버무린 양념(소)을 배추에 골고루 버무려 항아리에 넣고 발효 숙성시킨 채소 발효식품이다. 지역마다 다양한 부재료를 사용하고 배합

비도 조금씩 달라 그 지역만의 독특한 김치 맛을 보여주기도 한다. 김치의 어원을 침채(沈菜)라고 주장하는 이들이 말하듯이 채소를 '소금물에 담가두었다'고 해서 김치가 되는 것은 아니다.

한국의 김치 역사는 삼국시대 이전, 수천 년 전으로 거슬러 올라간다. 《신라촌락문서(新羅村落文書)》와 《연희식(延喜食)》, 《고려사절요(高麗史節要)》(1452년), 《삼국사기(三國史記)》(1145년) 등 여러 문헌에 김치에 대한 기록이 있는 것으로 보아 우리 조상들은 삼국시대 이전부터 김치를 먹은 것으로 보인다. 이때 기록은 통배추김치(결구배추)를 먹는 풍습이 있음을 보여주고 있다.

김치는 배추, 무, 파, 오이 등 다양한 재료에 따라 이름을 달리 붙였는데, 그 종류만 해도 200~300여 종에 이른다. 사시사철 김치를 담가 먹는데 이 중에서 배추김치가 가장 흔하며, 특히 초겨울에 배추를 이용하여 김치를 담그는 김장 문화는 유네스코 세계 무형문화유산으로 등재되어 있기도 하다.

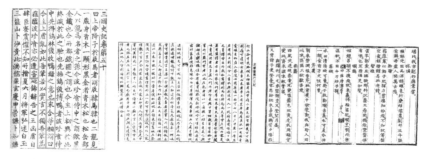
김부식의 《삼국사기》, 김창업의 《연행일기》, 서거정의 《사가집》에 김치에 대한 기록이 있다.

## 김치의 핵심 재료는 바로 '고추'

김치는 배추를 소금에 절인 다음 고춧가루와 마늘 등 각종 양념을 버무려 발효시킨 것이다. 간혹 김치의 주재료를 배추라고 하는 사람들도 있는데, 발효식품이라는 김치의 본질을 염두에 둔다면 김치의 핵심 재료는 '고추'라 할 수 있다. 김치의 발효는 바로 고추의 캡사이신(capsaicin)에 의해 다른 잡균의 성장을 억제하고 젖산균의 증식에 따라 발효가 진행되는 젖산발효의 일종이다.

앞서 발효를 '이균치균'이라 하였다. 이는 다른 미생물을 이용해 부패 미생물을 억제하는 방식을 뜻한다. 김치를 담글 때 소금에 절이는 과정도 김치의 맛을 내고 다른 균이 자라지 못하게 하는 효과가 있다. 그러나 이때 무엇보다 고춧가루의 역할이 중요하다. 고춧가루에 들어있는 캡사이신 같은 활성 물질(phytochemical)이 초기 부패균을 죽이면서 동시에 이로운 균인 젖산균이 자라날 환경을 만들어 주기 때문이다. 젖산균이 어느 정도 자라면 젖산균 자체에서 락틴(lactin)이라는 단백질을 만들어내 다른 부패균을 직접 죽인다.

결국 우리는 김치를 통해 채소를 발효시키는 과정에서 생성되는 유용한 젖산균과 젖산과 같은 유용 물질인 발효 대사 산물을 섭취하게 된다. 더구나 김치는 다양한 채소로 만들어지기 때문에 다양한 피토케미컬(phytochemicals)*을 함유하고 있다. 젖산균 프로바이오틱스(probiotics)까지 풍부하다. 이러한 이유로 김치는 세계 5대 건강 식품에 선정되기도 했다.

인도, 중남미 같은 나라에서도 고추를 활용하지만 주로 향신료로 조금 사용하는 반면, 우리나라는 고추가 발효의 주된 역할을 한다. 잡균을 적절하게 제어하면서 유익균인 젖산균이 자랄 수 있는 환경을 만들어 주는 일이 바로 고추가 하는 일이기 때문이다.

고추가 임진왜란 때 들어왔다는 잘못된 주장에 발목이 잡혀 어떤 이는 임진왜란 전에는 고추가 들어가지 않은 김치를 먹었다는 주장을 한다. 하지만 김치냉장고가 없던 그 옛날에, 고추가 없다면 김치는 바로 부패가 진행되었을 것이다. 김치를 담글 수도 없고, 발효도 일어날 수 없는 것이다.

---

* phytochemicals. 채소나 과일에 들어 있는 성분. 식물의 대사 과정에서 만들어지는 식물의 화학물질. 요즈음은 장내 미생물의 분포가 우리 건강을 좌우한다고 하여 마이크로비옴(microbiome)에 대한 연구가 매우 활발하다. 비만이나 건강도 결정되고 우리 몸의 정상 컨디션 조절도 장내 미생물에 의하여 결정된다고 한다. 따라서 우리 몸에 유익한 균(probiotics)의 섭취가 매우 중요하다 하여 많은 사람들이 프로바이오틱스를 찾는다. 우리 조상들은 수천 년 전부터 김치로부터 수많은 프로바이오틱스를 섭취해 왔다.

다시 한번 말하지만 우리나라 고추장과 김치는 오직 우리 고추로
만 담가야 먹을 수 있다.


## 김치의 조상이 장아찌라고?

김치를 장아찌와 짠지의 후손으로 폄하하는 이들도 있다. 사정이
이러하니 어떤 학자는 김치는 원래 배추로 만드는 것이 아니라 무로
만들었다는 주장을 한다. 그러나 이런 주장은 우리 김치에 고추가
들어가지 않은 김치였다는 잘못된 논리에 빠져, 근거 없이 김치의
원조가 일본의 츠케모노(漬物), 중국의 파오차이(泡菜)라고 하다 보
니, 김치의 원조가 장아찌와 짠지라는 말을 무리하게 끌어들인 것에
불과하다. 김치가 외국에서 들어왔다는 생각을 버리지 못하고 잘못
된 기둥을 붙들고 있는 이들의 몸부림 정도로 볼 수 있는데, 무작정
따르는 일부 언론과 연구자들이 더 문제다.

장아찌, 짠지와 같은 절임식품은 미생물의 성장과 부패를 막기 위
해 수분활성도를 줄이는 방법으로 소금을 쓰거나, pH를 낮추어 미
생물 성장을 억제하기 위해 식초를 사용하여 만든다. 그러나 발효식
품은 미생물을 자라지 못하게 하여 오래 저장하여 먹는 것이 아니라
다른 유용한 미생물의 성장을 도와 오랫동안 맛있게 먹는 것으로,
절임식품과는 근본적으로 그 원리가 다르다. 장아찌의 경우 소금 농
도를 지나치게 높이면 유용미생물의 성장을 저해할 수도 있다.

◈ **-지**

'지'는 독립적으로 사용되기보다 재료나 과정 뒤에 붙어 특정 김치를 부를 때 '~지'라는 말로 많이 사용되었다. 지는 순 우리말 '디히'(훈몽자회)가 단모음화와 구개음화를 거친 요즈음 말로, 가령 '오이지', '파지'와 같이 재료 뒤에 '지'를 붙이거나, '싱건지', '묵은지', '짠지'와 같이 과정 뒤에 '지'를 붙여 쓰기도 한다. 디히가 변하여 지가 된 우리말을 한자로 기록할 때 '지(漬)'로 표기하기도 한다.

고려시대 이규보의 《동국이상국집(東國李相國集)》에서는 짠지를 '염지(鹽漬)'로 표기했다. 일본에서도 우리 지를 가져다 단무지 등을 개발하여 '지와 같은 것'이란 뜻으로 漬物(쯔께모노)라고 부른다. 이렇다 하여 행여 지의 어원이 '지(漬)'라고 주장하는 오류를 범하지 않기를 바란다.

우리 김치를 만드는 전통 발효기술이나 지혜는 포채나 장아찌에 그냥 고추를 뿌리거나 넣는다고 해서 하루아침에 바로 생기는 것이 아니다. 옛날에는 오늘날과 같은 정보 교환이라든지 소통 수단이 거의 없었다. 김치를 만드는 비법이 오로지 자손에게 수천 년 동안 고유의 제조 비법으로 이어져 내려와 정착됐다.

결구배추가 들어왔다고 몇 년 안에 무김치가 배추김치로 바뀌거나, 싱건지(백김치)가 갑자기 고추가 들어왔다고 하여 소위 '빨간 김치'(우리말에는 빨간 김치라는 말은 애당초 없었다. 고추가 임진왜란 때 들어왔다고 주장하는 이들의 잡설이다.)로 바뀌는 일은 고대 식품기술발달사에서 있을 수 없는 일이다.

어떤 이는 김치를 만드는 배추는 결구배추뿐이고 이 결구배추가 중국에서 들어온 지 100년 밖에 안 되었다고 주장하며 김치의 역사를 폄훼하는데,[*] 이 또한 아무런 근거가 없다. 우리 할머니들이 이 말을 들으면 대노할 일이다.

배추김치의 역사도 오래되었다. 《고려사절요》, 《삼국사기》에 이미 찢어먹는 통배추김치 비유 기록이 나온다. 배추와 배추김치를 나타내는 표현은 우리의 오래된 고문헌에 숭(菘), 추숭(秋菘), 숭저(菘菹), 숭제(菘虀), 침숭채(沈菘菜) 등으로 다양하게 나온다. 또한 김창업의 《연행일기》(1712년), 정약용의 《다산시문집》, 서거정의 《사가집》, 이갑의 《문견잡기》 등에도 배추김치에 대해 다양하게 기록돼 있다. 이러한 다양한 문헌이 있음에도 불구하고 100년 전에는 배추김치가 없었다는 것은 고추가 임진왜란 후에 있었다는 것을 합리화하기 위해 만들어낸 터무니없는 잡설에 불과하다.

---

[*] 주영하, 《음식전쟁 문화전쟁》, 사계절, p.76, 2010

# 겨울에만 먹을 수 있던 '동치미'

동치미는 겨울에 저장해서 먹는 '싱건지(싱거운지: 맵지 않고 심심한 맛이 나는 김치라는 뜻)'를 말한다. 주로 무를 이용하며 고춧가루를 쓰지 않는다. 소금에 절인 무와 마늘, 생강, 갓, 고추, 쪽파, 배 등을 함께 항아리에 켜켜이 담은 후 소금물을 부어 숙성시키는 발효 김치의 한 종류이다.

요즈음은 김치냉장고 덕분에 여름에도 동치미를 담가 먹을 수 있지만, 옛날에는 겨울에만 동치미를 맛볼 수 있었다. 동치미는 고춧가루가 들어가지 않는 김치의 일종이므로 냉장고가 없으면 오래 보관하기가 힘들기 때문이다.

'동치미'는 우리말 '싱건지'에 대한 한자 표현에서 유래했다.《동국이상국집(東國李相國集)》,《동국세시기(東國歲時記)》등 고문헌에 보면 한자로 겨울에 김치를 담근다는 뜻으로 동침(冬沈), 동침저(凍沈菹)라고 표현했는데. 한자를 모르는 일반 서민들이 '동침'을 '동침이', '동치미'로 따라하다 동치미로 우리말로 굳어졌다. 《동국이상국집》에는 '순무를 장에 넣으면 여름철에 먹기 좋고 청염(淸鹽)에 절이면 겨우내 먹을 수 있다'고 하였는데, 이것이 바로 장아찌와 싱건지를 의미한다.

중국에는 '겨울에는 무, 여름에는 생강을 먹으면 의사를 볼 필요가 없다'라는 속담이 있고, 한국 속담에는 '겨울 무 먹고 트림을 하면 인삼 먹은 것보다 효과가 있다'라는 말도 있어 한국과 중국에서 모두 무를 으뜸으로 여기고 있음을 알 수 있다.

우리나라에서 연탄 아궁이를 한창 쓰던 1960~1970년대에 연탄가스를 마셔 정신이 혼미할 때 시원한 동치미 국물을 마시는 민간요법이 성행했었다. 성대중(成大中)이 쓴 《청성잡기(靑城雜記)》에는 '갈증이 나서 싱건지국(汁菹)을 먹으려다 김칫독에 빠졌다'는 기록도 있다. 지금도 이 싱건지국은 많은 음식점에서 자주 나오는 음식이다.

# 배추김치의 역사가 100년이라고?

　고추가 임진왜란 때 일본에서 들어왔다고 주장하는 사람들은, 김치가 장아찌와 짠지의 후손이라 주장한다. 김치의 원조를 일본의 '츠케모노' 또는 중국의 '파오차이'라고도 한다.[*]

　이미 김치를 나타내는 글자 저(菹)가 임진왜란 이전 각종 문헌《삼국사기》,《점필재집》,《고려사절요》 등에서 무수히 발견되는데도, 그 저(菹)가 김치가 아니라 짠맛을 위주로 하는 일본과 중국의 츠케모노나 파오차이라고 하는 것이다. 그러면서 물러지는 배추로는 이를 담글 수 없다 생각했는지, 원래 김치는 배추로 만드는 것이 아니라 무로 만들었다고 주장하기도 한다.

　이들은 우리 배추김치의 역사를 100년으로 축소하기도 한다. 오늘날 우리가 먹는 배추김치는 약 100년 전 중국에서 들여온 품종(산

---

[*] 주영하, 〈김치: 장아찌와 짠지의 후손〉, 풀무원 뉴스레터, 69, 18, 1999

둥)의 결구배추라며, "김치는 중국 사람들이 발명한 것인지도 모른 다"는 말을 흘린다.[*] 이것이 학자가 할 수 있는 이야기인지 모르겠 다. 결구배추로만 김치를 담그는 것도 아니며, 이 결구배추가 중국 에서 들어온 지 100년 밖에 안되었다는 주장도 사실이 아니다.

우리 조상들은 봄부터 가을까지 뜰이나 텃밭에 나는 봄동이나 얼 갈이 배추로 절기마다 김치를 담가 먹었다. 겨울을 나기 위해서는 김장을 해야 하므로 가을에는 일찍 배추를 수확하지 않고 충분히 키 워서 이것으로 김장을 했다. 배추를 수확할 때 짚으로 묶어주면 속 이 차서 속칭 결구배추가 생산되었고, 이렇게 속이 가득 찬 배추를 김장김치용으로 선호하기 시작하였다. 아마 김장김치를 담그는 배 추를 재배할 때, 짚으로 묶어주면 속이 찬다는 것을 안 것도 수백 년 전일 것이다.

배추와 배추김치를 나타내는 표현은 우리 고문헌에 매우 다양하 게 나온다. 서거정의 《서가집》에 이미 배추의 겉과 속의 색을 청색 과 백색으로 구분하여 표기했고 15세기 당시에도 결구배추는 이미 있었다는 기록이 있으며, 이덕무의 《청장관전서》(1795년)에는 '배추 속은 연하다'하여 결구배추에만 있을 수 있는 표현이 있다. 앞서 정 약용의 《다산시문집》(1865년)에서도 배추의 속에 관한 표현이 있다.

---

* 주영하, 《음식전쟁 문화전쟁》, 사계절, p.58, 2000

배추를 묶어서 겉과 속의 색깔이 다르게 나타나고 씹는 느낌이 다른 결구배추가 있었음을 분명히 보여주는 대목이다.

배추와 배추김치 존재에 대한 문헌으로는 고려시대 이전의 역사를 기록한 김부식의 《삼국사기》도 있다. 후백제 궁예 시대에 사람을 잔인하게 죽이고 싶을 때 '김치와 젓갈 담글 듯하다'는 표현이 있다. 이를 보면 삼국시대에도 결구배추를 이용하여 김치를 담그고 있었음을 알 수 있다.

김창업의 《연행일기》에는 숭저(菘菹)와 함께 밥을 맛있게 먹었다는 기록이 있으며, 서거정의 《사가집》에 품종이 다른 늦가을 배추를 이용하여 항아리에 배추김치(숭제(菘虀))를 담는 내용의 시가 기록되어 있다.

이러한 문헌을 보아도, 우리나라에 결구배추가 들어온 지 100여 년밖에 안 되었다는 주장은 설득력이 없다. 또한 이를 뒷받침하기 위한 과학적 근거는 어디에도 없다. 단지 고추의 일본전래설을 정당화하기 위하여 우리 배추김치 역사를 줄여야 하기 때문에 들고 나온 것으로, 결구배추가 100년 전에는 없었다는 것은 궁색한 논리 전개일 뿐이다.

# 김치를 두고 한국의 포채(泡菜)라니

　김치 포럼 참석차 중국에 갔더니 김치를 '한국 파오차이(韓國泡菜)'
라 부르고 있었다. 최근 어느 외국 심포지엄에 갔을 때에도 발표자
가 고추장을 자꾸 '한국 고추장'이라 부르고 있어 상당히 귀에 거슬
렸다. 식품 용어에도 국격이 있다. 용어 선택에 있어서도 신중함이
필요하다.

　인삼을 영어로 인삼(insam)이라 하지 않고 진생(ginseng)이라고 한
다. 한국 인삼이 세계적으로 유명하다는 것은 누구나 잘 알고 있다.
그러나 일본 사람들이 우리나라 인삼에 대하여 연구하고 논문을 낼
때 인삼의 일본식 발음인 진생으로 기록했기 때문에 그때부터 세계
모든 사람이 인삼을 진생으로 부르기 시작했다. 우리나라 배운 사
람들이 인삼을 insam으로 표기하지 않고 human-sam, human-
root 등으로 잘난 체하려다가 그만 일본한테 인삼 명칭을 뺏겨버린

것이다.

앞서 말한 대로 김치도 김치가 아닌 기무치가 될 뻔한 적이 있었다. 코덱스 등 국제기구에서 많은 사람들의 노력으로 김치 주권을 되찾는 데 성공하여 한숨 돌리나 싶었는데, 이제 우리나라의 김치가 중국 파오차이의 일종인 한국 포채가 될 위기에 놓였다.

단언컨대 중국에는 김치가 없다. 있을 수도 없다. 중국에서 말하는 포채는 수천 년 된 우리 고유의 김치와는 완전히 다르다. 중국에서 말하는 파오차이는 젖산발효 과정도 거치지 않는다. 그런데 우리의 김치를 한국 포채로 표기한다면 중국에 오래전부터 있었던 포채와 김치를 동일한 것으로 인정하는 셈이자, 김치를 중국의 포채와 비슷한 제품으로 받아들이는 꼴이다.

'한국 포채'라고 쓰는 것은 김치 종주국인 국가의 품격과 자존심을 잃은 것이다. 한자 조어가 어려우면 차라리 'kimchi'로 표기하도록 해야 한다. 만일 한자로 표기하려면 우리 조상들이 '딤치'를 '沈菜(침채)'로 표기하였듯이 우리말 김치를 소리에 맞게 한자를 차용하여 보급해야 할 것이다. '한국의 포채' 식으로 우리 김치의 본질을 흐리게 해서는 결코 안 될 일이다.

# 청국장(Chongkuk-jang)을
## 지켜라

 

 

몇 년 전 청국장(Chongkuk-jang)이라는 영어 이름으로 해외 과학
학술지에 논문을 낸 적이 있다.[*] 많은 외국인 논문 심사자들이 "청국
장이 무엇이냐?"라고 물었다. 그래서 콩을 삶은 다음 발효시킨 것이
라고 하였더니, 그러면 '낫토'와 무엇이 다르냐는 질문이 돌아왔다.
필자가 청국장은 고초균 등 복합미생물에 의한 자연발효이고, 낫토
는 접종균으로 고추균 등의 단일균을 접종한 발효라고 설명하였더

---

[*] D.Y. Kwon, J.S. Jang, J.E. Lee, Y.-S. Kim, D.-H. Shin and S. Park,."The isoflavonoid aglycone-
rich fractions of Chongkukjang, fermented unsalted soybeans, enhance insulin signaling and
peroxisome proliferator-activated receptor-γ activity in vitro" BioFactors 26, 245~258, 2006 / 그 이
전에는 청국장(Chongkuk-jang)이라는 영어 이름으로 해외 학술지에 기재가 된 것이 없고 기록되었다
하더라도 아마도 fermented soybean 이름으로 냈을 것이다.

니, 다시 말하기를 그러면 '코리안 낫토(Korean natto)'라고 하지 왜 굳이 '청국장'이냐고 하느냐 반문했다.


## '한국의 낫토'가 될 뻔한 청국장

청국장에 대하여는 학문적으로 거의 연구가 되어 있지 않은지 외국인들이 낫토에 대해서는 잘 알고 있었으나 청국장에 대해서는 거의 알지 못했다. 낫토가 원래 있었는데 이를 한국에서 변형한 것인 줄 알고 심사자가 우리 청국장을 한국형 낫토로 고치라고 한 것인데, 이는 본말이 전도된 것이다. 한국의 청국장을 일본식으로 개량한 것이 낫토인데, 거꾸로 청국장을 일본식 낫토의 하나인 한국형 낫토로 바꾸라고 하다니 기가 막혔다.

나는 심사자들에게 긴 답장의 글을 썼다. "청국장은 한국의 오래된 음식이고 낫토가 '일본식 청국장'으로 고쳐져야 한다." 이렇게 설득 후 국제 학술지에 '청국장'이 처음 게재되기 시작하였다. 그 후 몇 편의 청국장 관련 논문을 더 게재하여 이제는 국제 무대에서도 청국장(Chongkuk-jang)<sup>*</sup> 용어를 그대로 받아들이게 되었다. 만일 그때 심사자들이 주장한 대로 낫토, 또는 코리안 낫토라는 이름을 받아들

---

\* 우리말 음식의 영어 이름도 우리말 소리에 충실하게 표기해야 한다. 청국장도 cheongguk-jang으로 ㄱ을 모두 유성음인 g로 표기하면 '체옹죽장'이라고 읽는다. 우리말 자음(ㄱㄷㅂㅅ등)에는 무성음과 유성음이 있는데 ㄱ을 모두 유성음인 g로 표시하면 소리나는 대로 제대로 말하지 못한다. ㄱ이 받침인 경우는 발음으로 대부분 무성음(k)인데 유성음(g)으로 표기하는 것은 제대로 우리말을 발음하는 것이 아니다. 따라서 청국장은 아니지만 청쿡장에 가까운 chongkuk-jang으로 표기하고자 한다.

였다면, ginseng(진생), tofu(토푸)와 같이 청국장이라는 우리말을 잃어버리고 일본식 이름인 낫토로 불렸을 것이다.

우리나라 연구자들이 청국장에 대해 학문적으로 연구하지 않는다는 뜻은 아니다. 많은 연구자들이 청국장 연구를 해왔지만 주로 청국장 개량 연구, 또는 청국장을 가지고 다른 형태의 식품을 만드는 분야에 주력해왔다. 오히려 청국장의 본질에 대하여 연구하고자 하는 데에는 지원이 아예 이루어지지 않았다. 우리 전통 발효식품의 본질이 훼손되지 않도록 그 문화를 알리고 제대로 지키는 일도 매우 중요한 역할 중 하나라고 생각한다.

김치와 함께 세계적인 건강 음식으로 꼽히는 발효식품 청국장. 우리 청국장의 역사와 유래에 대해서도 잘못된 이야기가 버젓이 돌고 있어 청국장 역사 바로잡기도 시급하다.

## 전쟁 때 먹기 위해 만든 장이라고?

예부터 아시아, 특히 한국에서는 곡류나 채소를 주로 먹어왔기 때문에 단백질원이 부족하기 쉬웠다. 이 부족한 단백질원을 채워준 식품이 바로 콩이었다. 콩은 만주 지방(요하문명의 발상지)이 원산지인 식품으로 오래전부터 한국인이 즐겨 먹어왔다. 콩을 직접 볶아서 먹거나, 콩을 이용하여 두부를 만들어 먹거나, 콩을 발효시킨 청국장이나 된장을 국이나 찌개로 먹는 등, 콩은 한국인에게 매우 중요한 음식이었다.

청국장은 콩을 삶은 다음 직접 발효시켜서 먹는 한국의 대표 발효식품이다. 된장, 고추장, 간장이 발효와 숙성에 수개월이 걸리는데 비하여 발효 기간이 3~4일 정도밖에 걸리지 않는 특징이 있다. 보통 콩을 삶아 식힌 후 소쿠리나 시루 위에 짚을 깔고 얹어 방 아랫목에 놓고 이불을 덮어 온도를 조절하면서 2~3일 정도 발효시키면 청국장이 만들어진다.

청국장은 소금을 사용하지 않은 대표적인 콩 발효식품이다. 콩을 삶으면 소금을 쓰지 않고는 맛이 없어서 바로 먹을 수 없으나 삶은 콩을 발효시킴으로써 소금을 쓰지 않고도 맛있게 먹을 수 있다. 한국의 청국장 발효균주는 대부분 짚에서 오기 때문에 바실러스(Bacillus) 계통의 세균에 의하여 발효가 진행된다. 따라서 농경문화, 즉 쌀농사가 시작된 즈음부터 청국장은 우리 조상들이 오랫동안 즐겨 먹은 발효식품으로 그 역사가 수천 년이 될 것으로 짐작된다.

그런데 이러한 청국장에 대해 '전쟁이 났을 때 단시일 내에 제조해 먹을 수 있게 만든 음식'이라 하여 전국장(戰國醬)이라고 했다거나, '청나라에서 들어온 것'이라 하여 청국장(淸國醬)이라고 불렀다는 이야기가 공공연히 방송이나 인터넷에 나돌고 있다. 심지어 백과사전에까지 그대로 올라있다. 꽤 지적이고 그럴듯한 이야기로 보이지만 전혀 사실이 아니다. 이는 우리 전통 음식에 대한 날조이자 역사왜곡이다.

한국학중앙연구원에서 발행한 《한국민족문화대백과사전》에 보면, 청국장이 다음과 같이 소개되고 있다. '청국장은 전시(戰時)에 단

기숙성으로 단시일 내에 제조하여 먹을 수 있게 만든 장이라 하여 전국장(戰國醬), 또는 청나라에서 배워온 것이라 하여 청국장(淸國醬)이라고도 하며 전시장(煎豉醬)이라고 하였고, 청국장이 우리나라 문헌에 처음 보인 것은 유중림의 《증보산림경제》(1760년)의 청국장(淸國醬)에서부터라고 한다.'

안타깝게도 이 내용을 나중에 발간된 두산백과가 그대로 따라 적고 있으며 포털 검색엔진에도 그대로 등장한다.

## 우리말 전국, 천국, 청국에서 온 청국장

그렇다면 청국장 어원의 역사는 무엇일까? 앞서 이야기하였듯이 우리말 어원은 한글이 만들어져 기록되기 이전에는 정확히 알 수 없다. 다만 우리말을 한자로 표현한 문헌에서 다행히 그 흔적과 기원을 찾을 수 있다.[*]

한글 창제 후 그동안 우리가 써왔던 한자가 우리말 무엇을 가리키는지 알려주는 사전 격인 책 《훈몽자회》를 보면 '시(豉)'를 '전국 시(원간본, 1527년)', '천국 시'(규장각본, 1613년), '청국 시'(한계본, 1660년 이후)라고 기록하고 있다. 이를 통해 청국장은 오래전부터 순우리말로 '전국', '천국', '청국'으로 불리어졌음을 알 수 있고, 한자의 기록

---

[*] KR. Chung, DJ. Jang and DY. Kwon, The History and Science of Chongkukjang, a Korean Fermented Soybean Product, J. Ethnic Foods, 2019/정경란, 청국장의 역사, 한국컨텐츠학회지, 18: 647~655, 2018

은 시豉임을 분명히 알 수 있다. 한글 창제 전에는 오랫동안 우리말 표기를 할 수 있는 우리 글이 없었기 때문에 중국에 비슷한 음식의 표기인 시豉로 표기해왔는데 한글이 만들어지니까 청국장이 어떻게 불려왔는지 알 수 있는 것이다.

이를 보면, 청국장은 순우리말로 옛날에는 전국, 청국, 천국으로 불리었다는 것이 명확해진다. 더구나 오늘날 옥편과 같은 《훈몽자회》에 청국장이 기록되었다는 사실은 청국장이 아주 오래전부터 우리가 먹어온 우리 음식이라는 점을 분명히 해준다.

그로부터 200~300년 후 문헌을 보면 청국에 장을 붙여 청국장으로 기록되기 시작한다. 처음에 청국, 전국 등으로 불렸으나 어느 시기부터 청국장도 된장, 간장, 고추장과 같이 장으로 여겨졌고 청국장에도 장을 나타내는 접미어가 붙어서 청국장이 된 것을 알 수 있다.

청국장이 '청나라에서 왔다'는 말은 일부 학자들이 한자로 기록된 청국장을 잘못 해석하여 지어낸 말에 불과하다. 300년 전에도 이런 주장을 하는 사람들이 있었는지 이규경의 《오주연문장전산고》에 '청국장을 전국 때 군중(軍中)에서 쉽게 만들어 먹어서 전국장(戰國醬)이라고 불렀다 하는데, 이는 근거가 없는 말'이라고 꼭 집어 구체적으로 비판하고 있다. 이렇게 경고했음에도 일부 학자들은 청국장에 대하여 자세히 연구하지 않고 몇몇 문헌만 보고 청국장의 역사를 왜곡한다.

우리말의 한글 기록은 《훈민정음》과 《훈민정음해례》를 통해 세상에 처음 나왔다. 한글은 1443년 창제되고 1446년 공포되었으니 그 이전에는 세계 어느 기록에도 한글이 등장하지 않는다. 한글을 공포한 뒤 우리말은 소리 나는 대로 그대로 기록하면 되니 큰 문제가 없었다. 그러나 한글 창제 전부터 수많은 한자를 써왔기 때문에 우리말을 어떻게 한자로 써야 할 것인지, 한글 창제 전에 수없이 우리가 써왔던 한자가 우리말로 무엇을 말하는지 알려주는 사전이 필요했다. 이렇게 하여 만든 책이 최세진의 《훈몽자회》(1527년)와 《내훈》, 《어제내훈》 등이다. 즉 어린이들의 한자 학습을 위하여 지은 책이 《훈몽자회》이고, 궁궐의 아낙들을 가르치기 위해 지은 책이 《내훈》과 《어제내훈》이다. 그래서 우리말의 어원을 알려면 이 책들을 살펴보면 된다.

## 2천 년이 넘는 역사를 지닌 발효식품

그렇다면 청국장은 언제부터 있었을까? 우리말이 있기 전에 청국장의 역사를 살펴보려면 하는 수 없이 청국장을 나타내는 한자 '시豉'를 분석함으로써 그 역사와 문화를 이해해야 한다. 물론 한자를 갖고 이야기할 때는 번역에서 이중오류가 일어날 가능성을 항상 염두에 두고 연구해야 한다.

한자로 된 중국 문헌으로 가장 오래된 기록은 기원전 40년 전의 문헌인 《급취편(急就篇)》에 청국장으로 보이는 염시(鹽豉)가 나타나며 《설문해자》(100년)에서 시는 콩에 소금을 뿌려 오랫동안 밀폐한 것이라

하였다), 우리가 잘 아는 《제민요술》, 《거가필용》에까지 꾸준히 나온다. 또한 우리나라 《삼국사기》와 《해동역사》에도 염시(鹽豉)와 시(豉)가 등장한다. 이미 삼국시대인 기원전 1세기 훨씬 이전부터 우리 민족이 청국장을 먹어온 것은 틀림없어 보인다. 청국장의 역사가 2천 년 이상이라고 말할 수 있는 근거이다.

재미있는 것은 중국에서도 청국장이 주변 오랑캐 국가에서 강백(康伯)이란 사람이 들여왔다고 《박물지(博物誌)》(張華, 232~300년)에 기록되어 있다. 중국에 청국장과 같은 콩 발효식품이 외부에서 들어간 것은 분명해 보인다. 다만 그것이 한국(東夷)의 청국장인지 동남아시아(南蠻)의 템페(tempeh)인지 분명하지는 않다. 그러나 중국의 콩 발효식품이 청국장과 같은 세균에 의해 발효되는 것이 많으므로 곰팡이로 발효한 동남아시아의 템페가 중국에 들어갔을 확률은 적다.


## 청국장에 관한 오류는 왜 생겨났나


대부분 청국장에 대한 잘못된 이야기는 한자를 이해하는 지식인에 의해 만들어지고 퍼져나갔다. 그런 말을 처음 시작한 사람들이 대부분 대학교수나 학자라고 하는 사람들이라 일반인들은 검증없이 쉽게 믿어버린 경우가 많았다. 문제는 한번 잘못하면 그 폐해가 심각하고 쉽게 바로잡아지지도 않는다는 점이다. 그들의 주장이 잘못된 것임에도 불구하고 권위 있는 책이나 사전에 버젓이 그대로 남아

있고 아직도 많은 이들이 이를 근거로 지식을 얻는다.

이는 우리말의 한자 표기에서 필연적으로 나타날 가능성이 있는 오류를 무시하고 과학적으로 따져보지 않은 학자의 자만심에서 비롯된 일이다. 과거 우리글이 없을 때에는 견국, 천국, 청국을 한자로 기록할 필요에 의해 豉(시)로 썼다. 우리글이 창제된 후, 청국장에 맞는 한자를 만들 필요에 의해 煎豉醬(전시장), 戰國醬(전국장), 靑局醬(청국장), 靑麴醬(청국장), 淸湯醬(청탕장) 등으로 된 다양한 기록으로 쓰였다. 청국장의 한글 표현은 한글 창제 이후 100년이 지나서 문헌에 보이기 시작한다. 《훈몽자회》(1527년)를 필두로 하여 《음식디미방》(1670년), 《박해통고》 등에 한글로 기록되었다.

그러나 일부 학자들은 한글 기록은 무시하고 한자로 표기되어야만 기록으로 취급하는 태도를 보였다. 더 한심스러운 것은 해방 전후 시대에 만들어진 《조선어사전》이나 《큰사전》에 청국장을 淸麴醬이라 기록한 것이다. 나름대로 청국장의 한자어를 통일하려 하고 얼핏 과학적으로 보이는 곰팡이 국(麴)자를 써서 바로잡고자 하였는지는 모르겠다. 하지만 이는 전혀 과학적이지도 않고 여전히 청국장이 한자에서 왔다는 사대주의적 편견에 사로잡혀 있는 모습이다. 청나라를 가리키는 淸자는 실제 청국장을 기록한 조선시대 고문헌에도 많이 나오지 않는 글자이다.

문제는 청국장에 대한 이러한 오류가 현재 우리 정부기관에서 나온 자료나 민간 연구 자료, 각종 백과사전 및 언론 기사에도 여전히 반복되어 재생산되고 있다는 점이다. 노파심에 덧붙이자면 우리나라 청국장은 곰팡이(麴)로 발효하지 않고 세균인 바실러스가 발효에 관여하기 때문에 청淸국麴장醬으로 표기한다고 해서 제대로 표기한 것은 아니다.


## '한국 된장'이라니

어느 백과사전에 청국장에 대한 설명으로 '된장', 더군다나 '한국 된장'이라고 표기되어 있는 걸 본 일이 있다. 어처구니가 없는 일이다. '한국 된장'이라면 된장이 외국에서 들어오기라도 했다는 말인 걸까? 앞서도 이야기했다시피 청국장은 된장과는 엄연히 발효 과정도, 발효 균주도 다른 식품이다. 아마도 식품과학자가 사전 작업에 참여했더라면 범할 수 없는 오류일 것이다. 일부 학자들은 과학적 사실과 전혀 관계없이 기존에 있던 말에 그저 말 덧붙이기를 좋아하는 것 같다.

'전쟁 중에 장이 익을 때까지 오랫동안 기다릴 수 없어 바로 만들어 먹을 수 있는 속성 장의 형태로 청국장이 생겨났다'는 것은 그럴듯하게 꾸며낸 이야기에 불과하다. 한자를 맹신하고 이를 그대로 받아들인 결과가 낳은, 그저 웃지만은 못할 씁쓸한 청국장에 관한 소설 같은 이야기이다.

# 청국장과 비슷한 세계의 발효식품

청국장은 소금을 사용하지 않은 대표적인 콩 발효식품으로, 한국의 청국장 발효균주는 대부분 짚에서 오기 때문에 바실러스(Bacillus) 계통의 세균에 의하여 발효가 진행된다.

청국장은 우리 조상들이 오랫동안 즐겨 먹은 발효식품으로 그 역사가 수천 년이 된다. 우리나라에서 일본으로 건너간 청국장인 일본의 낫토 역사도 수천 년으로 알려져 있다. 낫토는 우리나라 청국장을 개량한 것으로, 그 뿌리는 한국의 청국장이다.

우리나라에서 청국장은 국이나 찌개로 주로 먹었으나, 일본은 균주를 접종하여 청국장(natto)을 만들어 조리하지 않고 그 자체를 먹을 수 있는 형식으로 발전시켰다. 문화적인 차이에서 기인한 것이다.

우리나라 청국장과 비슷한 식품이 동남아시아와 남아시아에도 있다.

한국의 청국장(Chongkukjang)과 중국 사천(泗川)지방의 두치 (Douchi), 네팔, 인디아의 키네마(Kinema), 태국의 투와나오(Thuanao) 로 대표되는 인도차이나 반도 국가의 콩 발효식품 들이다.[*] 이들을 청국장 벨트라고도 이야기한다.

이들 콩 발효식품은 대부분 Bacillus 균주가 발효에 작용한다. 한 편 인도네시아와 말레이시아 등 옛날 산타라(Santara)제국[**]에 뿌리 를 둔 나라에도 청국장과 비슷한 전통식품으로 템페(tempeh)가 있다. 템페는 청국장과 매우 유사한 형태이지만, 청국장과 달리 Rhizopus, Aspergillus와 같은 곰팡이와 Saccharomyces 같은 효모가 주로 발 효에 관여하기 때문에 앞에서 언급한 청국장 벨트에 넣지는 않는다. 물론 템페에도 락토바실러스(Lactobacillus)와 같은 박테리아가 작용하 기도 하지만 주로 곰팡이나 효모로 발효가 이루어진다.[***]

사실 옛 조상들은 박테리아나 곰팡이의 차이에 대하여서도 알 수 없었을 것이므로 청국장이나 템페를 발견하는 것은 같은 이치일 것 으로 본다. 다만 북방 쪽에서 발달하기 시작한 것으로 추측되는 청

---

[*]   Tamang, JP, Naturally fermented ethnic soybean foods of India, J Ethnic Foods, 2, 8~17, 2015.

[**]  산타라(Santara)제국 : 현재의 인도네시아와 말레이시아는 서구의 지배를 받기 전에는 산타라제국으로 같은 나라였으나 산타라제국이 영국과 네덜란드에 분할 지배되어 오다가 독립되면서 영국이 지배하던 지역은 말레이시아로, 네덜란드가 지배하던 지역은 인도네시아로 독립되었다.

[***] W. Shurtleff and A Aoyagi, The book of Tempeh, A super Soyfood from Indonesia, Harper & Row Pub., New York, NY, USA, 1979.

국장과 남방 쪽에서 발달하기 시작한 템페는 같은 발효 원리로 발달하였으나 남방과 같은 습도가 높은 나라는 곰팡이와 효모들이 청국장 발효에 주로 관여 하였을 것으로 이해하면 될 것 같다.

청국장을 이용한 요리가 나라마다 다른 것은 환경과 문화에 따라 전통식품(ethnic food)이 다르기 때문이다.

# 음식은 개발의 역사가 아니라
## 발견의 역사

자연과학적으로 볼 때 음식의 역사는 수만 년 전부터 오랜 시간 전해내려 온 '발견의 역사'가 쌓인 것이다. 문헌에 근거하여 역사를 연구하는 일부 인문학자들은 음식의 역사를 자꾸 '개발의 역사'로 바꿔 이야기하려 든다. 분명히 말하지만, 이는 잘못됐다.

### 가장 보수적인 음식 문화

왜 어떤 이들은 음식 문화를 자꾸 개발의 역사로 설명하려 하는 것일까? 아마도 우리 음식이 다른 나라에서 전해 들어온 것으로 이야기를 하려다 보니 그렇게 된 게 아닌가 생각된다. 그러나 이런 발상의 바탕에는 큰 착각이 깔려 있다. 이들처럼 개발의 역사로 음식 문화의 역사를 설명하려면 마치 과거가 오늘날과 같이 인터넷이 발달하고, 식품과학이 보편화되고, 유전공학 기술이 일반화된 것처럼 상상해야 한다. 진화는 그렇게 단시간 내에 일어나지 않는다. 음식 문화는 결코 쉽게 변화하지 않는 가장 보수적인 영역이다. 인류의 삶과 생활에 필요한 의식주 문화 중에서 가장 느리게 변화하고 쉽게 동화되지 않는 영역이 바로 음식 문화이다.

음식 문화가 좀처럼 쉽게 변화하지 않는 현상은 오늘날 후성유전학(epigenomics)적인 측면에서도 과학적으로 규명되었다. 우리가 다른 나라에 이주해 가서도 우리 음식을 찾는 것이나, 태중에 있을 때 어머니가 먹었던 음식을 자손이 기억하고 찾는 것도 바로 이 때문이다. 우리가 전통적으로 먹어온 음식이 개발한다고 쉽게 먹히고, 그 문화가 쉽게 바뀔 수 있는 것이 아니라는 이야기다.

우리 전통 음식 문화의 발전은 개발에 의한 것이 아니었다. '어떻게 하면 배고픔을 벗어날 수 있을까?', '어떻게 하면 먹을 수 있을까?', '어떻게 하면 맛있게 먹을 수 있을까?', '어떻게 하면 나중에도 먹을 수 있을까?' 하는 생존을 위한 자연발생적인 '발견'이 쌓여 발전해 온 역사였다. 처절한 생존 경쟁과 경험을 통해 오랜 시간을 두고 발달해 온 것이 바로 음식 문화의 역사이다.
어떤 이가 방송에 나와 '순대가 외국에서 들어온 음식'이라고 이야기하는 것을 본 적이 있다. 다른 나라에도 순대와 비슷한 음식이 있다는 것이다. 하지만 다른 나라에 순대와 비슷한 음식이 있다고 우리나라 순대가 외국에서 들어온 것이라는 주장은 잘못됐다. 순대를 만들어 먹는 기술은 사실 특별한 것이 아니다. 먹을 것이 풍족하지 않은 어느 나라, 어느 민족에서도 발견될 수 있는 음식으로, 순대는 자연발생적으로 누구나 쉽게 생각해서 만들어 먹을 수 있는 음식의 한 종류이다.[*]

## 개발의 역사는 매우 짧다

우리가 음식 문화를 개발의 역사로 설명하는 데 익숙한 것은 근대의 경제성장 과정에서 개발과 생산, 산업화에 너무나 익숙해진 나머지, 모든 역사가 최근에 이루어진 것처럼 착각하는 까닭이라고 생각한다. 마치 오래전에도 김치냉장고가 있었던 것처럼, 무의식 속에 과거 문명 생활이 오늘날과 같을 것으로 여긴다. 이는 역사적 상상력의 부족이라고 할 만하다.

여기에 전문가라는 이들까지 앞장서 식품 역사를 개발의 역사로 잘못 이야기하고 있으니 부채질까지 하는 셈이다.

생물학적인 기원으로 따져보아도 음식 문화는 기나긴 세월 동안 자연발생적으로 발전한 역사로 보는 것이 타당하다. 많은 이들이 우

---

[*] 육경희, 《순대실록, 맛있는 기행을 떠나다》, BR 미디어, 2017

리 음식 문화가 중국의 영향을 받았다고 알고 있는데, 사실 우리는 중국과 생물학적으로, 지형학적으로 완전히 다르다. 그렇기에 중국의 음식이 우리나라에 들어와 개발되어 발전되기가 매우 어렵다. 물론 제사 음식이나 의례 음식에는 영향을 미칠 수 있었을 것이다. 그러나 서민들이 일상적으로 먹던 우리 전통 발효음식은 전혀 영향을 받지 않았다고 해도 과언이 아니다. 개발의 역사로 음식의 역사를 바라보면 음식의 본질과 문화, 더 나아가 음식 문화에 담긴 혼과 정신이 모두 사라져버린다. 그것이 가장 큰 문제이다.

## 한식의 위상 정비

수년 전 국가 차원에서 한식 세계화 프로젝트를 추진한 적이 있다. 식품학자로서 매우 반길 일이었지만 아쉬움도 컸다. 식품산업을 산업화 시대의 고속성장 산업 마인드로 추진한 결과, 당초 목표에 비해 너무 초라하고 참담한 결과를 가져왔기 때문이다. 음식 문화를 접근하는 데 있어서 제품 중심, 개발주의 중심 쪽의 의견만 청취하고 추진한 결과였다.

인위적으로 한식당을 늘리고 육성하고 수출을 늘린다고 한식의 세계화가 이루어지는 것은 아니다. 특히 우리 음식을 고급화한다고 하여 궁중 음식으로 메뉴를 개발하였는데, 실제로 궁중 음식은 그 정체성도 모호하다. 궁중에서 만든 음식을 말하는지, 왕이 즐겨 먹었던 음식을 말하는지 먼저 정의할 필요가 있다. 많은 나인들이 궁중에서 주로 만든 음식은 대부분 의례 음식이었다.

전해오는 궁중 음식이 멋이 있고 우수한 음식은 맞지만 전통적으로 우리 백성 대다수가 먹은 음식은 아니라는 사실이다. 서민들은 평소 맛도 보지 못했던 음식을 대표 한식으로 꼽고 획일화하려 하였으니 과연 평범한 소비자들이 얼마나 공감할지 의구심이 들 수밖에 없다. 진정한 한식의 소비자는 조선시대 국왕이 아니라 평범한 서민들이었기 때문이다.


## 그 나라의 음식 문화는 고유한 역사에서 온다

어느 나라의 음식 문화를 논할 때 그 나라에 농경의 역사가 있느냐 없느냐는 매우 중요한 요소로 거론된다. 왜냐하면 거기에 바로 음식 문화의 역사가 녹아 들어있기 때문이다. 오래된 농경 역사를 갖고 있는 나라는 자연 속에서 나오는 식재료가 다채롭고, 만들어 먹는 방식 또한 매우 다양하다.

우리나라 한식, 전통 음식은 세계 어느 나라보다 다양성이 풍부하다. 지역마다 사람마다 환경과 문화가 다르고 입맛과 느낌도 미묘하게 다르다. 이 다양성은 한식의 자산이기도 한데, 이 차이를 살리는 대신 오히려 정부가 관여해서 조리법을 통일하거나 특정 음식을 홍보하고 일류 한식당을 표준화하는 개발주의 방식으로 접근한 한식 세계화는 성공하기 어렵다.

한식을 세계화하는 데 있어 어떤 개발과 첨단기술이 필요한 것은 아니다. 세계는 지금 고속성장 시대를 지나 저속성장 시대로 접어들고 있다. 이러한 시대에 지속 성장을 이끌기 위해서는 경쟁이 아닌 공유, 일이 아닌 삶, 성장이 아닌 성숙, 제품과 기술이 아닌 인간, 그리고 그 속에 숨어 있는 가치와 콘텐츠 등, 숨을 쉬고 즐길 수 있는 스토리의 힘이 중요하다. 소프트 파워가 성장의 원천이 된다는 얘기다.

우리의 문화적 가치는 우리만이 갖고 있는 문화에서 찾아야 한다. 오래된 농경문화와 다양한 전통 지식은 어느 나라에 비해 뒤지지 않는다. 음식 문화 산업도 개발주의의 접근이 아닌 이러한 가치를 발견하는 방식으로 선행되어야 성공할 수 있다.


## 저성장 시대, 음식 문화 발전이란

저속성장 시대에는 오히려 전통과 역사, 문화와 과학, 그리고 삶의 질에 대한 이야기가 중요하며, 이 힘의 원천은 우리의 오래된 농경 역사와 그 문화에서 나온다는 점을 깊이 새겨둘 필요가 있다. 저성장 시대 일본 장수기업이 어떻게 성공하였는지를 보여주는 사례가 있다.

일본의 354년 역사를 자랑하는 장수기업 다쓰우마혼케(辰馬本家)는 일본 10대 사케 주조기업 중 하나다. 이곳에서 만드는 사케 하쿠시카(白鹿)는 전 세계적으로 알려져 있다. 그러나 다쓰우마혼케도 한때 성장 한계에 부딪히자 2009년 16대 사장에 오른 다쓰우마 겐지는 과감하게 성장 전략을 바꾼다. 더 좋은 술을 만드는 대신 사케를 일식과 함께 세련되고 멋스럽게 마시는 술 문화를 보급하는 데 주력하기 시작한 것이다.

일본 전통주를 일식과 함께 세계 시장에 진출시켜 시너지 효과를 내는 방식이었다. 음식과 술 자체의 맛과 풍류를 유지하며 누구에게도 권장할 만한 술 문화와 식문화를 만들어야 세계인에게 어필할 수 있다는 전략이었다. 문화적 가치 발굴을 통해 지속 성장에 성공한 셈이다. 일본의 사케는 이미 세계적인 브랜드로 자리 잡고 세계 시장에서 당당히 인정받고 있다.[*]

과연 우리의 술은 어떤가? 과거 우리 정부는 술을 경제적 가치로만 파악하여 세금을 걷는 데 초점을 맞춘 정책을 펴왔다. 당시에는 주세가 우리 경제에 큰 지분을 차지하고 있어서 어떻게 하면 술 생산을 단순화하고 공장화시켜서 가격 경쟁을 시킬까 하는 것이 정부의 주요 정책이었다. 그런 연유로 각 가정에서 만들어 먹었던 막걸리와 전통주는 세금을 내지 않는 '밀주'라 하여 금지했고, 그 결과 우리의 전통 술 문화마저 망가지고 사라지게 되었다.

1988년 서울올림픽을 유치하면서 우리 정부에서는 세계에 내세울 수 있는 전통주를 찾았는데 이미 지역에 전통주가 제대로 살아있는 곳이 없었다고 한다. 전통주에 대해 제대로 알고 있는 사람도 별로 없었다. 우리 전통주 문화는 망가질대로 망가진 상태였다. 겨우

[*] 중앙일보, 장수기업 다쓰우마혼케 기사, 2016. 3. 16.

전통주 생산업체를 선정하였는데, 이조차도 문화적, 역사적, 기술적 가치보다는 생산성과 가격, 시설에 초점을 맞추어 선정하였다고 하니 과연 제대로 선정되었을지 의구심이 든다.

2011년 즈음에 막걸리가 해외에서 한창 붐이 일어난 적이 있었는데, 그때도 정부는 계속해서 생산과 개발에만 초점을 맞추어 주문을 했다. 정작 소비자들이 궁금해하고 원하는 것은 막걸리의 문화적, 역사적, 기술적 가치에 관한 이야기였지만 그러한 가치 창출에 크게 신경 쓰지 않았기에 두 번 다시 오지 않을 절호의 기회를 또다시 놓치고 말았다. 신랄하게 표현하자면, 현재 시중에 시판되는 우리나라 막걸리에 전통과 문화의 옷을 입혀야 한다.


## 음식도 역사 문화 콘텐츠를 찾아야

한식을 '상품'으로만 생각해서는 결코 제대로 이해할 수도, 세계에 알릴 수도 없다. 한식은 이미 수천 년 전부터 존재해 왔고, 백성들이 삶 속에서 만들어 먹어왔고, 한국인의 정과 혼이 결합된 고유의 문화이다. 음식 문화에 자꾸 생산, 산업, 제품, 개발 연구라는 이름만 내세우다 보면 한식을 세계에 알리고 그 가치를 끌어올리는 데 실패할 수밖에 없다.

중요한 것은 한식의 본질적 존재와 가치를 발굴하고 이를 승화시키는 일이다. 여기에 투자하지 않으면 장기적으로 한식 세계화 사업은 실패할 수밖에 없다. 건물 짓고 길 닦고 제품 개발에 역점을 두던 시대는 지났다. 여태껏 한식 세계화 사업도 이 범주에서 크게 벗어나지 못하고 있다.

한식이 갖고 있는 음식의 실체를 경험하는 것도 중요하지만 한식이 갖고 있는 역사와 문화, 혼과 정신, 건강과 같은 콘텐츠를 찾아내는 것이 필요하다. 세계 사람들은 한식에 대해 대단히 관심이 많은데 이들의 요구에 대응할 수 있는 콘텐츠가 부족하다. 한식은 세계 어느 식품보다도 건강, 역사, 정신, 문화, 삶에 대한 콘텐츠 자원이 풍부하다. 이를 발굴하고 승화시키는 일은 하지 않고 당장 한식을 많이 먹기만 바란다면, 한식의 미래도 그다지 밝지 않을 것이다.

현재 세계 각지에서 한식이 건강식으로 크게 각광받고 있다. 지금 이를 가치화하여 한식의 본질과 실체에 대해 세계 사람들에게 답을 해주지 못한다면 곧바로 사라질 신기루가 될 가능성이 크다.

이제 한식에 대해 제대로 이야기할 때다. 한국 음식에 관심이 있는 사람이라면 돈을 벌기 위해 음식을 개발하려는 마음보다 전통과 가치, 역사를 찾고자 하는 마음을 가지는 것이 좋다. 이렇게 될 때 비로소 더 좋은 기회를 발견하고 세계에 우리 음식 문화를 제대로 알릴 수 있을 것이다.

# 3.

## 한식의 본질

:: 한식의 원형을 찾아서 ::

# 1

# 한식,
# K-diet를 말하다

세계적으로 문화 교류가 활발해지고 K-pop 등 한류의 인기가 높아지면서 한국 음식에 대한 세계인의 관심이 무척 높아졌다. '한식 세계화'라고 하여 정부가 직접 나서서 사업을 추진하는가 하면 유명 요리사들이 대표적인 한식 메뉴를 새롭게 개발해 세계인의 입맛에 친근하게 한식을 소개하기도 한다.

그런데 막상 외국인 친구가 한식이 무엇이냐고 묻는다면 무어라 대답해야 할지 많은 이들이 머뭇거린다. 불고기? 비빔밥? 김치? 몇 가지 음식이 떠오르지만 금방 막막해진다. 이는 우리가 일상적으로 먹는 음식을 너무나 당연한 것으로 여긴 데다 우리 음식에 대한 개념이 제대로 정리되어 있지 않은 탓이다.

아직까지도 한식은 우리의 무의식 속에만 자리 잡고 있다. 무의식 속에 있는 한식의 원형을 끄집어낼 필요가 있다. 한국의 식문화에 대해 개념과 특징을 정립하고 한식의 정체성을 바로 세우는 일은 우리 문화를 보존하고 지키기 위해 반드시 필요하다.

세계 무대에서 한식의 우수성을 알리고 한식을 제대로 설명하기 위해서도, 먼저 한국인들이 수긍할 수 있는 한식의 개념이 정립되어야 한다. 이는 문화 다양성을 존중하는 측면에서도 그 의미가 크다. 이를 위해서는 한식에 대한 보다 체계적이고 과학적인 연구가 뒤따라야 한다.

한식의 정체성을 올바로 정립하기 위해, 한식의 의미를 체계적으로 정리하고 그 개념을 함께 이해해 보자.*

## K-food와 K-diet의 차이

한식을 영어로 표현할 때 보통 Korean food 또는 Korean dishes 라고 번역한다. 한국 음식 하나하나를 가리킬 때에는 이런 표현이 가능할지 모르겠다. 그러나 한국 고유의 식문화를 의미하는 '한식'을 가리키는 단어로는 무언가 부족해 보인다.

---

* 권대영, 이영은, 김명선, 김순희(대표저자)외 8인, 《한식을 말하다-역사 문화 그리고 건강》, 한국식품연구원, 2017.

그동안 한식에 관한 책을 보면 음식 하나하나에만 초점을 맞춘 경우가 많았다. 그러나 한식은 밥과 반찬을 함께 먹어야만 그 맛을 제대로 느낄 수 있는 하나의 식단이다. 영양 균형 또한 밥상 전체에서 맞춰진다. 음식을 순차적인 코스로 먹는 서양식과는 달리, 한식은 한 상에 모든 음식이 정해진 틀 안에서 밥상의 형태로 제공되는 구조이다. 한식에서 각각의 음식은 밥상의 구조 안에서 볼 때만이 정확히 이해될 수 있다.

이 때문에 한국 음식 하나하나를 뜻하는 Korean food와 한국의 식생활을 의미하는 Korean diet를 구분하여 사용할 필요가 있다.

지난 2015년 한국의 식품 영양 의학 인류학 분야 대표 학자들이 모여 한식의 특징과 개념 정립을 위한 '서울 선언'*을 발표했다. 여기에서 K-diet와 K-food에 대한 정의가 이루어졌는데, 한국 고유의 식문화와 전통 제조 원리를 이어받아 차린 식단, 즉 밥상과 식생활 패턴, 식습관과 문화를 포함하는 의미로 한식을 K-diet로 하고, 이 K-diet를 구성하는 각각의 식품요소를 K-food라 하기로 하였다.

사실 한 나라의 음식 문화를 정의하는 것은 쉽지 않은 일이다. 기본적으로 그 나라 사람들이 많이 먹는 음식을 이야기할 수도 있고, 재료의 특성을 강조할 수도 있다. 전통적으로 내려오는 조리법과 역

---

* 2015년 한국의 식품 영양 의학 인류학 분야 대표 학자들이 모여 십여 차례의 논의를 하고, 원로 학자들의 자문을 거쳐, 한식의 정의와 특징을 정립하였다. 이 자리에서 '한식 서울 선언-한국의 유산과 건강(Seoul Declaration on K-diet: Korean Heritage and Healthiness)'을 발표하였다.

사, 식습관에서 나타나는 기본적인 원리를 따르는지에 따라서도 정의할 수 있다. 앞부분은 음식(food)을 바라볼 때 정의할 수 있는 부분이라면 뒷부분은 식단(diet)을 강조할 때 정의되는 부분이다.


## 자장면과 피자는 한식일까?

가장 단순하게 현재 한국인들이 자주 먹는 식품을 한식(K-food) 이라고 주장하는 사람이 있을 수 있다. 소위 다빈도 음식이다. 그러나 이는 전통이 무시될 수 있는 매우 위험한 발상이다. 이런 주장대로라면 요즈음 어린이들이 좋아하는 자장면이나 피자, 치킨이 K-food가 되는 모순이 생긴다.

그렇다면 언제부터 먹어온 음식을 한식으로 할 것인가 하는 논란도 생긴다. 한 세대를 나타내는 30년 전부터 먹은 음식일까? 혹은 50년이나 100년 전부터 먹어온 음식일까? 기본적으로 한국 식단 원리의 측면에서 보면 얼마나 오랫동안 먹어 왔는지의 논란은 사실상 큰 의미가 없다. 즉, 피자가 들어온 지 30년이 다 되어 가지만 앞으로 20년 지나 그때까지 즐겨 먹고 있다 해도 결코 피자는 한식이 될 수 없는 일이다.

한국의 농림축산식품부에서는 우리나라 농산물을 사용할 경우에만 전통 음식(K-food)이라 할 수 있다고 말해왔다. 그러나 이 정의에 따르면 요즈음과 같이 농산물 수출입이 많은 시대에 다른 나라

배추를 들여와 김치를 담그면 한식(K-food)이 될 수 없다는 모순이 발생한다.

이를 보완하기 위하여 어떤 이들은 한국의 전통 제조 기술을 그대로 이어 왔는가를 전통 음식 정의의 중요한 기준으로 삼기도 한다. 이에 대해 어느 정도는 동감하는 바이지만, 기술을 꼭 그대로 따라야만 전통 음식이라고 보기도 어렵다. 자칫 물리적인 논의 수준에 그칠 수 있을 뿐만 아니라, 기술은 진보하고 발전하기 때문이다. 된장을 항아리에다 담그는 것만 전통 음식이고 다른 용기에 담갔다고 해서 우리 전통 된장이 아닌 것은 아니기 때문이다.

이런 의미에서 전통 음식(K-food)이나 한식(K-diet)을 논의할 때는 식재료의 원산지나 기술적인 의미를 따지기보다는 '전통적으로 사용해오던 재료'를 사용해 '전통 조리 원리를 지켜나가는 방식'인가를 살펴보는 것이 좋다. 이때 우리 '전통 식생활의 문화와 얼(spirit)'을 얼마나 유지하느냐에 관점을 두어야 할 것이다. 앞서 언급한 서울 선언에서는 이러한 취지를 살려 한국 음식(K-diet)을 다음과 같이 정의했다.

## 한국 음식은 이것이다

한식(K-diet)은 한 상에 밥, 국, 김치 그리고 다양한 반찬으로 정성스럽고 맛있게 차려진 밥상 차림이다. 다양한 발효음식이 있고, 채소를 다량으로 섭취하고, 육류보다 콩과 생선을 많이 섭취하는 것이 주요 특징이다. 이때 맛있게 먹기 위하여 음식은 콩을 발효한 장과 마늘, 파, 고추, 생강, 참기름, 들기름 등으로 갖은 양념을 한다.

식재료는 한국에서 전통적으로 생산되는 곡류와 채소를 중심으로 하며, 바다가 가까운 지역에서는 어패류와 해조류까지 즐겨 먹는 전통이 있다. 한식은 콩과 채소류, 수산물을 오래도록 맛있게 먹을 수 있는 발효 기술이 발달하였으며, 이는 한국 음식의 가장 대표적인 전통 기술이라고 볼 수 있다.

한국인들은 주식인 쌀과 보리 등 곡물을 통해 주 에너지원인 탄수화물을 공급받고, 콩과 생선으로 단백질을 보충했으며, 참기름, 들기름 등 식물성 기름으로 지방을 섭취했다. 오늘날 영양과다로 대사성 질환이 사회적으로 큰 문제가 되는데, 현대인에게 추천 가능한 건강식품들을 생각해 볼 때 한식은 영양학자가 보기에도 손색이 없는 건강식이다. 또한 음식을 만들 때 마늘, 파, 고추, 생강 등 양념을 사용하여 주 식재료와 어우러져 조화를 맞춘 것도 한식의 주요한 특징 중 하나이다.

한국 음식은 한 접시의 음식이 아니라 여럿이 한 밥상에 둘러앉아 밥과 국을 제외하고는 모든 반찬을 같이 먹는 밥상 구조이다. 이렇게 같이 먹는 식사를 하면서 밥상머리 예절과 교육도 동시에 이루어졌다.

# 한식의 특징 열 가지

서울 선언에서는 한식(K-diet)의 정의와 함께 한식의 특징에 대하여 다음과 같이 규정하였다.[*]

1. 쌀과 곡류를 주식으로 하는 밥상 차림이다.
2. 다양한 발효식품을 섭취한다.
3. 다양한 채소와 해조류를 많이 섭취한다.
4. 육류보다 콩과 생선을 많이 섭취한다.
5. 양념으로 마늘, 파, 고추, 생강 등을 자주 사용한다.
6. 참기름과 들기름을 자주 활용한다.
7. 튀김 조리법을 적게 사용한다.
8. 제철 식재료를 활용한다.
9. 다양한 향토음식이 있다.
10. 정성으로 차린 집밥이다.

위의 내용을 좀 더 자세히 설명하면 다음과 같다.

## 1. 쌀과 곡류를 주식으로 하는 밥상 차림이다.

밀가루로 만든 빵이나 파스타(pasta) 종류를 주 에너지원으로 하는

---

[*] DY Kwon and KR. Chung, Korean Diets and Their Tastes, Korea Functional Foods, edited by KY Park, DY Kwon, KW Lee and S. Park, pp 23~42, CRC, 2018

서양음식과 달리 한국은 쌀, 보리, 잡곡류를 중심으로 다양한 밥을 지어서 먹는데 이것이 주 에너지원이 된다.

또한 밥과 국을 대부분 따로 먹는다. 필요한 경우 밥과 국을 섞어서 동시에 먹는 국밥이나 밥과 반찬을 비벼 먹는 비빔밥처럼 다양한 형태로 즐겨 먹기도 한다. 전통적으로 밥을 먹고 난 후에는 밥솥에 눌은 누룽지에 뜨거운 물을 부어 숭늉을 만들어 마시곤 했다.

## 2. 다양한 발효식품을 섭취한다.

수천 년 이상의 농경 역사를 가진 한국은 자연발생적으로 유용미생물로 나쁜 미생물을 제어하고 새로운 맛을 내는 발효 기술을 이용하여 왔다. 콩을 이용한 간장, 된장, 청국장과 콩과 찹쌀로 만든 고추장을 양념으로 이용하거나 국을 끓일 때 핵심 재료로 사용한다.

채소나 여러 재료에 된장을 넣어 끓인 된장국은 한국을 대표하는 전통국이다. 김치는 항상 밥상에 오르는 기본 발효식품이다. 고추를 이용하여 나쁜 균을 억제하고 좋은 균으로 발효시킨 김치는 한국인의 대표적인 발효식품으로서, 그 건강기능성과 독창성이 매우 뛰어나다.

젓갈은 어패류를 이용하여 발효시킨 것으로, 음식의 맛을 내고, 입맛을 돋우는 데 애용되어 왔다. 발효 기술은 단순히 식품의 저장성을 높이는 목적만이 아니라 음식의 맛과 기호성을 높이기 위해 이용되었다.

### 3. 다양한 채소와 해조류를 많이 섭취한다.

한국인은 농경문화의 특성상 채소류를 많이 먹었다. 채소류는 서양처럼 오일(oil) 기본의 드레싱을 뿌린 샐러드 형태가 아니라 밥을 고추장이나 된장과 함께 넓은 잎을 가진 상추, 깻잎, 배춧잎으로 싸서 쌈으로 먹거나 고추, 상추, 당근, 오이 등을 생으로 고추장 또는 된장에 찍어 먹거나 식초, 간장, 고추장 소스에 무친 후에 깨를 뿌려 생채 형태로 먹는 것을 즐겼다.

또한 콩나물, 시금치 등을 데친 후 각종 발효장류를 기본으로 하는 전통 소스(양념)에 버무려 먹기도 한다. 각종 채소는 생채 그대로, 혹은 말린 나물로 만들어 된장을 넣고 국(羹)을 끓여 먹었다. 그러나 뭐니 뭐니 해도 가장 멋있고 맛있는 한국의 채소 섭취 형태는 김치이다.

한국은 들판에 있는 채소뿐만 아니라 바다에 있는 해조류(seaweed)도 즐겨 먹었다. 세계에서 한국만큼 다양한 해조류를 먹는 나라도 드물다. 김, 파래, 다시마, 톳, 매생이 등 각종 비타민이 풍부하고 섬유소가 많은 해조류를 생채, 나물, 국, 구이 등 다양한 방법으로 조리하여 먹었다.

### 4. 육류보다 콩과 생선을 많이 섭취한다.

한국인들은 콩뿐만 아니라, 녹두, 팥, 동부 등 다양한 콩 종류와 호두, 잣, 은행, 땅콩 등을 즐겨 먹었으며, 삼면이 바다로 둘러싸여 있어서 바다에서 얻은 생선을 구이, 조림, 절임, 탕, 회 등 다양한 방법으로 먹었다. 우리나라는 목축업이 크게 발달하지 못해 양고기, 말고기는 물론 소나 돼지고기 등도 많지 않았다. 단백질은 주로 닭고기를 통하여 섭취하거나 옛날에는 사냥을 통해 얻은 꿩, 토끼 고기로 보충하였다.

## 5. 양념으로 마늘, 파, 고추, 생강 등을 자주 사용한다.

한국 음식의 특징 중 하나가 다양한 양념을 애용한다는 점이다. 주변국인 일본이나 중국에 비하여 양념의 종류가 다양하고, 건강학적으로도 중요한 기능을 갖는 마늘, 파, 고추, 생강 등의 양념을 많이 사용해왔다. 인도를 비롯한 동남아시아 등지에서는 주로 나쁜 냄새를 마스킹하는 데 후추와 같은 향신료를 많이 사용해왔으나 한국은 약리작용을 하는 양념을 음식의 맛을 내는 데 애용하는 동시에 이러한 것들이 몸에 생리학적으로도 좋다고 믿고 사용해왔다.

## 6. 참기름과 들기름을 자주 활용한다.

한국은 유지 자원이 많지 않았다. 식용으로 사용되는 동물성 기름은 충분하게 생산되지 않았고, 식물성 기름도 많이 생산되지 않았다. 동백기름, 아주까리 기름(피마자유)가 생산되기는 했으나 식용으로 거의 사용되지 않았고, 참기름과 들기름이 주로 식용으로 생산되었다. 참기름은 독특한 향이 있어 미역국에, 나물을 무칠 때, 밥을 비벼 먹을 때 향을 나게 하기 위해 주로 애용되어 왔고, 들기름은 전을 부칠 때나 유과 등을 만들 때 사용했다.

### 7. 튀김 조리법을 적게 사용한다.

앞서 언급한 것처럼 한국에서는 기름이 많이 생산되지 않았다. 중국과 같이 튀김 기름으로 쓸 수 있는 동식물 기름의 생산량이 적어 한국에서는 튀김 조리법이 발달할 수 없었다. 다만 적은 양의 기름을 이용하여 맛있게 먹을 수 있는 기술이 발달하였는데, 파전, 부추전 등 기름이 깔릴 정도로만 약간 넣고 지지거나 부치는 방법이었다.

### 8. 제철 식재료를 활용한다.

우리나라처럼 사계절이 뚜렷한 농경국가는 계절마다 다양한 곡식과 채소가 나기 때문에 철마다 절기마다 그때에 나는 제철 식재료를 중심으로 각기 다른 음식을 만들어 먹었다. 목축을 기반으로 하는 서양과 달리 한국 음식은 항상 신선한 재료를 이용하여 만들어 먹는다는 특징이 있다. 김치도 봄, 여름, 가을, 매번 다른 품종의 배추를 이용하여 그때그때마다 만들어 먹었다. 다만 겨울에는 배추김치를 먹기 위하여 항아리에 김치를 담아 땅에 묻어 온도를 조절하면서 발효시키는 김장 문화가 발달하였다.

### 9. 다양한 향토음식이 있다.

한국은 삼면이 바다이고, 평야가 그리 많지 않으며 산이 국토의 70% 이상을 차지한다. 이에 따라 평야가 있는 곳은 비빔밥과 곡류로 만든 음식이, 바닷가가 많은 곳은 생선 매운탕과 같은 음식이, 산이 많은 곳에서는 각종 건강 기능이 있는 나물을 중심으로 한 음식이, 강을 중심으로 한 지역에서는 민물고기나 조개류를 활용한 그 지역만의 독특한 음식이 발달했다. 각 지역마다 특색이 있는 음식을 발굴하고 연구하는 것은 궁극적으로 가치 있는 연구가 될 것이다.

## 10. 정성으로 차린 집밥이다.

오래된 농경 역사를 갖고 있는 한국은 가족과 마을 중심의 문화가 형성되어 있다. 이에 따라 한식(K-diet) 밥상에도 상호 소통과 배려, 그리고 정성의 문화가 깃들어 있으며, 한국인들은 이를 매우 중요한 가치로 생각한다. 특히 가정에서의 식사는 조미료나 가공식품보다는 천연 재료를 주로 사용하여 어머니의 배려와 헌신으로 차려졌는데, 한국의 밥상은 곧 어머니의 사랑과 정을 의미하는 것으로 표상되었다. 이것을 한국에서는 '집밥(home cooked meal)', '엄마 손맛(taste of mother's love)'이라고 표현하고 특별하게 의미를 둔다.

# 한식은 임금님이 드시던 밥상일까?

몇 년 전 서울에 한 한식당이 문을 열었다. 궁중 음식 전문점을 내걸고 대표적인 궁중 음식인 신선로를 주 메뉴로 선보였던 이 음식점은, 그러나 얼마 지나지 않아 문을 닫았다. 궁중 음식이라고 내놓은 음식이 일반 손님들에겐 맛있게 느껴지지 않았던 모양이다.

많은 사람들이 고문헌에 등장하는 우리 음식이나 궁중에서 만든 음식이면 모두 궁중 음식이라고 생각한다. 하지만 많은 이들이 궁중 음식에 대해 제대로 알지 못하고 있다.

궁중 음식이 궁중에서 만든 음식을 일컫는 말인지, 아니면 왕이나 왕비, 왕족들이 즐겨 먹었던 음식을 말하는 것인지 분명하지 않다. 한식에 대한 정확한 이해를 위해서라도 궁중 음식에 대해 먼저 분명하게 정의할 필요가 있다.

# 궁에 음식 만드는 나인이 많았던 까닭

궁중에는 음식을 담당하는 수많은 나인들이 있었다. 분명한 것은 임금님이 먹는 음식을 만들기 위해 그렇게 많은 나인이 필요하지는 않았다는 점이다. 그렇다면 왜 그렇게 많은 나인들이 음식을 만드는 데 동원되었을까? 물론 궁중에 사는 사람들이 일상에서 먹을 음식을 만드는 일도 상당했지만, 무엇보다 궁에서 음식을 만드는 데 그 많은 나인들이 필요했던 이유는 제례나 왕의 행차 등 궁중의 행사에 필요한 의례 음식을 만드는 일이 매우 잦았기 때문이다.

특히 조선시대에는 제례 음식을 만드는 일을 포함하여 제례 의식을 갖추는 일에 대해 매우 엄격했다. 여성은 제례를 주관하지 못하였고 남자들만이 주관하였는데, 조선시대 때 남성들이 《산림경제》나 《증보산림경제》 같은 음식에 관한 책을 낸 것도 사실은 제례와 의례 등에서 음식과 형식을 중요하게 생각했기 때문이었다. 지방마다 약간 다르지만 지방의 양반 종가집에서도 이 궁중 음식을 표본으로 하여 제례를 지내기도 했다.

신선로와 같은 제사 음식이나 행차 때 내놓는 의례 음식은 우리 입맛에 크게 맞지 않았다. 신선로는 궁중 음식이지만, 기원도 우리나라가 아닐뿐더러 실제로 왕이 먹는 음식도 아니었다. 신선로와 비슷한 요리 기구는 아랍과 중동 남아시아, 중국에서 자주 쓰인다. 백성들은 평상시에 이런 음식을 접할 기회도 없었을 뿐더러 비슷하게라도 평소 즐겨 먹는 재료도, 조리법도 아니었다.


## 궁중 음식은 한식을 대표하는 음식이 아니다

일부에서 궁중 음식을 한식을 대표하는 음식으로 오해하는 경우가 있다. 궁중 음식에 대해 '왕이 먹던 음식'인지, '궁중에서 만든 음식'인지 분명히 정의할 필요가 있다고 말하는 이유다. 궁중 음식이 우수하지 않다고 말하는 것은 아니다. 다만 많은 음식 전문가들이 궁중 음식을 한식을 대표하는 음식으로 획일화하려는 움직임을 우려할 뿐이다.

진정한 한식의 소비자는 왕이 아니라 오히려 평범한 사람들이었다. 실제로 《승정원 일기》 등 고서를 보면 왕이 즐겨 먹고 좋아했던 음식도 의례 음식이나 제례 음식이 아니라 고추장, 김치와 같은 평범한 음식이었다.

우리가 한식을 이야기할 때에는 '궁중 음식' 보다 일반 백성들이 평소에 즐겨 먹던 보편적인 음식을 한식으로 여기는 것이 타당하다.

# 2

# 존중하고 배려하는
## 밥상 문화

한 나라의 문화를 이야기할 때 그 나라의 식문화를 빼놓고는 이야기할 수 없다. 어떤 음식을 먹는가, 어떻게 먹고 있는가, 어떻게 먹고 살아왔는가 하는 것은 그 나라의 역사와 전통을 보여줄 뿐만 아니라 현재의 사회 문화까지 고스란히 드러내기 때문이다.

시간의 흐름에 따라, 나라간의 개방과 교류에 따라 문화는 변화할 수밖에 없지만 그럼에도 전통적이고 독창적인 가치를 제대로 이해하고 존중하는 것은 다양성의 측면에서도 매우 중요한 일이다. 수천 년을 이어온 한국의 음식 문화가 보여주는 문화적, 사회적, 역사적 가치에는 어떤 것이 있을까? 이번 장에서는 한식의 가치에 대해 구체적으로 이야기해보려고 한다.

우선 한식의 가치로 크게 세 가지를 들 수 있다. 첫 번째 존중과 배려, 두 번째 균형과 조화이며, 세 번째로 건강한 먹거리이다.

## 배려하는 마음과 정성이 깃든 밥상

한국에서는 밥상을 차릴 때 항상 집안의 어르신을 먼저 생각하고 어르신이 좋아하는 음식을 중심으로 밥상(bapsang)을 차렸다. 한 상을 차려서 온 식구가 다 둘러앉아서 밥을 먹었다. 집안의 어르신을 존중하는 의미에서 따로 밥상을 차려서 올리는 경우도 있었다.

밥상에 온 식구가 둘러앉아 먹을 때도 집안 어른이 숟가락을 들기 전에는 다른 사람들은 숟가락을 들지 않고 기다렸다. 어르신이 숟가락을 들면 그제야 식사를 시작할 수 있었다. 이러한 풍습은 한국의 밥상 문화가 서로를 존중하고 배려하는 문화이기 때문에 생겨났다.

한국의 기나긴 농경문화는 항상 풍족한 역사가 아니었다. 심지어 근래 20세기 들어와서도 일제강점기를 거치며 풀의 뿌리를 먹고 나무의 껍질도 벗겨 먹던 소위 '초근목피(草根木皮)'의 생활고를 거치기도 했다. 이러한 환경 속에서 밥상 한 상을 차려 낸다는 것은 쉽지 않은 일이었다. 상대방을 존중하고 배려한다는 마음이 기본적으로 깔려 있어야 가능한 일이었다.

서양의 아침 인사는 '좋은 아침'이지만 한국에서는 전통적으로 아침 인사로 어른들께 '진지 드셨어요?'라고 하였다. '진지'는 식사의 높임말이다. 때를 놓치지 않고 밥을 먹었는가 묻는 것이 상대방의 하루 평안함을 살피는 중요한 인사였다. 심지어는 뻔히 식사한 것을 알면서도 '진지 드셨어요' 하고 인사한다. 즉 우리 문화에서 밥의 가치는 예절과 존중의 의미를 포함한다.

예부터 손님에게 밥상을 차려 대접하는 것 또한 무척 자연스러운 일이었다. 형편이 다소 어려워도 나그네에게도 결코 소홀하지 않았다. 지금도 전라도 지방에는 식당에서 손님들에게 한 상으로 대접하는 밥상 문화가 있다. 한식에서 밥상을 차리는 것은 음식의 종류와 양의 많고 적음을 떠나 상대방을 배려하는 마음과 정성이 깃들어 있는 일이다.


## 각자가 아니라 함께 나누어 먹는 문화

서양 사람들이 한국에 와서 가장 놀라는 것은 한국 사람들이 밥과 국을 제외하고 여러 반찬을 서로 나누어 먹는 풍경이다. 심지어 탕과 같은 음식의 경우 입에 넣었던 숟가락이 같은 그릇에 들어가는 것을 보고는 인상을 찌푸리기도 한다. 물론 서양인의 문화적 관점에서는 이해하지 못할 일이다. 또 위생적인 면에서 비판받을 만도 하다. 하지만 이렇게 함께 먹는 것이 전통적으로 전해 내려온 한국 식문화의 특징이다.

이 영향 때문인지, 요즘도 우리나라 사람들은 서양 레스토랑에 가서도 몇 가지 음식을 같이 시켜서 서로 나누어 맛보고 함께 먹으면서 이야기를 나눈다. 서양 사람들이 보통 각자 자신이 시킨 음식만 먹고 나오는 것과는 다르다. 또한 서양에서는 네 명이 레스토랑에 함께 들어가면 네 개의 메뉴판을 각각 나누어 주는 것과 달리 한국 음식점에서는 서양인 네 명의 손님이 들어가도 종업원이 메뉴판을 하나만 갖고 오는 경우가 많다.

그래서 한식은 주식인 밥 이외에 함께 나눠 먹기 위한 반찬이 다양하게 상에 오른다. 이렇게 식생활에서 나누어 먹는 문화는 상대방을 배려하고 양보하는 사회 문화로도 발달하였다.


## '무엇을 먹을까'가 아니라 '무엇으로 먹을까' : 균형과 조화

우리 음식이 서양 음식과 다른 또 다른 중요한 특징 중 하나는 '무엇을 먹을까'가 아닌 '무엇으로 먹을까'를 고민한다는 점이다. 우리 조상들은 밥상을 차릴 때부터 밥을 '무엇에다가 먹을까?'를 항상 염두에 두고 음식을 만들고 밥상을 차렸다.

이러한 고민이 한식을 발달시켜 온 중요한 지점 중 하나였다. 이때 가장 많이 고민한 것이 바로 균형과 조화(balance and harmony)였다. 서울대학교 의과대학 교수였고 지금은 전남대학교 의과대학에서 석좌교수으로 있는 박상철 교수는 우리 음식의 건강과 영양, 우수성을 이야기할 때 항상 의학적으로, 영양학적으로 균형과 조화를 강조했다. 이는 실제로 한식의 가치를 이야기할 때 매우 중요한 부분이다.

    밥상을 차릴 때 우리 조상들은 영양과 건강의 균형을 생각하였고, 채소와 고기 등 재료의 비중, 조리법의 균형, 심지어 반찬의 색깔 조화까지도 고려하였다. 밥을 먹기 전에 색깔과 모양만 보더라도 군침이 돌고 밥맛이 나게 했다. 다양한 색깔은 자연에서 나는 것으로 대부분 맞추었다. 가장 맛있는 색깔인 빨간색은 고추를 이용하여 색을 내고 흰색은 대부분 무로 나타냈다. 검은색은 별로 좋아하지 않았다.

    이렇듯 색깔과 건강의 조화를 잘 맞춘 음식으로 비빔밥이 있다. 어떤 이들은 비빔밥의 색깔이 음양오행으로 균형을 맞춘 음식이라고도 한다. 약식동원 차원에서 한의학자들은 한국인의 밥상에 대해 음식 색깔과 우리 몸의 오장육부를 관련지어 건강을 이야기하기도 하였다. 우리의 몸을 이루는 오장(비장, 간장, 신장, 폐, 심장)과 육부(담, 위, 소장, 방광, 대장)를 각각 색깔로 구분하고 이를 음식의 색깔로 연결하여 오장육부의 건강을 위하여 각기 다른 여러 가지 색깔의 음식(color foods)을 먹도록 하였다.

    물론 중국에서는 4기 5미론 같은 이론에 의하여 음식을 분류하였지만[*], 이러한 중국의 이론을 전혀 모르던 일반 어머니들도 항상 밥

---

[*] 고병섭, 박선민, 정계진, 《한의영양학》, 한국한의학연구원, 대전, 2014

상을 차릴 때면 고기와 나물, 건강과 영양, 맛과 색깔 등을 고려하여 밥과의 균형과 반찬간의 조화를 생각하였다. 또한 어른과 아이, 손님과 나그네, 남자와 여자 등 누구를 위한 밥상이냐에 따라 먹는 사람의 건강에 맞추어 균형 있게 밥상을 차렸다.

## 선택권을 존중하는 젓가락 문화

균형과 조화를 이루면서도 끝까지 먹는 이(소비자)의 선택권을 보장한 것 또한 한식의 특징이다. 한식은 밥상이라는 한 공간에 밥과 다양한 반찬을 함께 차려 내놓는다. 이는 먹는 사람이 자신의 기호에 따라 선택적으로 먹을 수 있는 '상차림' 문화로, 중국, 일본과도 다른 우리나라만의 독특한 젓가락 문화를 발달시켰다.

젓가락 문화는 식탁, 밥상 안에서도 먹는 사람이 최종적으로 선택하도록 배려하는 우리 한식 식문화의 상징이다. 서양에서는 일단 무엇을 먹을까를 결정하면 그 후로 선택권이 별로 없다. 그러나 한국의 식문화는 '무엇으로 먹을까'의 문화이기 때문에 밥상을 받더라도 젓가락이 가기까지 입맛에 따라, 기호에 따라, 습관에 따라 끝까지 선택권이 보장되는 음식 문화이다. 젓가락 문화이기 때문에 맛있는 반찬은 상대방에도 권하고 나누어 먹고 존중하고 배려하는 풍습이 함께 발달할 수 있었다.

## 자연과 조화를 이루는 건강 밥상

　우리나라는 농경문화를 바탕으로 음식 문화가 발달하였기에 식문화 또한 자연을 거스르고는 생각할 수 없었다. 사계절이 뚜렷한 농경문화에서는 사시사철 달라지는 자연 환경의 변화에 따라 얻을 수 있는 식재료가 달랐고 음식 또한 자연의 조건에 따라 조화를 맞추어야 했다. 이에 따라 주 음식과 조리방법, 먹는 방식까지도 철마다 달라질 수밖에 없었다.

　흉년이 들면 자연에 기도하며 제를 올리고, 풍년이 들면 자연에 감사하며 잔치를 벌이는 농경사회의 풍습은 음식 문화에도 고스란히 반영되었다. 자연과 조화를 이루고자 하는 대표적인 한식 차림이 바로 '제철 음식'과 '절기 음식'이라 할 수 있다.

　우리 조상들은 철따라 바뀌는 환경에서 제철에 난 음식을 가장 자연적이고 건강한 음식으로 여기고, 이에 순응하며 식문화를 발달시켜왔다. 결과적으로 이는 한식이 매우 건강한 식단으로 발달하게 된 배경이 되었다. 요즘과 같이 영양 과다의 시대에 한식은 세계적으로도 훌륭한 건강식으로 꼽힌다. 실제로 식재료나 조리방법의 다양성, 영양적인 면에 있어서도 한식 밥상은 건강에 매우 유익한 식단이다.

## 세계적으로 독창적인 발효 문화

한식이 건강식으로 꼽히는 또 한 가지 중요한 이유는 독특한 전통 발효음식에 있다. 앞서 인류의 식품 기술은 음식의 맛을 내고 저장성을 높이는 방향으로 발달해 왔다고 설명한 바 있다. 그 가운데서도 한국은 유용미생물을 활용해 음식의 맛을 내고 저장 기간을 연장하는 소위 '발효 기술'이 매우 발달한 나라다.

한국의 발효 기술은 맛있게 먹기 어려운 풀이나 곡물을 맛있게 먹는 문제와 더운 여름이나 추운 겨울에 부족하기 쉬운 식량 문제를 극복하기 위한 방법이었다. 콩으로 간장, 된장, 고추장 등 다양한 발효장류를 만들어 음식을 맛있게 먹을 수 있었으며, 채소를 이용하여 다양한 김치를 만들어 몇 날 며칠 동안 맛있게 먹을 수 있었다. 삼면이 바다로 둘러싸여 있고 대부분 산이 많은 지리적 특성 때문에 우리 땅과 바다에서 생산된 고유의 식물 재료와 생선을 이용한 특유의 발효식품이 발달하여 맛있게 먹을 수 있었다.

곡류와 채소류를 발효시키는 기술은 치즈와 요구르트처럼 우유를 기반으로 한 유제품 발효 기술과는 전혀 다르다. 세계적으로 볼 때에도 매우 독특한 발효 문화이다. 우리가 중국과 교류가 많았음에도 고유의 식문화를 수천 년 동안 독립적으로 유지해 온 발효 기술만 보아도 충분히 확인할 수 있다.

## 영양과다 시대, 한식의 가치

현대와 같이 영양과다 문제가 건강의 적신호가 되는 시대에 나물과 발효식품으로 대표되는 한국 식단은 세계 어느 나라보다 건강한 식단임이 분명하다. 그동안 많은 연구가 이루어져 이제 한국인이건 외국인이건 한식이 건강식이라는 데에 크게 이의를 제기하지 않는다. 그렇지만 영양균형 및 다양한 음식섭취 등의 관점에서 한식이 어떻게 건강식이 되는지 쉽게 과학적으로 설명해 줄 수 있는 자료는 아직도 미흡한 편이다.

간혹 한식을 구성하는 개별 식품에 대한 정의와 특징을 설명한 자료들은 있지만, 이들이 전체 한식에서 어떻게 구성되며, 또 다른 음식들과의 조합과 조화를 통해 어떻게 건강한 식생활에 영향을 미치는지 등에 대하여 통합적인 관점에서 설명해 줄 수 있는 과학적 연구와 데이터는 턱없이 부족하다. 세계인을 설득하고 우리 문화의 우수성을 제대로 알기 위해서라도 한국의 독특한 밥상 문화와 한식에 대해 과학적으로 접근하고 연구할 필요가 있다.

# 계절과 삶이 깃든
## 한국인의 밥상

누구를 위한 밥상이냐, 언제 먹는 밥상이냐, 어느 계절에 먹는 밥상이냐에 따라 전통적으로 한국인은 다양한 밥상을 차려왔다. 집안 어른에게 올리는 밥상, 손님이 왔을 때 차리는 밥상, 일할 때 먹는 밥상이 달랐고, 기우제나 풍년을 기원하는 의례제, 잔칫날의 특징에 따라서도 밥상이 달라졌다.

사람의 탄생, 생일, 결혼 등 잔칫날이나 초상(장례), 제삿날이나 시젯날에 차리는 밥상도 각각 음식에 다른 의미를 부여하여 구분했으며, 설날이나 보름, 추석, 단오, 칠석, 동지 등 절기 음식도 때마다 달랐다. 봄 여름 가을 겨울 등 철마다도 다른 음식을 만들어 먹었다.

한식 밥상 차림은 그 목적에 따라 매우 다양하다. 이 장에서는 그

중에서 몇 가지 예를 들어 다양한 한국인의 밥상과 그 밥상에 깃든 우리 조상들의 옛 삶의 모습을 살펴보려 한다.[*]

## 제철에 난 신선한 재료로 차리는 계절 밥상

일상적으로 매일 먹는 한국인의 밥상은 계절에 따라 텃밭에서 구할 수 있는 나물거리를 중심으로 K-diet의 기본 구조와 특징을 갖춰 차려낸 밥상이었다. 밥과 국(탕), 김치를 기본으로 하고 계절에 따라 생산되는 채소류를 이용하여 어머니는 매일 가족을 위한 밥상을 차리셨다. 가족의 입맛이나 날씨, 재료에 맞는 다양한 조리법으로 반찬을 구성하였으며, 고려시대 이후 한국의 밥상 차림으로 정착되었다.

그때그때 텃밭에서 얻을 수 있는 식재료를 중심으로 즉흥적으로 준비하는 밥상(bricolage foods)이었지만, 오랜 경험과 가족에 대한 사랑과 정성으로 영양적으로 균형이 맞는 상차림을 계절별로 차려냈다.

간장, 된장, 고추장 중 어떤 장으로 간을 맞출지는 계절에 따라 또는 나물거리의 종류, 가족의 기호에 따라 그날그날 어머니가 결정하며, 마늘, 파, 생강, 고춧가루, 참기름이나 들기름으로 갖은 양념을

---

[*] 권대영, 이영은, 김명선, 김순희(대표저자)외 8인, 《한식을 말하다—역사 문화 그리고 건강》, 한국식품연구원, 2017.

하여 맛을 내는 나물 위주의 반찬을 만들었다.

단백질을 제공할 수 있는 육류, 생선류, 달걀, 두부 등을 이용한 반찬을 한 가지 정도 포함시켜 식물성 식품과 동물성 식품이 8:2 정도의 황금비율이 저절로 맞춰질 수 있도록 구성했다.

대사성 질환을 예방할 수 있는 영양소와 피토케미컬(phytochemical)이 골고루 균형적으로 포함되어 매우 건강한 상차림이며, 준비된 음식을 모두 한꺼번에 차려놓고 각자의 영양소 필요량, 기호도, 건강 상태에 따라 자신에게 맞는 음식을 골라먹을 수 있는 장점도 있다.

## #봄 상차림

봄이 되면 겨우내 부족했던 비타민과 무기질을 섭취할 수 있도록 산과 들에 나는 향기로운 달래, 두릅, 부추, 곰취 등 봄나물을 이용해 밥상을 차린다. 채소라고는 김장김치와 묵나물만 먹다가 봄이 오면 봄나물들이 봄의 싱그러운 정취를 가져다주어 몸이 깨어날 수 있게끔 도와준다. 뿐만 아니라 비타민 $B_1$, $B_2$, 비타민 C 등을 보충해주어 에너지 대사를 돕고 몸에 활력을 불어넣어 춘곤증을 이겨낼 수 있도록 했다.

산과 들에 지천으로 나는 봄나물은 국이나

**▌대표적인 봄 상차림**
콩밥, 달래된장찌개, 제육볶음, 두릅숙회, 생부추무침, 배추김치, 쌈채소, 쌈장

찌갯거리로 사용하거나, 생채로 무치기도 하고 데쳐서 숙채로 만들기도 하였다. 잎이 넓은 것들은 쌈을 싸먹기도 하였다. 상추, 곰취, 쑥갓, 미나리잎, 깻잎 등 그 계절에 나는 넓은 잎의 채소는 어떤 것이든 쌈 재료로 사용할 수 있었으며, 밥을 비롯한 다양한 음식과 쌈장을 얹어 먹었다. 쌈은 처음 만났거나 격식을 차려야 하는 사람과 함께 먹는 음식이라기보다는 편안한 분위기와 일상에 어울리는 친근한 음식이다.

## #여름 상차림

더운 여름을 나기 위해서는 주로 여름에 나는 제철 재료를 위주로 밥상을 차렸다. 땀을 많이 흘려 지치는 것을 막고, 몸을 보양하기 위해 들깨를 이용한 음식을 만들어 더위를 수월하게 날 수 있도록 배려하였다.

겨울에 파종해서 6월 하지 전 수확하는 보리를 이용한 보리밥과 오이로 담근 오이소박이는 더운 여름에 제격이다. 오이는 우리 밥상에 올라오는 친근한 식재료 중의 하나로 한 여름이면 오이지와 오이소박이를 담궈 먹었다. 오이소박이와 오이지는 백다다기오이

**▌ 대표적인 여름 상차림**
보리밥, 순두부찌개, 보리굴비, 애호박나물, 고추된장무침, 머위 들깨즙탕, 오이소박이

라는, 껍질이 연한 연두색의 조선오이로 담가야 제 맛이다. 오이소 박이에는 부추로 만든 소가 잘 어울리는데, 부추는 짧게 썰어 사용해야 칼집 밖으로 빠져 나오지 않아 깔끔하다.

여기에 해풍에 말린 참조기를 항아리에 담고 보리를 채워 보관하여 숙성시킨 보리굴비를 쌀뜨물에 담갔다가 살짝 쪄서 구워먹으면 다른 반찬이 필요없다. 굴비를 통보리에 넣어 항아리에 저장하면 보리의 쌀겨 성분이 굴비를 숙성시키면서 맛이 좋아지고, 굴비가 보리의 향을 받아들여 비린내가 없어진다. 여름철에 영글기 시작하는 애호박은 된장찌개를 끓이기도 하고 나물로 볶아 먹기도 한다. 초여름이면 한여름 더위를 잘 견뎌내기 위해 미리 몸을 보양하기도 했다. 머윗대의 쓴맛을 우려내고 건새우와 볶은 후, 불린 쌀과 들깨를 함께 갈아놓은 물을 붓고 걸쭉하게 끓인 들깨줍탕을 한솥 끓여 먹게 하였다.

## # 가을 상차림

가을의 밥상은 그해 가을에 수확한 햅쌀을 이용하여 차린다. 봄부터 땀 흘려 가꾼 작물들로 먹을거리가 풍성하다. 많은 신선한 재료로 다양한 국을 만들어 먹는다. 특히 '가을 아욱국은 막내 사위만 준다' 또는 '가을 아욱국은 사립문 닫아걸고 먹는다'라는 속담이 있을 정도로 가을 아욱은 유난히 맛도 좋고 단백질, 무기질, 특히 칼슘이 풍부해 영양가도 높다.

닭은 주로 여름철 보신을 위한 탕으로 많이 먹지만 가을에 달고 아삭한 무를 넣고 맵게 끓이는 닭도리탕은 달고 담백하여 추수 후 식구들이 모두 둘러앉아 푸짐하게 먹기에 제격이다. 버섯은 봄부터 가을까지 산에 가면 나무 밑에서 쉽게 채취할 수 있어 언제든지 먹을 수 있으며 생으로 채취한 느타리버섯으로 볶은 나물을 해 먹어도 좋다. 겨울

**▌대표적인 가을 상차림**
현미밥, 아욱된장국, 닭도리탕, 두부부침, 양념간장, 버섯나물,
파래무침, 총각김치

철을 대비하여 버섯을 가을 햇빛에 말려 건조하여 보관한 후 나중에 불려서 먹기도 한다. 가을에는 맛있는 생선도 많이 잡히는데, 전어구이가 특히 맛있어서 '집 나간 며느리도 가을 전어구이 맛을 못 잊어 들어온다'는 말이 있을 정도이다.

## # 겨울 상차림

겨울은 농한기라 일이 없기도 하고 추워 집 안에서 지내는 일이 많다. 따뜻한 아랫목에서 가을에 수확한 콩으로 3~4일 만에 속성으로 띄울 수 있는 장이 청국장이다. 퀴퀴한 냄새가 심하기 때문에 겨울철 아니면 만들기도 어려웠다. 냄새와 달리 멸치육수나 차돌박이 소고기를 넣고 낸 육수에 김장김치 송송 썰어 넣고 바글바글 끓인 청국장은 밥을 비벼 먹기에 딱 제격인 밥도둑이다.

겨울철 바다에서 잡히는 명태를 내장을 빼고 반 건조시킨 코다리는 조려놓으면 지방 함량이 낮고 쫄깃한 식감이 일품이다. 예전에는

온실이 활성화되지 않아 겨울철에 묵은 것이 아닌 생것으로 나물을 만들어 먹을 수 있는 재료는 가을철 수확하여 움에 저장하여두고 먹는 무와 집 안에서도 물만 주면 기를 수 있는 콩나물이었다.

　무생채에 함유되어 있는 디아스타제($\alpha$-아밀라아제의 일종)는 탄수화물의 소화를 도와주는 역할을 하였다. 또한 무는 비타민 C의 함량이 100g당 15mg이나 되어, 예로부터 겨울철 비타민 C의 공급원으로 중요한 역할을 했다. 콩나물 또한 단백질과 지방질이 많이 함유되어 있을 뿐만 아니라, 발아하면서 비타민 $B_1$, $B_2$, 비타민 C의 함유량도 증가하여 에너지 대사를 도와주었으며 겨울철 주요 비타민 공급원이 되었다.

　김장은 기온이 영하로 떨어지기 전인 11월 말에서 12월 초 입동 전후에 했다. 채소가 나지 않는 겨울 동안 먹기 위해 반식량으로 미리 김치를 담가두는 우리나라 고유의 풍습으로, 김장김치는 채소가 부족한 겨울철 우리 조상들에게 주요한 비타민 공급원이 되었다. 김장은 삼국시대 이전부터 시작되어 오늘날까지 전해 내려온다. 따라서 겨울철 밥상에는 겨울철 반식량인 김장김치가 다양하게 올라왔

**┃ 대표적인 겨울 상차림**
흑미밥, 청국장찌개, 북어구이, 무생채, 콩나물, 김구이, 갓김치, 동치미, 젓갈

는데, 초겨울 서리 내리는 김장밭의 가장자리에서 늦게 거두는 갓
으로 담근 갓김치는 겨울 김치 중 별미이다. 살얼음이 동동 떠있는
쨍한 맛을 내는 동치미 또한 겨울철이 아니면 맛볼 수 없는 싱건지
였다.


## 명절에 먹는 절기 밥상

### # 설날 상차림

설은 묵은 해를 보내고 새해 첫 아침을 맞는 명절로 사람들은 새로
운 희망과 기대를 가지고 새 아침을 맞는다. 설 차례에는 떡국을 올
리고 차례를 지낸 다음에 함께 모여 음복으로 비로소 떡국을 먹는
다. 차례와 성묘가 끝나면 이웃의 어른들께나 친구끼리도 서로 집으
로 찾아가서 세배를 하고, 인사를 나누며 덕담(德談)을 한다. 어린이
들에게는 세뱃돈을 주는 풍속이 전해온다. 설에는 차례상과 세배를
하러 오는 사람들을 대접하기 위해 여러 가지 음식을 준비하는데,
이 음식들을 통틀어 세찬(歲饌)이라고 한다. 세찬에는 떡국, 세주,
족편, 각종 부침개, 각종 정과류, 식혜, 수정과 등 여러 가지 음식들
이 있는데, 준비는 가문에 따라 가짓수와 양이 다르지만 정성을 다
해 만들며 어느 집에서나 만드는 대표 음식은 떡국이다. '떡국 한 그
릇을 더 먹었다'는 말은 설을 쇠고 나이 한 살을 더 먹었다는 표현이
기도 하다. 쌀이 부족한 함경도, 평안도, 황해도 등 북쪽 산간에서는
만둣국으로 대신하기도 했다.

**▌대표적인 설날 상차림**
떡국, 갈비찜, 파산적, 녹두빈대떡, 생선전, 표고버섯전, 삼색나물(도라지, 고사리, 시금치나물), 보쌈김치, 인절미, 수정과

## # 정월 대보름 상차림

달의 움직임을 기준으로 만들어진 음력을 사용하는 한국인에게 꽉 찬 보름달이 뜬 날은 의미 있는 날이었다. 보름날은 음기(陰氣)가 충만한 날이었고 특히 일년 중 첫 번째 맞이하는 보름인 정월대보름(음력 1월 15일)은 여덟 번째 보름달인 추석과 함께 더욱 특별한 의미를 두었다.

겨우내 묵었던 기운을 떨쳐내고 따스한 양기(揚氣)로 돌아서는 봄을 맞이하면서 다양한 민속놀이를 하고 특별한 음식을 먹으며 한 해의 건강과 풍요를 기원하였다. 이날은 겨우내 저장해 두었던 잡곡과 말린 나물들을 꺼내 오곡밥과 묵나물을 해먹었다.

오곡밥은 다섯 가지 이상의 곡식, 주로 찹쌀, 팥, 콩, 차조, 수수 등을 넣고 지은 밥이고, 묵나물은 고사리, 버섯, 가지, 호박, 오이, 시래기, 취나물 등 지난해에 햇볕에 말려 두었던 것들을 물에 불려 삶아 무치거나 볶아 조리한 나물이다.

**대표적인 정월 대보름 상차림**
오곡밥, 곰국, 김구이, 묵은 나물, 나박김치, 약식, 부럼, 귀밝이술

이런 음식들을 통해 겨우내 부족하기 쉬운 영양소, 특히 식이섬유, 무기질, 비타민 D 등을 보충할 수 있었다. 이 외에도 견과류를 먹는 부럼깨기를 통해 불포화지방산을 보충하며 피부질환을 예방하였으며, 데우지 않은 청주인 귀밝이술은 귀를 밝게 해준다고 믿어 함께 마시며 한 해 좋은 소식이 들리기를 소망하였다.

정월의 보름날이면 더위를 팔아야 여름에 더위를 타지 않고 건강하게 한 해(여름)를 날 수 있다.

## # 추석 상차림

추석은 음력 8월 15일로 가을의 한가운데를 뜻하는 한가위로 불린다. 오곡백과가 풍성하여 일 년 가운데 가장 넉넉한 때라는 뜻으로 붙은 이름이다. 우리나라에서 세시명절은 농경의례로 농사라는 생업과 직결되어 있었다.

추석에 아침 일찍 일어나 가장 먼저 하는 것은 차례를 지내는 일

**▌ 대표적인 추석 상차림**
햅쌀밥, 토란국, 떡갈비, 삼색전(생선, 호박, 표고), 낙지볶음, 더덕생채, 가지나물, 구절판,
총각김치, 배추김치, 송편, 식혜

이다. 추석 차례상은 설과 달리 흰 떡국 대신 햅쌀로 밥을 짓고 술을
빚어 올리고 햇곡식으로 송편을 만들어 지낸다. 이 시기에 많이 나
오는 토란과 쇠고기를 넣어 맑은 국을 끓인 토란국을 먹었으며, 가
장 먼저 나오는 햅쌀로 빚은 송편을 오려송편이라 하여 조상의 차례
상과 묘소에 바쳤다.

색에 따라 흰송편, 초록색의 쑥송편, 붉은색의 송기송편으로 구분
하고 소의 종류도 팥고물, 밤, 풋콩, 대추, 깨고물 등 기호에 따라 마
련하였다. 갈빗살을 먹기 좋게 다져 떡갈비를 만들고, 전과 나물, 그
시기에 나오는 제철 식재료를 이용하여 풍성하게 상을 차려 식구들
이 모두 모여 같이 음식을 나누었다.

# 특별한 날 함께 나누는 밥상

## # 생일 상차림

생일 상차림은 가정 형편에 따라 정성껏 준비하였다. 흰밥에 어린 시절에는 미역국을, 어른이 되면 곰국을 차려 내었다. 어린이에게 미역국을 주는 이유는 낳을 당시 어머니의 산고를 잊지 말라는 마음과 '성주고사(城主告祀)'에 연유한다.

집안 식구들의 생일이면 그 집 건물과 가정을 수호하는 성주신과 생명의 탄생과 성장을 관장하는 삼신 모시기를 하였는데, 삼신 할머니에게 드리는 제물 가운데 미역이 가장 중요했다. 그래서 어린이의 생일에 미역국을 준비하여 아이의 무병장수를 기원하였다.

흰밥에 미역국과 함께 내는 음식으로 나물을 무칠 때에도 장수를 기원하여 나물을 자르지 않고 무쳤으며, 긴 모양을 하고 있는 당면을 이용한 잡채나 국수를 말아 장국상을 차리기도 했다.

**▌ 대표적인 생일 상차림**
쌀밥, 쇠고기미역국, 불고기, 화양적, 새우전, 잡채, 더덕구이, 배추김치, 백설기, 오미자차

출생 후 매년 생일의례를 행하는데 만 일 년(돌)이 되는 날에는 아기의 장수와 다재다복을 바라는 마음으로 부모가 돌상을 차려주며, 60세 이후의 생신에는 자녀가 부모의 은혜에 보답하는 마음으로 수연(壽宴) 상차림을 차림으로써 장수를 축하하였다. 수연 상차림은 만 60세 되는 날(회갑, 回甲)에 가장 크게 차렸으며, 회갑잔치의 상차림은 부모를 위한 큰상(望床)과 하객을 위한 주안상으로 나누어지며, 밥과 국을 놓는 대신 고임음식으로 차린 큰상 차림 뒤에 장국상(입맷상)을 곁들어 놓기도 한다.

## # 복달임 상차림

삼복(三伏, 초복, 중복 말복)은 하지가 지난 다음 음력 6월에서 7월 사이에 있는 절기로 일 년 중 무더위가 가장 기승을 부리는 기간이다. 조선시대 궁중에서는 더위를 이겨내라는 의미에서 높은 관리들에게 쇠고기와 얼음을 하사하였다. 그러나 일반 서민들은 귀한 쇠고기 대신 개고기를 끓여 먹었으며, 시원한 계곡을 찾아 발을 담그거나 바닷가 백사장에서 모래찜질을 하며 더위를 물리쳤는데, 이를 복달임이라고 일컫는다.

복달임은 주로 허해진 기운을 보강하기 위해 보양식을 먹음으로써 더위를 물리치는데, 이때 먹는 대표적인 음식이 개장국, 삼계탕, 팥죽이다. 우리 조상들은 이열치열(以熱治熱)로 영양이 풍부한 뜨거운 음식을 땀을 뻘뻘 흘리며 먹음으로써 체온을 조절하고 건강하게 여름을 나고자 하였다.

　더운 복날에 개를 끓여 만든 개장국을 먹음으로써 원기를 회복하고 영양분을 보충하였기 때문에 개장국을 보신탕(補身湯)이라고도 한다. 최근에는 반려동물에 대한 애정으로 개장국보다는 삼계탕(蔘鷄湯)을 먹는 경우가 더 많다. 삼계탕은 닭을 잡아 인삼과 대추, 찹쌀을 넣고 오랫동안 삶아서 먹는 음식으로 원기를 회복하고 입맛을 돋우는 데 효과가 좋다.

　이 밖에도 삼복에 팥죽을 쑤어 먹으면 더위를 먹지 않고 병에 걸리지 않는다고 하여 전라북도 지역에서는 팥칼국수를 끓여 먹기도 하였다. 복날 바다생선으로는 민어를 으뜸으로 쳤다. 예전에는 복달임에 '민어탕은 일품, 도미찜은 이품, 보신탕은 삼품'이란 말도 있었다. 《세종실록지리지(世宗實錄地理志)》(1432년)나 《여지도서(與地圖書)》(1771년)에 골고루 민어가 등장하는 것을 통해 민어 복달임이 서해안 전체에 고루 분포했음을 알 수 있다.

# 한 그릇 음식 상차림

　가장 대표적인 한 그릇 음식으로 밥과 반찬을 섞어 먹는 비빔밥을 주요리로 하는 비빔밥 상차림과 국수장국을 주요리로 하는 국수장국 상차림이 있다. 이것들은 일상식이라기보다는 가끔 먹는 별식으로 애용되었으며, 장터에서 먹거나 결혼이나 환갑 같은 잔칫날이나 초상을 치를 때, 혹은 절기와 같은 특별한 날에 먹었다. 농사를 지을 때나, 여럿이 일을 할 때 간단히 차릴 수 있는 식사 개념으로도 먹는다. 일반 상차림에 비해 주요리에 간단한 반찬이 한두 가지 곁들여지는 비교적 간단한 상차림이다.

### # 비빔밥 상차림

　나물과 고기, 고추장, 오색이 갖추어진 예쁜 음식인 비빔밥은 영양학적으로 매우 우수하며, 전주비빔밥이 유명하다. 밥상(飯床) 차림은 밥, 국, 반찬과 장으로 구성되어 있으나, 밥 위에 다양한 색채의 나물과 고기 등을 얹은 후 양념장으로 비벼 먹는 융합된 음식이 비빔밥이다. 양념장으로는 고추장을 사용하였고 들기름이나 참기름을 추가로 넣는다. 맛과 영양은 물론이고 하얀 밥 위에 올린 노랗

**▌대표적인 비빔밥 상차림**
비빔밥, 콩나물국, 김치

고, 하얗고, 붉고, 푸르고, 검은 색의 조화는 음양오행의 이치를 한 그릇 안에 고스란히 담아낸다.

비빔밥은 특별한 날 상에 올리는 한 그릇 음식으로 지난 천 년간 한국인이 즐겨 먹었으며, 오늘날에도 한국을 대표하는 음식 중 하나로 전 세계에 널리 알려져 있다. 비빔밥에 넣는 나물의 종류는 계절과 지역에 따라 다양하고, 특히 전주비빔밥은 노란색의 녹두묵인 황포묵을 사용하고 콩나물국을 곁들인다는 특징이 있다. 콩나물국과 김치는 비빔밥과 잘 어울리는 음식이다.

## # 국수장국 상차림

대표적인 한 그릇 음식으로 잔칫날 장수를 기원하는 상차림이기도 하며 장날에 시장에서 값싸게, 맛있게 영양가 있게 먹을 수 있는 서민 음식이기도 하다.

국수는 밀가루나 메밀가루를 물로 반죽하여 국수틀에 넣어 뽑아내거나 반죽을 얇게 밀어서 칼로 가늘게 썬 음식이다. 이를 젖은 국수, 즉 습면이라 하고 저장을 위해 말린 것을 건면이라 한다. 국수는 생일, 혼례, 손님 접대 등 특별한 날에 별식으로 먹기도 하고, 평소에 간단한 식사로도 먹는다. 냉면

**❙ 대표적인 국수장국 상차림**
국수장국, 파전, 장조림, 김치

은 메밀가루에 밀가루나 전분을 섞어 반죽하여 국수틀에 넣어 눌러 빼고, 찬 육수나 동치미 국물에 먹는 것이고, 따뜻한 국물에 먹는 온면이 국수장국이다. 칼국수는 주로 밀가루를 반죽하여 얇게 밀어 칼로 썰어 온면으로 먹었다. 여름철에는 콩국에 밀국수를 말아먹는 콩국수도 즐겨 먹었다.

# 밥상의 구성으로 본 한식 1
## 밥과 국

한국의 전통밥상은 일반적으로 네 가지 요소로 구성되어 있다.

첫째 요소로는 에너지원으로 중요한 위치를 차지하는 밥이다. 보통 주식인 쌀밥을 먹지만 보리밥과 잡곡밥도 두루 먹는다.

두 번째 요소는 밥을 잘 씹어 넘길 수 있고 소화가 잘 되도록 하는 국이다. 일반적으로 된장국, 미역국, 쇠고기국 등이 있다. 국을 흔히 수프(soup)로 번역하는데, 서양의 수프와 한국의 국은 역할과 먹는 목적이 다르다.

세 번째 밥상 요소는 반찬이다. 반찬은 주식인 밥을 맛있게 먹도록 하고 소화가 잘 되도록 하는 역할을 한다. 단백질, 비타민, 미네랄 등 밥에서 얻기 어려운 영양소를 보충하는 역할도 한다. 김치는

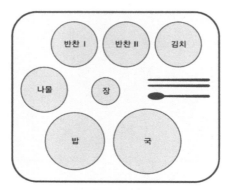

**: 한식 상차림의 올바른 위치 :**
밥그릇 – 국그릇 – 숟가락 – 젓가락

한식의 전통적인 밥상에는 기본적으로 밥과 국이 제공된다. 밥은 주에너지원이다. 국은 밥이 목에 잘 넘어가도록 하며 소화를 돕는 역할을 한다. 반찬으로 밥상에는 다양한 김치 종류가 빠지지 않고 항상 오르며, 여기에 나물과 싱싱한 채소(반찬 Ⅰ)를 곁들였다. 단백질원으로 생선이나 고기를 찜이나 구이 등으로 다양하게 요리하여 먹었으며(반찬 Ⅱ), 장, 장아찌, 절임류, 젓갈과 양념 등은 입맛을 내는 요소로 즐겨 먹었다. 밥상의 각 구성요소에 해당하는 음식들 중에서 계절이나 지역, 기호에 따라 재료나 조리법을 달리하여 원하는 음식으로 밥상을 구성할 수 있는데, 가능하면 재료나 조리법을 겹치지 않게 하여 맛이나 영양소에 편중이 없게 하였다. 밥, 국을 제외한 나머지 음식의 위치는 달라질 수 있다.

필수 요소로 어느 밥상이나 항상 있는 반찬이다. 다른 반찬으로 채소를 데쳐서 참깨나 들깨기름 등으로 무친 나물류와 마늘이나 고춧가루 등의 양념으로 담근 겉절이나 생채 등을 즐겨 먹었다. 이밖에 단백질원으로 콩류, 생선 등을 다양한 방법으로 요리해 먹었다.

  마지막으로 여러 가지 향신료로 구성된 양념과 간장, 고추장, 된장 등 다양한 장류가 입맛을 돋우는 역할을 한다.

  한식(K-diet)의 특징을 더욱 자세히 이해하려면 한식 밥상을 구성하고 있는 요소를 이해하고, 어느 음식이 이 요소에 해당하는지 알 필요가 있다. 한국인 밥상을 그 구성 요소에 따라 분류하여 특징을 짚어 보고, 이를 통해 한식의 특징을 좀 더 체계적으로 이해해 보고 자 한다.


## 한국인, 밥심(밥의 힘, 심은 힘의 사투리)으로 산다

밥은 한식(K-diet)의 밥상 구조에서 주식인 동시에 반찬과 어우러 져 상차림을 만들며, 주된 칼로리원의 역할을 한다. '한국인은 밥심 으로 산다'는 말이 있을 정도로, 밥을 매우 중요한 에너지의 원천으 로 생각했다. 최근에는 과열량에 대한 경계와 다양한 먹거리가 넘쳐 나면서 쌀 소비량이 감소하는 추세이지만, 조금만 과거로 거슬러 올 라가도 한국인의 밥상에서 밥은 매우 중요한 자리였음을 확인할 수 있다. 근대 초기에 외국 선교사들이 찍은 옛 사진들을 보면 무엇보다 밥그릇이 굉장히 크고 밥그릇 위로 소복하게 밥을 얹어 담은 고봉밥 이 인상적이다(238p 사진).

고봉밥은 특히 농경이 중요한 사회에서 밥으로부터 얻는 칼로리가 노동력의 주 에너지 공급원이었음을 알 수 있는 부분이다. '반찬은 맛 이 없더라도 밥은 맛있어야 한다'는 말이 있을 정도로 예부터 밥은 밥 상차림에 있어 매우 중요한 위치를 차지했다.

밥에는 쌀밥 외에도 잡곡류를 섞은 흑미밥, 현미밥, 보리밥, 콩밥, 오곡밥 등이 있다. 그밖에도 채소밥, 고기나 해산물을 넣은 밥 등 그

지역의 특산물을 섞은 다양한 별미밥도 있다.

일상에서 흔한 인사말로 '진지(밥) 드셨습니까?', '우리 밥 한번 먹자.'라는 말을 자주 사용하고, 함께 일하는 동료를 '한솥밥' 먹는 사이라고 표현하는 것에서 보듯이, 우리의 일상에서 밥이 주는 의미는 상당히 크다.

문화 연구에 오랫동안 천착해온 사회인류학자 조세프 헨리히 (Joseph Henrich)는 쌀을 주식으로 하는 동양문화권과 밀을 주식으로 하는 서양문화권은 주식의 재배방식 차이에 따라 인간의 성향까지 달라진다고 하였다. 노동집약적으로 재배하는 쌀을 주식으로 하는 한국인은 노동력을 중시하여 대가족을 이루고 살게 되었으며, 마을을 이루면서 자연스레 효(孝) 사상과 '우리'라는 의미가 강하게 작동하는 집단주의와 대동(大同)의 사상이 몸에 배게 되었다. 이에 반해 밀을 재배하는 이들은 개인주의와 분석적 성향이 더 강하다고 하였다.

## 서양 수프와는 다른 우리의 '국 문화'

한국인의 식생활에서 밥과 국은 바늘과 실처럼 떼놓을 수 없는 관계이다. 맛있는 쌀밥은 바로 목으로 쉽게 넘어가지만 국과 같이 먹으면 훨씬 더 맛있고 잘 넘어간다. 보리밥이나 잡곡밥 같은 경우에는 입자의 거친 특성 때문에 목이 메기 쉽다. 따라서 국물과 함께 밥을 먹으면 목 넘김이 원활하여 같이 먹는 것을 선호하였을 뿐만 아니라 영양적으로도 중요한 일이기도 하였다. 그래서 국은 밥과 함께 먹는 동반식품으로서 우리나라 식문화의 특징으로 자리 잡았다.

흔히 국을 수프(soup)로 번역하는데, 서양의 수프와 한국의 국은 역할과 용도가 다르다. 국을 수프로 번역한다면 국에 대한 의미를 정확히 전하기 어렵다. 서양에서의 수프가 주 요리를 먹기 전 간단하게 먹는 용도라면 한식에서 국은 밥을 잘 씹어 넘기고 소화가 잘되도록 하는 것이다. 햄버거를 먹을 때 탄산음료가 소화와 청량감을 주는 역할을 하여, 햄버거와 탄산음료가 동반식품이듯 밥과 국은 일종의 동반식품이다.

국은 육류나 어패류, 채소류, 해조류 등 거의 모든 식재료를 사용하여 끓이는데, 탄수화물로 이루어진 밥의 영양을 보충하고 영양소의 균형과 조합을 맞추는 역할도 한다. 국에 넣는 재료에 따라 된장국, 북엇국, 콩나물국, 미역국, 쇠고기 무국, 토란국 등으로 불리며 종류도 매우 다양하다.

## 비슷한 국물 요리_ 탕, 찌개, 전골의 차이는?

한국 음식에는 국과 비슷한 국물 요리가 있다. 바로 탕과 찌개, 전골 등이다.

● 탕은 재료를 물에 끓여 만든 국물 음식을 이르는 또 다른 말이다. 탕의 우리말은 '국'이며 한자로 갱(羹)이나 확(臛)으로 쓰다가, 나중에는 탕(湯)으로 부르게 되었다. 같은 국이라도 채소를 중심으로 끓인 국은 갱(羹)으로, 고기를 많이 넣고 끓인 것은 확(臛)으로 표기하였다. 국과 탕(湯)은 지금도 많이 쓰이는 음식 용어인데, 미리 끓여서 국그릇에 나눠먹는 것은 '국'으로, 끓인 채 상으로 가져와 먹는 것은 '탕'으로 정착되어왔다. 최근에는 국과 탕의 의미가 혼용되어 사용되지만, 모두 국에서 출발한 것이다.

탕은 국보다는 좀 더 팔팔 끓인 경우가 많으며, 주재료에 따라 삼계탕, 갈비탕 등의 이름을 붙인다. 특히 우리 몸에 좋다는 식치 개념으로 '우려낸다'는 것을 강조하고자 할 때 국보다는 탕이라는 이름을 선호했다. 예를 들어 보신탕 역시 처음에는 개장국이라고 불리다가 몸에 좋다는 의미가 강조되면서 보신탕이라는 이름을 사용했다. 생선으로 끓인 국은 예전에는 대구국, 도미국처럼 국이라고 하였지만, 요즘은 식치 개념을 강조하여 대구탕, 도미탕으로 이름이 바뀌었다. 일반적으로 탕은 찌개나 전골보다는 건더기가 적고 국물이 많다.

● **찌개**는 밥과 함께 먹는 국물 음식이라는 점에서는 국과 비슷하지만, 국에 비해 국물이 훨씬 적고 간이 진하다. 또 국은 큰 냄비에 끓여서 각자 그릇에 덜어먹는 데 비해 찌개는 뚝배기처럼 작은 그릇에 끓여 그릇째로 상에 올려 함께 공유해서 먹는 차이가 있다. 찌개는 재료의 형태가 거의 보존되나, 탕은 오래 끓여 재료의 형태가 잘 보존되지 않는 차이도 있다. 예전에는 찌개, 조치, 지짐이 등 여러 이름으로 불렸고 조금씩 차이는 있지만, 현재는 거의 찌개로 통일되어 전해 내려온다.

● **전골**은 음식상 옆에 화로를 놓고 그 위에 여러 재료를 담은 전골냄비를 올리고 간을 한 육수를 부어 끓여먹는 음식이며, 즉석에서 조리해 먹는 특징이 있다. 찌개와 전골은 약간 유사하나 찌개는 김치찌개나 순두부찌개처럼 주요 재료 한두 가지를 중심으로 조리하여 밥상으로 가지고 오는 반면, 전골은 여러 가지 다양한 재료를 정갈하게 담고 육수를 부어 식탁 위에서 바로 끓여먹는다는 차이가 있다.

# 밥상의 구성으로 본 한식 2
## 반찬과 양념, 장류

많은 사람들이 한국의 음식을 이야기할 때 주로 '반찬'만을 이야기한다. 김치, 불고기, 전 등이 바로 대표적인 한식 메뉴로 꼽히는 음식들이다. 그러나 '반찬'은 밥을 먹기 위해, 그리고 밥과 함께 먹어 입안에서 서로 씹히고 어우러져야 제맛을 내는 것으로, 서양의 'dish'와 개념이 다르다. 우리말 '반찬'을 dish로 번역하면 서양인들은 반찬의 의미를 이해하기 어렵다.

또한 한식은 밥상이라는 한 공간에 밥과 다양한 반찬을 함께 차려 먹는 사람이 자신의 기호에 따라 선택적으로 먹을 수 있도록 한 '상차림'의 문화다. 끝까지 소비자의 선택권을 보장한 것이다. 요즘 서양의 서빙 방식을 도입하여 코스로 제공하는 한식당도 있는데, 이러한 시간 전개형 서빙 방식은 한국의 전통 식문화가 아니며 오늘날 일반 가정에서도 사용하지 않는 방식이다.


## 반찬은 어우러져야 제 맛

한국인의 식생활에서 일 년 내내 가장 기본적이고 일반적인 반찬은 나물이었다. 우리나라에서는 서양과 달리 채소를 생으로 먹기보다는 데쳐서 무치거나 볶아서 주로 먹었다. 나물이라고 하면 보통은 이렇게 채소를 익혀서 먹는 '숙채'를 일컫는다.

한국인에게 나물은 욕심 없는 자족의 생활을 의미하기도 하여 청빈과 맑은 식생활을 상징하기도 하고, 춘궁기에 곡식이 없어 목숨을 연명하기 위해 먹는 가난과 굶주림의 상징이기도 하였다.

다산(茶山) 정약용(丁若鏞)은 '천진암에서 놀고 난 뒤 기념으로 쓴 글'에서 가족들과 향기로운 나물을 캐고 뜯어 먹으며 했던 즐거운 산행을 표현하였는데, 이처럼 나물은 가족과의 행복한 일상의 상징이 될 수도 있었다.


충분한 채소 섭취는 또한 생명과 지구를 살리는 대안으로 떠오른다. 과학의 발달에 따라 최근에는 채소의 영양적 가치와 피토케미컬(phytochemical) 기능성이 새롭게 밝혀지고 있다. 영양적 가치가 넘치는 채소를 듬뿍 섭취할 수 있는 나물 반찬은 한국인을 위한 가장 건강한 음식임에 틀림이 없다.

나물 중에 채소를 익히지 않고 소금에 약간 절이거나 또는 그냥 날 것을 고춧가루 등 양념에 무쳐 먹는 것은 '생채'라고 하였다. 생채의 재료로는 전통적으로 무를 비롯하여 오이, 도라지 등을 많이 이용 하였다. 이 외에도 각 계절마다 나오는 채소나 산나물이 모두 생채 의 재료로 사용될 수 있다. 유럽에서는 오일(oil)을 기준으로 다양한 드레싱(dressing)이 발달하였지만 우리나라는 생채용으로 다양한 양 념장을 활용했다. 생채용 양념으로는 초간장, 초고추장, 겨자장, 깨 즙, 잣즙 등이 쓰였는데, 모두 기름, 파, 마늘을 조금씩 넣는 것이 특 징이다. 생채는 산뜻한 맛을 내며 채소 본래의 맛을 즐길 수 있다.

◈ 반찬과 안주의 차이

한식을 무엇으로 먹을까?
'무엇으로 밥을 먹을까?'에서 무엇은 반찬이고, 전통주 등 술과 같이 '무엇으로 술을 먹을까?'에서 무엇은 안주라 한다.

## 조리법에 따른 다양한 한식 반찬들

숙채나 생채 같은 나물류, 김치류 이외에도 우리는 다양한 방법으로 한식 반찬들을 해 먹었다. 오늘날 한국 대표음식으로 꼽히는 메뉴 중에는 이런 반찬류에서 나온 것들이 많다. 다양한 조리법에 따른 한식 반찬들을 살펴보자.

**찜**은 양념을 한 고기나 채소를 용기에 넣고, 용기에 넣은 물이나 재료 자체의 수분을 가열하여 뜨거운 김(김의 사투리가 짐, 찜임)으로 익힌 음식을 말한다. 찜통 용기에 넣고 뚜껑을 덮어 증기의 발산을 막으면서 푹 찌면 영양성분의 손실이 적고 양념의 맛이 재료에 조화롭게 스며들어 식감도 부드러워진다.

육류 찜은 약한 불에서 오래 익혀서 부드럽게 하는 방법을 주로 이용하고, 생선, 새우, 조개 등 어패류는 찜통에서 증기로 원형을 유지하면서 찌는 방법을 애용한다. 재료에 따라 쇠갈비찜, 북어찜, 알찜, 떡찜 등이 있다.

찜은 한국의 대표적인 조리법으로, 한국의 전통 주방에서는 가마솥을 이용한 습열조리를 많이 이용하였다. 즉 가마솥에 밥을 지으면서 밥이 익는 동안 그 열을 이용해 달걀찜, 생선찜, 채소찜 등을 해 먹었다.

**구이**의 역사도 오래되었다. 한국의 전통적 고기구이로 처음 기록된 고구려의 맥적(貊炙)구이에서 알 수 있듯이, 한국인들은 삼국시대 이전에도 이미 구이를 먹었다. 구이는 다른 조리법에 비해 높은 온도로 조리하는 경우가 많은데, 향이나 맛이 뛰어난 이유다. 전통적으로는 화롯불에 석쇠를 이용하여 고기를 굽는 방식이 애용되었다. 이런 요리방식을 살려 대부분 '재료'에다 조리방법인 '구이'가 붙어 'OO구이' 형태로 이름 붙여진다. 삼겹살(구이), 조기구이 등이 대표적인 예이다.

구이를 할 때는 양념을 하여 굽거나 소금 간을 하여 기름장을 바르면서 굽는다. 이때 타지 않도록 조심해야 한다. 양념에 따라 소금구이, 간장양념구이, 고추장양념구이로 분류되며, 소금구이에는 김구이, 새우구이, 생선구이 등이 있으며, 간장양념구이에는 불고기구이, 떡갈비구이 등이 있고 고추장양념구이에는 북어구이와 더덕구이 등이 있다.


조림은 육류, 어패류, 두부, 채소류 등 다양한 재료에 양념을 더해 약한 불에서 은근하게 익혀 만든 음식을 말한다. 이러한 조림반찬은 한국인의 서민 밥상에서 대표적인 밥반찬이었다. 조림은 주로 간장으로 간을 강하게 하고, 찜보다는 국물을 바특(묽지 않게)하게 익힌다.

조림의 간은 주로 간장으로 하지만, 비린내가 강하거나 붉은살 생선조림에는 간장 외에 고춧가루나 찧은 마늘, 고추장을 더하기도 한다. 간을 강하게 하면 밑반찬으로도 이용할 수 있다.


조림은 의례 음식이나 제례 음식이 아니라 일반 백성들이 즐겨 만들어 먹는 서민 음식이었는데, 고문헌에서 음식의 기록은 주로 의례음식 위주로 되어있기 때문에 조림에 대한 고문헌 기록은 많이 남아있지 않다.

**절임**은 식재료를 오랫동안 저장해두고 먹기 위한 우리 선조들의 창의적인 조리법 중의 하나였다. 절인다는 것은 불을 쓰지 않고 간장이나 다른 장의 맛이 채소로 스며들어가는 현상으로, 절임법은 바로 제철이 지나면 먹을 수 없는 식재료를 주로 활용한다. 채소나 과일을 소금, 간장, 된장, 고추장 등 장류나 식초에 넣어서 장이나 식초의 맛이 배어들게 하고 부패도 막으면서 숙성 과정 중에 새로운 맛을 내게 한다.

옛 문헌에 어패류와 소금 사용법이 많이 나오는데, '소금으로 맛을 낸 것을 좋아하였다'고 한 문장을 보면 절임법은 우리나라에 오래전부터 있었음을 알 수 있다.

보통 채소나 과일을 간장, 된장, 청국장 등 장에 넣어 절인 것을 장아찌(장에 있는 지)라고 한다. 주로 오이, 무, 풋고추, 들깻잎, 마늘, 감 등으로 장아찌를 만들었다. 장아찌는 그대로 먹기도 하였으나 대체로 여러 가지 조미료를 넣고 다시 가공하여 먹기도 하였다.

**볶음**은 열전달이 액체를 통하지 않고 직접 고체와 고체 간(팬이나 솥에서 음식재료로) 전달되는 것을 말하는데, 이때 기름을 매개로 하여 볶으면 기름이 높은 열을 품고 있으면서도 액체이기 때문에 닿는 면적이 훨씬 많아지므로 열전달 효율이 높아진다.

옛날 우리나라는 기름이 많이 나지 않아서 튀기는(deep-fat frying) 방법은 드물었고 팬에 두르고 **지지거나** 기름을 살짝 둘러 **볶는 조리법**이 발달하였다.

볶음의 가장 큰 목적은 '맛'이다. 물로 삶거나 데칠 때와 달리 볶음은 높은 온도로 단시간에 단백질 변형과 지방의 탄화가 이루어지고 불 맛과 기름 맛이 더해져 맛이 좋아진다.

**전** 또한 맛 좋은 반찬이었다. 전은 생선, 채소, 고기를 얇게 저며서 간을 하고 밀가루, 달걀로 옷을 입혀서 번철(지짐할 때 쓰는 무쇠로 만든 그릇)에 기름을 두르고 열을 가하여 납작하게 지져내서 만드는 음식이었다. 부추전, 파전 등은 비 오는 날 많이 부쳐 먹던 음식으로 요즈음도 비 오는 날이면 가장 많이 생각나는 음식이다.

농사일을 하다 비가 오면 갑자기 일이 중단되었고, 주변의 흔한 재료로 즉흥적으로 즉석에서 요리해 먹을 수 있는 것이 바로 전이었기에 비 오는 날에는 자연스레 전을 많이 부쳐 먹게 되었다. 후에 이러한 기억이 떠올라 비 오는 날이면 생각나는 향수 음식(comfort foods)이 되었고, 전통으로 자리 잡았을 것이다. 애호박, 부추, 파 등 주변에서 흔하게 얻을 수 있는 채소가 주요 전 재료이다.

**회**라고 하면 일본의 대표음식으로 생각하기 쉬운데 우리나라에서도 오래 전부터 생선회를 먹는 문화가 있었다. 일본에서는 주로 어패류 회를 섭취하는 반면 우리나라에서는 어패류 이외에도 쇠고기와 채소 등 다양한 재료를 회로 이용하였다. 일본은 회(사시미)를 주로 주식으로 먹는 반면, 우리나라는 반찬으로 먹는데, 밥을 먹는 데 필요한 반찬으로 먹기보다는 술을 먹는 데 필요한 반찬(안주)으로 즐겨 먹는다. 회를 보면 소주 한잔이 생각나는 식이다.

또한 회를 생으로 먹는다고 알고 있는 사람이 있으나, 우리나라에서는 전통적으로 생회 이외에도 끓는 물에 살짝 익혀 먹는 숙회와 생선을 발효시킨 홍어회도 즐겨 먹었다.

회는 식재료 고유의 맛, 질감, 색을 즐길 수 있는 것이 특징이며, 대표적으로 생선회, 육회, 홍어회, 파강회, 두릅숙회가 있다.


## 한국만의 독특한 '양념 문화'

김치의 탄생에서도 양념에 대해 잠깐 언급했지만, 한국 음식의 고유한 특징이라고 하면 바로 양념 문화다. 채소나 고기 등을 생으로 먹거나 삶거나 데치는 방법으로 조리하면, 튀기거나 볶거나 굽는 등 고온에서 조리할 때 발생하는 유해물질이 생성되지 않고 미생물의 보존성도 높아지는 장점이 있다. 반면 다른 조리법으로 조리할 때에 비해 맛이 떨어진다. 볶거나, 튀기거나, 구울 때 생기는 맛과 향이 없기 때문이다. 이때 재료를 맛있게 먹기 위해서나 음식의 입맛(색깔)과 맛을 돋우기 위해서 추가로 사용하는 재료들이 있는데, 이를 통틀어 양념이라고 한다.

한국의 양념은 마늘, 파, 고추, 깨, 참기름이나 들기름 등이 주로 사용된다. 색깔을 내는 데는 주로 고추를 이용하였다. 서양의 향신료는 독특한 향을 내는 것으로 음식에서 나는 역겨운 냄새를 마스킹하거나 제거하는 데 목적이 있다면, 한국의 양념은 음식을 만들 때부터 들어가서 특유의 색깔과 맛을 내기 위해 사용한다. 양념 재료 자체의 생리 활성 작용이 강해 음식의 소화흡수를 돕고 영양을 높이는 기능을 하는 것으로 알려져 있다.

양념에는 음식의 간을 위해 사용되는 간장, 된장, 고추장 등의 장이 기본적으로 있으며 파, 마늘, 생강, 고춧가루 등 풍미를 증진하기 위해 사용되는 향신료와 깨소금, 참기름, 들기름 등 기름류가 모두 포함되는 개념이다. 여기에 음식의 기본 맛을 내는 소금, 설탕, 발효 조미료 또는 천연조미료도 양념에 포함된다. 참기름은 비빔밥을 비빌 때 꼭 쓰이고 들기름은 우리 음식을 부치거나 지질 때 없어서는 안 될 양념이다. 한국음식(K-diet)은 다른 나라 음식에 비해 양념을 많이 쓰기 때문에 맛이 있을 뿐 아니라 생리활성이 커서 건강에도 유익하다. 우리 음식의 맛은 양념과 고유의 조리 방법에 따라 크게 좌우된다.


## 맛과 건강을 더하는 발효식품, 장류


우리나라는 삼국시대 이전부터 콩을 이용한 발효식품을 섭취했다. 장은 보통 간장을 의미하지만, 간장, 된장, 고추장 및 다양한 별미장을 모두 아울러서 표현할 때도 쓰인다. 일반적으로 장류는 콩으로 메주를 만들어 2~3개월 동안 바실러스(Bacillus)균이나 아스퍼질러스(Aspergillus) 곰팡이를 이용하여 표면 발효를 시킨 후, 소금물에 2~3개월 이상 담가 발효 및 숙성을 거쳐 이를 걸러서 윗물은 간장으로 만들고 밑에 남는 것은 된장으로 만들어 먹는다.

간장은 기본적으로 모든 음식의 간을 맞추는 데 쓰이고, 된장은 국이나 찌개를 끓이거나 고기나 야채를 찍어먹는 데 쓰는 매우 중요한 장이다. 고추장은 발효시킨 메주가루와 고춧가루, 찹쌀가루를 섞어서 다시 발효 숙성시킨 것으로 비빔밥, 떡볶이, 찜 등에 넣는 중요한 장이며, 아울러 채소 등 다른 음식을 맛있게 먹는 데 쓰이는 중요한 장 중 하나이다.

콩으로 만든 장류는 주식은 아니지만 우리 몸에 부족한 단백질원을 공급하기도 한다. 장류는 발효될 때 펩타이드(peptide)와 이소플라본(isoflavone) 등 다양한 기능을 나타내는 2차대사 산물이 생성되므로 건강에 유익한 음식으로 알려져 있다. 이와 더불어 고추장의 효능도 눈여겨볼 만하다. 조선시대 이전 여러 고문헌에는 고추장을 넣은 닭도리탕과 꿩도리탕 등을 비위가 안 좋거나 몸이 허약할 때 먹으면 원기를 차린다고 기록되어 있다

청국장은 다른 장과 달리 콩을 삶아서 메주를 만들지 않고 낱알로 직접 발효시켜 속성으로 만들어 먹는 별미장의 하나이다. 청국장은 된장과 간장 발견과 함께 이미 우리나라에서 발효시켜 먹은 역사가 오래된 음식이다.

## 어패류 저장 위한 오래된 전통, 젓갈류

젓갈은 오랜 옛날부터 전해 내려온 음식이다. 우리나라는 삼면이 바다로 둘러싸여있고 한류와 난류가 교차해 어족 자원이 풍부하다. 농경이 이루어지기 이전부터 선사시대인들이 어패류를 기본 식량으로 이용하였던 것을 조개더미 유적(패총)으로 알 수 있다. 어패류를 많이 잡았을 때 소금에 절여 저장했으며, 이것이 지금의 젓갈로 발전하였을 것으로 생각된다.

젓갈은 발효 과정에서 어육 자체의 자가소화효소와 미생물 효소에 의해 분해되어 소화흡수가 잘되고, 단백질이 아미노산으로 분해되어 고유한 감칠맛과 독특한 풍미를 내며 비타민 $B_1$, $B_2$, 칼슘 등이 풍부하여 밥을 주식으로 하는 한국인에게 좋은 밑반찬이 된다. 현재 젓갈은 반찬과 김장용으로 주로 쓰이며 지방에 따라서는 젓국이 간장 대용으로 이용되기도 한다. 새우젓은 탕류 등의 간을 맞출 때 특별히 쓰여 음식을 매우 맛있게 한다.


## 특별하고 귀한 음식, 떡과 한과

한국의 떡은 종류가 다양한데, 고문헌에서 근대 요리서에 이르기까지 떡이나 한과가 전체 책 중에서 매우 큰 분량을 차지한다. 특히 떡은 일상생활에서 매일 먹는 음식이 아니며 또한 자주 먹을 수 없는 귀한 것임을 감안할 때 한국인에게 떡은 단순히 음식의 한 종류

이상의 의미가 있음을 생각할 수 있다.

떡은 돌, 결혼, 환갑 등 기쁜 잔칫날, 또 제삿날 제사상에 빠짐없이 오르는 음식이었다. 또 한국의 전통 샤머니즘이나 토속신앙에서 신에게 바치는 제물에도 떡을 올리는 경우가 많았고 오늘날에도 고사를 지낼 때 떡을 만든다. 한국 사람들은 돌, 결혼, 환갑, 제사마다 각각 다른 떡을 만들어 먹었다. 즉, 돌떡, 잔치떡, 제사떡이 다른 것이다. 꼭 잔치를 벌이지 않아도 좋은 일이 있을 때 떡을 만들어 이웃과 친족에게 돌리며 기쁨을 함께하였다.

즉, 떡은 나만 혹은 우리 가족만 먹는 경우가 드물었다. 한 번에 많은 양의 떡을 만들어 이웃, 친족과 나누고 교류하며 소통하는 의미가 있었다. 신들에게 복을 빌고 도움을 구하는 수단으로도 사용되었다. 또 절기별로 먹는 절식에도 떡이 반드시 있었는데, 온 가족과 친지가 모여 함께 떡을 빚고 나누어 먹으며 화목을 다졌다.

우리나라에는 '떡'이 들어가는 속담이 특히 많다. 이는 그만큼 한국인의 생활과 밀접한 관련을 맺어온 음식임을 의미한다. 몇 가지 예를 들면 '그림의 떡이다', '누워서 떡먹기', '미운 놈 떡 하나 더 준다', '남의 떡이 더 커 보인다', '떡 줄 사람은 생각도 않는데 김칫국부터 마신다', '굿이나 보고 떡이나 먹자', '노인 말을 들으면 자다가도 떡이 생긴다', '떡 본 김에 제사 지낸다', '보기 좋은 떡이 먹기도 좋다' 등이 있다. 대부분 맛있고 귀한 간식으로, 혹은 아주 '좋은 음식'으로 묘사되어 있다.

# 식후 숭늉 한 사발

한국에서는 밥을 먹고 난 후 숭늉을 즐겨 마셨다. 숭늉은 밥을 했던 큰 솥단지에서 만들어진 누룽지에 물을 붓고 끓여 만든 것이다. 일종의 입가심 음료였던 셈이다. 이 고유한 숭늉 문화 때문에 이웃나라 일본과 중국과 같이 차 문화가 성행하지 않았던 것으로 보인다. 오늘날 한국인들이 식후에 커피를 즐겨 먹는 것이 숭늉을 즐겨 먹었던 풍습과 연관이 있을 것 같다는 이야기도 있다.

고구려 안악3호분 벽화에는 시녀가 화려한 그릇에 음료를 담아 시중을 드는 모습이 나온다. 예나 지금이나, 때로는 간단하게 때로는 귀한 고품격 음식으로, 음료를 즐겨 마셨음을 알 수 있다.

뜨겁게 마시는 음료로는 녹차 외에 대추차, 인삼차, 과일차 등이 있고 차게 마시는 음료는 식혜, 수정과, 오미자차, 화채 등이 있다. 이 중에서도 찹쌀을 찐 후 엿기름으로 삭힌 식혜와 생강과 계피를 달인 수정과는 한국의 대표적인 전통 음료이다.

오미자는 따뜻한 물이나 찬물에 우려낼 수 있으며, 우려낸 오미자국은 맛도 있지만 무엇보다 붉은색이 아름다워 전통화채는 거의 모두 오미자국을 기본으로 하여 다양한 부재료를 넣고 여러 가지 화채를 만들었다. 과거에는 설탕이 없었으므로 꿀로 단맛을 냈다. 또한 우리나라에서는 녹차를 중심으로 잎을 뜨거운 물에 우려내는 잎차를 많이 마셨는데, 이는 중국이나 일본과 크게 다르지 않다.

# 한국인 밥상의 구성 요소와 대표 음식들

지금까지 한국인의 밥상을 구성하는 기본 요소를 살펴보았다. 이를 기본 골격으로 하여 서울 선언에서는 한국인의 밥상을 구성하는 요소를 자세히 정리하고 각 요소에 해당하는 음식(K-food)을 아래와 같이 100개 정도 선정하였다. 그 내용은 아래 표와 같다.

이렇게 한식을 구성 요소별로 구분하는 방식은 반찬가짓수를 기준으로 '3첩 반상', '5첩 반상' 등으로 설명해 온 기존의 밥상 구분 방식*과 다르다고 할 수 있다. 이는 현대의 식품과학적인 개념에 익숙한 서양인과의 소통을 위하여 많은 고민과 토론을 거쳐 결정한 것으로, 전통적인 조리와 현대 과학과의 조율을 위하여 향후 더 많은 토론과 논의가 이어지기를 바란다.

**표1 | K-diet의 구성요소와 요소별 대표 K-Food**

| 구성요소 | 소분류 | 대표 음식(K-food) |
|---|---|---|
| 주식 (밥)류 | 밥 | 쌀밥, 현미밥, 보리밥, 콩밥, 오곡밥, 숭늉 |
| | 죽 | 죽(흰죽, 호박죽, 전복죽, 녹두죽, 팥죽) |
| | 한 그릇 음식 | 비빔밥, 떡만둣국, 국수(냉면, 칼국수, 콩국수, 국수장국) |
| 국/탕류 | 국/탕 | 된장국, 북엇국, 콩나물국, 미역국, 쇠고기무국, 토란국, 생선매운탕, 순대국, 곰탕(설렁탕, 갈비탕), 해물탕, 삼계탕, 육개장, 추어탕, 닭도리탕 |
| | 찌개/전골 | 김치찌개, 된장찌개, 청국장찌개, 순두부찌개, 두부버섯전골 |

---

* 윤서석, 《(우리나라)식생활 문화와 역사》, 신광출판사, 1999.

| 구성요소 | 소분류 | | 대표 음식(K-food) |
|---|---|---|---|
| 반찬류 | 김치 | | 배추김치, 깍두기, 오이소박이, 총각김치, 동치미, 열무김치, 갓김치 |
| | 나물 | 숙채 | 콩나물, 시금치나물, 도라지나물, 고사리나물, 버섯나물, 애호박나물, 잡채, 가지나물, 취나물, 냉이나물, 곤드레나물, 머위들깨무침, 탕평채(묵무침) |
| | | 생채 | 무생채, 오이생채, 죽순채, 부추무침, 달래무침, 미역무침, 파래무침 |
| | 반찬 | 찜 | 갈비찜, 수육, 생선찜, 순대, 깻잎찜 |
| | | 구이 | 김구이, 생선구이, 불고기, 갈비, 삼겹살, 떡갈비, 북어구이, 더덕구이, 보리굴비 |
| | | 조림 | 생선조림, 쇠고기장조림, 콩자반, 연근조림, 두부조림 |
| | | 절임 | 장아찌(마늘, 깻잎, 감, 무, 더덕) |
| | | 볶음 | 멸치볶음, 오징어볶음, 제육볶음, 떡볶이, 오이볶음(오이뱃두리) |
| | | 전 | 생선전/채소전/육전, 산적, 녹두빈대떡, 해물파전/부추전, 두부부침 |
| | | 회 | 생선회, 홍어회, 강회, 두릅숙회 |
| | | 기타 | 쌈, 부각 |
| 장류/ 양념 | 장류 | | 된장, 청국장, 고추장, 간장 |
| | 양념 | | 양념(파, 마늘, 고추, 생강), 기름(참기름, 들기름) |
| | 젓갈 | | 젓갈(새우, 명란, 조개, 오징어, 가자미식해) |
| 후식류 | 떡, 한과 | | 송편, 인절미, 백설기, 시루떡, 증편, 약식, 화전, 경단, 약과, 유과, 다식 |
| | 음청류 | | 식혜, 수정과, 오미자차, 화채 |

- 밥과 반찬이 한 그릇에 담겨 제공되는 비빔밥과 같은 한 그릇 음식이나 떡국, 국수류는 특별한 날에 먹는
  식품으로 일상적이지 않기 때문에 일반적인 '밥' 범주에는 넣지 않았다.
  한국인들은 결혼이나 환갑 같은 잔칫날이나, 제사 지낼 때나 농사지을 때와 같이 일을 많이 할 때, 혹은
  특별한 날에 밥상의 구성 요소를 융합하여 만든 한 그릇 음식을 즐겨 먹었다. 밥과 반찬과 나물, 장을 결
  합한 비빔밥, 결혼식과 같은 잔칫날에 먹는 국수, 장날에 파는 국과 밥을 융합하여 만든 국밥 등이 대표적
  인 예이다. 또한 설날에는 떡을 이용하여 떡국을 만들어 먹었다.

- 국의 구성요소에 국을 기본으로 찌개와 전골, 탕을 포함하였다. 찌개와 전골은 약간 유사하여 국물음식이
  라는 공통점이 있다. 찌개는 주요 재료 한두 가지를 중심으로 조리하는 반찬과 국의 융합 형태인데 반하여,
  전골은 여러 가지 다양한 재료를 정갈하게 담고 육수를 부어 즉석에서 끓여 먹는다는 차이가 있다. 대표적
  인 찌개로는 김치찌개, 된장찌개, 청국장찌개, 순두부찌개 등이 있으며, 전골은 들어가는 주재료에 따라 두
  부전골, 버섯전골, 각색전골, 굴전골, 낙지전골, 노루전골, 대합전골, 채소전골 등으로 다양하게 불린다.
  전골에 넣는 채소는 버섯 외에도 무, 콩나물, 숙주, 미나리, 파, 고사리, 도라지를 쓴다.

- 반찬으로 항상 나오는 김치를 포함하여 나물과 같은 채소 반찬 그리고 고기, 생선 등 단백질원을 공급하
  는 요리 중심의 반찬으로 구분하였다.

- 장류에는 간을 맞추고 한국인의 입맛을 내는 전통적인 장과 입맛을 돋우는 장아찌와 같은 절임류, 젓갈과
  양념류를 포함하였다. 그리고 앞서 언급한 바와 같이 숭늉과 같은 음청류와 떡과 한과 등을 후식류로 분
  류하였다.

# 사시사철 밥상에 오른 나물

우리 조상들을 나물을 즐겨 먹었다. 이 사실은 옛 문헌에도 잘 나와 있는데, 봄과 여름에는 산과 들에서 다양한 풀을 캐거나 직접 텃밭에서 재배하여 채소를 먹었으며 말려 저장하였다가 추운 겨울에 묵나물로 요리해 먹기도 하였다.

《농가월령가(農家月令歌)》에 이 같은 내용이 잘 나온다. 정월령에는 '엄파와 미나리를 무엄에 곁들이면 보기에 신신하여 오신채를 부러 하랴. 묵은 산채 삶아내니 육미를 바꿀소냐'라고 하였으며, 이월령에서는 '산채는 일렀으니 들나물 캐어 먹세. 고들빼기 씀바귀며 소로쟁이 물쑥이라. 달래김치 냉잇국은 비위를 깨치나니'라 하여 들나물을 캐어 먹었음을 알 수 있다. 삼월령에서는 '울밑에 호박이요, 처맛가에 박 심고, 담 근처에 동아 심어 가자하여 올려보세. 무, 배추, 아욱, 상추, 고추, 가지, 파, 마늘을 색색이 분별하여 빈 땅 없이 심어놓고, 갯버들 베어다가 개바자 둘러막아 계견을 방비하면 자연히 무성하리. 외밭은 따로 하여 거름을 많이 하소. 농가의 여름 반찬 이 밖에 또 있는가. 전산에 비가 개니 살진 향채 캐 오리라. 삽주, 두릅, 고사리며, 고비, 도랏, 어아리를 일분은 엮어 달고 이분은 무쳐 먹세'라 하였다.

우리나라에서 채소를 언제부터 먹었는지 정확한 기록이 있는 것은 아니나, 역사에서 나타난 첫 기록은 일연(一然, 1206~1289년)의 《삼국유사(三國遺事)》(편찬연대 미상, 국보 제306호)에 나타난 쑥과 마늘로, 이미 5,000여 년 전에 식용하였음을 알 수 있다.

# 다양한 한국의 전통 떡

떡은 곡물가루, 특히 쌀가루를 쪄내거나 찐 후 치거나 빚는 등 추가적인 방법을 더해 만든 음식이다. 떡은 종류가 다양하기 때문에 여러 가지 기준으로 분류할 수 있는데, 사용한 곡물의 찰기 정도에 따라 찰기가 없는 곡물을 이용한 메떡, 찰기가 있는 곡물을 사용한 찰떡으로 나뉠 수 있다.

멥쌀로 만든 떡으로는 가래떡과 절편이 대표적이고, 찹쌀로 만든 떡으로는 인절미를 들 수 있다. 인절미가 찹쌀을 그대로 쪄서 만드는 것이라면, 가래떡이나 절편은 멥쌀을 불려 빻아 가루로 만든 다음에 쪄낸 후 안반이나 절구에 넣고 쳐서 만든다. 찹쌀은 찰기가 있어서 그대로 쪄서 치기만 하면 떡이 만들어지지만, 멥쌀은 찹쌀에 비해 아밀로펙틴(amylopectin)양이 적어 찰기가 없어서 가루로 빻아 쪄야 떡이 만들어진다.

또 떡을 만드는 방법에 따라서는 곡물가루를 시루에 담아 쪄낸 가장 기본 형태인 찌는 떡에서 시작하여, 찹쌀 등을 먼저 쪄낸 후 많이 쳐서 만드는 떡, 곡물가루 반죽으로 모양을 빚어 만드는 빚는 떡, 곡물가루 반죽을 기름에 지져 익히는 지지는 떡, 곡물반죽을 삶아서 익히는 삶는 떡, 곡물 가루를 막걸리로 반죽하여 부풀려서 찌거나 튀겨내는 떡 등으로 분류한다. 또 곡물가루 외에 콩, 팥, 녹두, 대추, 밤 등 다양한 고물이나 쑥과 같은 재료를 곡물에 섞기도 하는데, 사용되는 부재료에 따라 떡 이름을 붙여 분류하기도 한다.

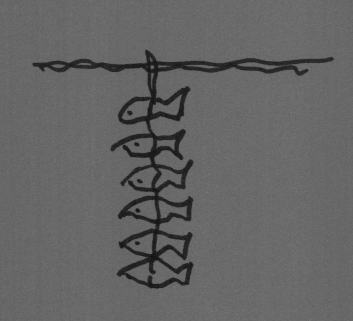

# 4.

# 한식의 맛

∴ 오미(五味)로 따질 수 없는 한국인의 맛 ∴

# 1

# 간이 맞아야
## 제 맛이지

음식을 선택하는 데에 있어 가장 중요한 것은 맛이다. 살아가는 데 필요한 영양섭취가 식품의 본래 주 기능이지만, 개인이 음식을 선택하는 데 있어 가장 결정적인 요소는 뭐니 뭐니 해도 '맛이 있느냐 없느냐'이다.

어떤 음식에 대해 이야기할 때 맛, 향, 색, 식감 등 여러 감각 요소를 말할 수 있지만, 이 중에 맛을 빼놓고는 누구라도 그 음식의 본질에 대해 이야기할 수 없다. 물론 음식에는 맛 이외에도 영양, 기능성 성분 등 건강을 염두에 둔 요소들도 많다.

하지만 음식의 질과 기호의 면에서 가장 중요한 것은 다름 아닌 바로 음식의 맛이다.

## 산업화 시대에 변질된 전통의 맛

모든 나라와 민족은 전통적인 음식과 함께 그에 맞는 독특한 '전통의 맛'을 가지고 있다. 산업화되기 전까지만 해도 나라마다 고유의 맛을 유지하며 지켜왔다. 그 맛은 아마도 짐작컨대 지금과 같이 달콤한 맛이 주된 맛은 아니었을 것이다. 달지 않을뿐더러 낯설고 이상하게 느껴져 처음 접하는 이방인이라면 제대로 먹을 수조차 없는 맛이었을지도 모른다.

우리나라의 경우를 생각해 보자. 특히 김치와 된장 같은 전통 발효식품은 우리 고유의 독특한 향과 맛을 지닌다. 이 음식을 난생 처음 접하는 외국인이 처음부터 이를 쉽게 먹기는 힘들었을 것이다. 서양 선교사들이 100여 년 전에 쓴 책을 보면 당시 우리나라 음식과 그 음식의 맛에 대해 굉장히 특이하게 소개한다.


## '간이 맞다'의 의미

우리 조상들은 음식이 '맛있다', '맛없다'를 나타내는 말을 '간이 맞다(kan is relevant)', '간이 맞지 않다'로 표현하였다. 간이라는 것은 오래 통용된 순수 우리말로 음식의 맛을 내는 물질을 일컫는다. 여기서 유래된 말로 '간이 알맞다', '간을 내다', '간이 맞다', '간을 보다', '간이 배다' 등의 표현이 있다.

한국의 어머니들은 국이나 탕, 나물 등 음식을 만들 때 항상 간을 보았다.<sup>*</sup> 이때 간을 맞추는 데 주로 쓰이는 것이 바로 소금이었다. 소금 이외에 우리 전통장인 간장도 많이 사용하였다. 간장은 간을 맞추는 장이라 하여 간장이라 불렸다. 동시에 국과 찌개 등의 구수한 맛을 내면서 간을 맞추는 데는 된장과 고추장을 사용하기도 하였다.

대부분의 나라나 민족이 맛을 내기 위하여 사용하였던 것은 다름 아닌 바로 소금이었다. 사실 세상에서 가장 맛있는 물질은 설탕이 아니라 소금이다. 다만 근래 들어 이러한 사실을 많이 잊고 있을 뿐이다.

## 전통의 맛을 살리는 소금

설탕을 음식에 넣으면 음식의 원재료 맛은 줄어드는 대신 단맛이 강하게 느껴진다. 이렇게 단맛은 다른 맛을 지배한다. 하지만 소금은 다르다. 전통의 맛을 죽이지 않고 그 맛을 살려서 맛의 조화를 이루고 맛있게 만드는 물질이다.

서양에서는 '음식이 맛있다'는 표현을 '달다(sweety)'라고 표현하지만 한국에서는 음식을 만들고 간이 맞으면 맛있는 것이고, 간이 맞지 않으면 맛이 없다고 이야기하였다. 소금 농도가 너무 적어도 '간이 맞지 않다' 하였고, 소금 농도가 너무 높아도 음식이 짜고 써지면서 '간이 맞지 않다'고 하였다. 농도가 무한히 올라가도 단맛을 내는

---

* Kwon, Ethnic foods and their taste: salt and sugar, Ethnic Foods, 1:1, 2017

설탕과 달리, 소금은 적정 농도 이상으로 올라가면 음식에서 쓴맛이 나게 한다. 한국에서는 음식을 만들어 놓고 항상 '적당한 간'을 맞추기 위해 음식 맛을 보았고, 이를 '간을 본다'라고 표현하였다.

간혹 한국 음식에서 전통적으로 소금이나 장류로 '간'을 맞추는 것을 보고 지나친 염분 섭취를 걱정하는 이들도 있다. 하지만 소금은 과잉으로 넣는 것을 스스로 견제하여 음식 맛의 균형을 잡게 하는 식품이다. 간이 맞고, 맞지 않고는 우리가 음식을 먹을 때 맛있게 먹고 건강해지는 차원에서도 매우 중요하다.

최근 연구 결과 한국의 음식에서 '시원한 맛'의 기본은 간이 알맞게 맞을 때 나온다고 한다.[*] 즉 간이 맞을 때, 음식을 매우 맛있게 먹을 수 있었고, 음식을 맛있게 잘 먹을 때 우리 몸도 매우 건강해진다는 연구 결과가 다수 발표되었다.


## '개미'가 있는 발효의 맛

음식의 간을 맞추기 위해 소금과 함께 한국인들이 가장 많이 쓰는 것이 바로 간장이다. 콩을 발효시켜 만든 간장은 아미노산 등 펩타

---

[*] Kang SA, Oh HJ, Jang DJ, Kim MJ and Kwon DY, Siwonhan-mat: The third taste of Korean foods. J Ethn Foods ; 3 : pp.61~68, 2016

이드가 이미 생성되어 있어, 그 자체로 맛이 있으며 특유의 깊은 맛을 낸다. 원광대학교 이영은 교수에 의하면 오랫동안 우리 조상들은 간장을 직접 담가 먹어왔는데, 이렇게 담근 장 특유의 깊은 맛을 '개미(kemi)가 있다'고 표현해왔다 한다. 소금이 원재료의 맛을 살리며 담백하게 간을 맞춘다면, 간장은 매우 독특하고 깊은 한국의 맛있는 맛을 느낄 수 있게 한다.

이러한 전통의 맛이 있음에도 불구하고, 산업화 이후 요리인들을 비롯한 많은 이들이 전통적인 독특한 우리 맛을 지키기보다 새로운 맛을 뒤쫓기 바빴다. 이는 우리나라뿐만이 아니었다. 지금 전 세계적으로 각 나라마다 설탕이 입맛을 지배하게 된 과정이 바로 그렇다.

## 맛의 패권주의, 설탕

익숙하지 않은 맛이나 향, 냄새를 가리고, 맛있는 단맛을 내는 데 설탕만큼 좋은 것이 없다. 한마디로 설탕은 소금과 달리 전통의 맛을 죽이고 일원화된 단맛, 즉 단맛의 패권을 쉽게 추구하게 만든다. 소금과 간장은 균형과 조화를 요구하지만 설탕은 많이 넣으면 넣을수록 달콤하다. 그 결과 이제는 세계 모든 사람들이 설탕의 달콤한 유혹을 벗어날 수 없는 지경에 이르렀다.

그러기를 수십 년, 세계 모든 사람들이 단맛의 유혹을 벗어나지 못하고 설탕 과잉 흡수 때문에 많은 병을 앓는 등 문제가 발생하고 있다. 세계 어디를 가도 비만, 당뇨, 심혈관 질환 등 단 음식에 뒤따른 질병으로 신음하는 이들을 흔히 보게 되었다.

음식 문화의 다양성을 위해서도 설탕 패권주의에서 벗어나 다시 전통적인 맛과 음식을 살리는 일이 시급하다. 전통을 살리기 위해서뿐만 아니라 사람들의 건강을 챙기기 위해서도 반드시 필요한 일이다.

일본은 이미 우마미(umami, 감칠맛), 코쿠미(kokumi, 깊은 맛) 등 전통의 맛을 연구하고 세계에 알려 '일본의 맛' 하면 이제 세계인들도 알고 어느 정도 익숙해지는 정도이다. 우리도 이러한 연구에 관심을 가질 때다. 우리 전통 맛을 세계에 알리는 일은 한식 세계화의 다른 버전으로 매우 중요한 일이다. 하지만 우리 나라는 그렇지 못한 점이 매우 아쉽다.

# 2

# 한국인의 맛,
## 바로 그 맛

맛이란 무엇일까?

맛이란 음식을 섭취하였을 때 미각과 후각을 자극하고 입안의 통각, 촉감, 온도 감각을 자극하여 일어나는 감각이다. 좁은 의미에서 정의하자면, 맛은 음식을 먹었을 때 맛 성분이 혀나 입천장 안쪽에 분포하는 미뢰(taste bud)에 있는 맛 세포에 수용되면서 생기는 신호가 미각신경을 통해 중추신경에 전달되면서 느껴지는 것이다.

보통 단맛, 짠맛, 신맛, 쓴맛 등이 이에 해당되는데, 우리는 흔히 매운맛을 포함하여 오미(五味)라고 부른다. 그런데 좁은 의미의 맛의 관점에서 보면 여기서 매운맛은 제외된다. 매운맛은 미뢰에서만 느끼는 것이 아니라 우리 몸이나 장내 기관 전체에서 느끼는 통각으로 보기 때문이다.

그 틈에 20세기 초 일본 식품과학자들이 우마미(감칠맛, umami(うま味, 旨味), savory taste)를 들고 나와 매운맛 대신 우마미를 다섯 가지 기본 맛에 포함시켰다.

동양에서도 수천 년 전부터 맛에 대한 연구가 있었다. 중국에서는 사람의 체질에 따라 음식도 구분하여 먹어야 한다고 이야기하였으며, 이때 각각 사람의 체질에 따라 느끼는 맛도 달라진다 하여 사기오미론(四氣五味論)이라 하고 음식을 달리 먹었다.

앞서 좁은 의미의 맛 개념과 달리, 중국 등 동양에서는 오래전부터 단맛, 짠맛, 신맛, 쓴맛, 매운맛을 오미로 구분해 왔다(五味論). 우리 몸의 건강을 위해서는 맛의 조화와 균형을 맞추어 먹어야 한다고 생각했는데, 여기엔 매운맛이 당연히 포함되어 있었다.

## 혀가 아닌 몸으로 느끼는 맛

동양과 서양은 음식과 식품에 대해 맛을 표현하는 방법이라든가 기준이 많이 달랐다. 서양 중에서도 특히 미국에서는 맛의 기준을 단맛, 쓴맛, 신맛, 짠맛, 매운맛 정도로 한정하고 모든 음식들을 이 다섯 가지 맛으로 규정하고 단순화하려 애썼다. 이에 반해 동양은 우리 몸으로 느껴지는 맛도 개념에 포함시켰으며, 맛과 건강을 연관지어 생각하려는 경향이 강했다.

다시 한식으로 돌아와보자. 한국인의 음식 문화에는 단순히 서양의 맛 개념이나 동양의 맛 개념만으로는 설명할 수 없는 독특한 맛 표현들이 있다.

우리나라는 전통적으로 혀에서 느끼는 관능보다도 전체적으로 우리 몸에서 음식을 받아들이는 느낌을 더 중하게 보았고, 이에 따라 오미로는 설명할 수 없는 다양한 맛에 대한 느낌이 음식 문화 안에 녹아있다.

한국만의 맛에 대한 감각을 제대로 이해하지 못한다면, 결코 한국 음식을 이해했다 하기 어려울 것이다.

실제로 요즘에는 음식의 맛을 이야기할 때, 몸으로 느끼는 느낌(맛)을 더 중요하게 여기는 분위기가 있다. 장내 기관에서 느껴지는 맛에 대한 감각이 실제 우리 몸의 건강과 매우 긴밀하게 연결되어 있다는 점이 과학적으로 밝혀지기도 했다.

이번 장에서는 한국인의 독특한 맛 표현에 담긴 한식만의 특별한 전통의 맛과 깊이를 과학적으로 풀어 이야기해보려고 한다.


## '제3의 느낌' 맛이 존재한다

고추의 '매운맛', 감의 '떫은맛'도 맛의 한 종류일까?

실제로 이 두 가지 종류의 맛은 미뢰 주변의 체성감각신경을 자극하는 통각으로 넓은 의미에서 맛 표현에 해당한다. 한국인들이 일상적으로 음식을 먹을 때 느끼고 표현하는 '시원한 맛', '얼큰한 맛', '깊은 맛' 등은 음식에 감성적인 특징을 집어내는 표현이다.

이 또한 넓은 의미에서 맛에 해당된다. '차가운 맛', '뜨거운 맛' 등과 같은 온도 감각도 음식을 먹을 때 느끼는 중요한 감각 중 하나이다. 오(五)미와 같이 좁은 의미에서 맛을 정의할 수도 있지만, 음식 문화를 이야기할 때에는 이렇게 넓은 의미의 맛에 대한 정의도 음식을 특징짓는 중요한 요소에 포함된다.

위에 언급한 넓은 의미에서 다양한 맛 개념은 우리가 음식에 대한 품질과 기호를 평가하고 선택하는 중요한 요소가 된다. 대부분 가공식품은 혀에서 느끼는 맛에 의해서 품질이 평가되는데 반해, 전통식품은 전통적으로, 문화적으로 공유하는 넓은 의미의 다양한 맛을 담는 경우가 많다. 예를 들어 와인(wine)의 경우는 코로 느끼는 향기와 혀에서 느끼는 맛이 동시에 중요한 품질 지표가 된다. '제3의 느낌'에 해당하는 맛이 존재한다는 이야기다.

미각 세포를 통하지 않고 느끼는 '제3의 맛'은 미뢰를 통하여 느끼는 것이 아닌, 음식을 입에 넣었을 때, 입속의 점막에 닿는 느낌, 목으로 넘어가는 느낌, 위에서 받아들이는 느낌, 목에서 코로 퍼지는 향기나 느낌, 눈에 보이는 색깔에 따른 느낌 등을 통해 형성된다.

따라서 이러한 측면에서 각국의 전통식품을 이해하려면 그 나라나 민족이 느끼는 맛과 표현에 대한 이해를 높이는 것이 매우 중요하다. 그렇기에 한국인의 맛에 대해 제대로 이해하지 않고서는 한국 음식, K-diet에 대해서도 제대로 이해할 수 없다.


## 엄마 손맛에 대한 기억

한국 음식 중에 기본적인 생리학적 오미(五味)로 충분히 이해할 수 있는 음식도 물론 있다. 그러나 한국인들만이 공통적으로 공유하는 맛에 대한 감각과 경험, 전통, 그리고 표현들이 사실상 우리의 음식 문화에서 큰 비중을 차지하고 있는 것이 사실이다.

한국인들이 '내가 가장 좋아하는 맛'에 대해 이야기하다 보면 공통적으로 우리 전통 음식에 대하여 각각 다른 고유의 맛에 대한 기억과 향수가 많음을 알 수 있다.

예를 들면 된장국 하나라도 어머니가 해주셨던 기억과 독특한 그 맛-보통 한국에서는 엄마의 손맛이라 한다-에 대한 향수와 정취를 한참 동안 이야기한다. 그래서인지 한국 음식에는 다양한 맛에 대한 표현이 많다. 바로 이 점이 한국 음식의 맛에 대한 가장 큰 특징 중 하나이다. 엄마의 손맛으로 기억되는 이 다양한 맛을 우리는 '바로 그 맛'이라고 이야기하였다.

그러나 근대화가 되면서 이러한 다양한 '바로 그 맛'이 많이 사라져 가고 있다. 다양한 향수와 정취를 품은 맛이 단맛으로 단순화되고 일원화되고 있어 안타깝다.

어머니가 해 주었던 '바로 그 맛'을 나타내는 한국인의 맛에 대한 표현은 어떤 것이 있을까? '복합미'나 '제3의 맛'으로서 한국 음식의 '바로 그 맛'에 대한 표현은 매우 다양하다.*

'맛있는(mat-itneun, delicious)', '맛없는 (mat-upneun, unsavory)' 등의 총체적인 표현과 함께 '시원한', '깊은', '깔끔한', '걸쭉한', '정갈한', '고소한', '구수한', '향긋한', '개운한', '따뜻한', '상큼한', '차가운', '느끼한' 맛 등 다양한 바로 그 맛이 있다.

통상 복합미는 앞서 언급한 단맛, 신맛, 짠맛, 쓴맛, 매운맛(또는 감칠맛)이 혼합된 맛을 복합미라 하는데, 한국의 '바로 그 맛'은 이와는 달리 혀에서 느끼는 맛의 느낌과 다른 기관에서 느끼는 맛의 느낌이 융합되어 표현되는 맛 표현이 많다. '정갈한', '깔끔한'과 같은 맛은 미뢰의 감각과 시각이 결합한 복합미, '고소한', '향긋한', '상큼한' 맛 등은 미뢰의 감각과 후각이 결합한 복합미라 볼 수 있다. 이밖에도 통각과 미각이 결합한 '얼큰한 맛'이나 온도감각과 미각이 결합된 '차가운 맛'과 같은 복합미도 있다.


## 몸으로 받아들이는 맛의 느낌

이렇게 다양한 한국의 맛 가운데에서도 한국인이 한국 음식을 먹

---

* 이준환, 정성환, 노정옥, 박근호, 《한국어 맛 평가 형용사에 관한 연구》, 한국감성과학회지 2013;16: 493~502, 2013 / 김준기, 《미각 형용사의 의미 고찰》, 한국어문학회지 100:1~30, 2008

을 때 상쾌하고 기분 좋은 느낌의 맛을 표현한 말로, 가장 중요한 맛이 바로 '시원한' 맛(siwonhan-mat)이다.

시원한 맛은 미각과 인체 내장 기관에 맛 감지기가 결합한 맛, 즉 입속의 점막에 닿는 느낌, 목으로 넘어가는 느낌, 위에서 받아들이는 느낌의 맛으로 단순 복합미를 넘어선 차원의 제3의 맛이다.

서양에서는 매운맛을 혀에서 느끼는 미각이 아니라 세포에서 느끼는 통각이라 하여 다섯 가지 맛에서 제외했지만, 음식의 맛을 중요하게 이야기하는 이들은 혀에서 느끼는 맛 이외에 장내 기관에서 느끼는 맛을 더 중요시하며, 이 장내 미각(gastrointestinal taste bud)이 우리 몸의 건강과 더 연결되어 있다고 본다. 좁은 의미의 분석이라 하더라도, 오미에서 매운맛을 뺀 것은 너무 얕은 결정이 아니었나 생각된다.


## 전혀 다른 맛의 세계

한국에서는 오래전부터 '입에 쓴 것이 약이다'라는 개념이 있었다. 우리나라는 음식의 맛이 혀에서 느끼는 단순한 맛 이외에 우리 몸에서 느끼는 감성과 건강을 더 중요하게 여겨 왔다는 이야기다.

물론 중국에서도 사기오미론(四氣五味論)처럼 몸에서 느끼는 것과 건강에 미치는 영향을 평가하여 구분하기도 하였지만, 양반들이나 배운 학자들과 달리 우리나라 일반 백성들은 이론이 아닌 경험과 몸의 느낌을 통해 전혀 다른 맛의 세계를 갖고 있었던 것이 분명하다.

그러한 차원에서 '시원한 맛'은 한국의 맛에 대한 대표적인 표현이자, 나아가서는 몸에서 받아들이는 느낌에 대하여 언급한 매우 의미 있는 맛의 영역이라 할 수 있다.

그 중요성에 비해 한국인의 맛에 대한 어떤 연구도, 연구에 대한 지원도 제대로 이루어지지 않고 있는 것은 무척이나 안타까운 일이다. 우리나라 전통식품을 발전시키고 이를 세계적으로 알리기 위해서도 우리 음식의 맛에 대한 보다 깊이 있는 탐구와 연구가 무엇보다 시급하다 하겠다.

대부분의 동물을 원료로 하는 식품은 쓴맛이 없으나, 우리 민족이 즐겨 먹었던 풀(채소)은 쓴맛이 강한 풀이 매우 많다.* 우리나라와 같이 채소를 양념해서 먹는 나라는 이러한 맛의 다양성이 세계적으로 나가는 데 매우 힘이 될 것이다.

---

* 식물(풀)이 쓴맛을 강하게 내는 것은 동물이나 새들이 먹지 못하도록 하여 종족보존 본능에서 내는 피토케미컬(phytochemical)이 많기 때문이다.

# 몸으로 느끼는
## 시원한 맛의 정체

　한국에서는 음식을 가장 맛있게 먹고 소화가 잘되고 몸이 아주 건강하게 느껴 우리 몸의 기(氣, qi)가 돋는 기분을 느낄 때 '시원하다'고 말한다.

　한국인의 맛을 대표하는 맛인 시원한 맛의 정체는 무엇일까? 시원한 맛에 대한 역사적, 인문학적 고찰과 함께 우리는 어떤 음식에서 시원한 맛을 느끼는지, 음식에서 시원한 맛을 내는 요소는 무엇인지, 시원한 맛을 내는 음식을 만들 때 핵심 요소가 되는 것은 무엇인지에 대해 과학적 근거를 바탕으로 살펴보았다.

　한국의 대표 맛 '시원한 맛'에 대한 탐구를 통해 한식에 대한 이해의 폭을 넓혀보자.

## 시원한 맛에 대한 어문학적 고찰

《우리말 큰사전》에 '시원하다'라는 단어를 찾아보면 '알맞게 선선하다', '음식의 국물이 차고 산뜻하다', '답답한 마음이 풀리어 흐뭇하고 가뿐하다', '아프거나 답답한 느낌이 없어져 마음이 후련하다', '말이나 하는 짓이 쾌한 느낌을 주게 명랑하다', '서글서글하고 활발하다', '지저분하지 않고 깨끗하다' 등으로 풀이가 되어 있다(《우리말 큰사전》, 1992).

정리해보면 '시원하다'는 마음이 통쾌하거나, 언행이 명쾌하거나, 몸의 느낌이 상쾌하거나, 답답했던 부분이 뚫려 후련하거나, 공간이나 시야가 훤하다 등의 의미로 다양하게 쓰이고 있음을 알 수 있다.

위에서 보듯이 '시원하다'는 '국물이 차고 산뜻하다'처럼 음식이 차갑다는 표현도 있지만 대부분은 온도에 대한 감각 그 이상의 의미를 갖고 있다. 즉 '해장국이 시원하다'는 말은 해장국이 차가운 상태라는 이야기가 아니라 뜨거운 해장국을 먹었더니 속이 후련해졌다는 의미로, 표면 온도가 아닌 결과로서 시원함을 의미하는 것이다.

또 다른 예로 젖산발효되어 산이 많은 싱건지나 김칫국을 우리는 보통 '시원한 김칫국'으로 표현하고, 깔끔하며 짭짤하게 간이 잘 맞는 북엇국을 '시원한 북엇국'이라고도 한다. 이들 모두 차가운 음식이 아니므로 이때 시원하다는 말은 온도 감각어가 아닌 소화와 관련된 상쾌한 느낌을 나타내는 데 사용하였음을 알 수 있다. 실제로 음식의 온도가 낮다는 말을 할 때는 지금도 '차갑다'라는 표현을 쓴다.


## '시원하다'는 '뜨겁다'의 반대가 아니다


'시원하다'는 말은 15세기 이전부터 온도 감각에 관한 말이 아닌 상쾌하고 기분이 좋은 의미를 나타내는 말로 쓰여 왔다. 여기에 음식 맛을 표현하는 말과 결합하여 나타나기 시작한 것은 19세기 말이었다.[*] 이때 '시원하다'는 '(갈증을 해소하여) 만족스럽다'라는 의미로 사용되었고, 이런 의미로 음식 중에서도 특히 물, 국 등과 같은 '액체류'와 결합하여 '시원하다'는 표현을 주로 사용하였다.

그러니까 '시원하다'의 어원적 의미는 온도의 의미로 '차갑거나 알맞게 선선하다'가 아니라 '답답한 마음이 풀리어 흐뭇하고 후련하다.'라는 것이었다. 또한 서늘하고 상쾌한 공기를 들이마셔 몸에 활력을 느끼고 기분이 좋을 때도 '시원하다'는 표현을 하고, 뜨거운 목욕탕에 들어가 순간적으로 기(氣)가 살아나고 몸이 개운하고 좋아지는 느낌이 들 때도 '시원하다'고 말한다. 또한 소설, 영화나 연극 등을 보고 일종의 카타르시스 감정을 느낄 때도 '시원하다'라고 표현하기도 한다.

---

[*] 송지혜, 〈'시원하다'의 통시적 의미 변화 양상 연구〉, 한국어문학회지 111:37~56, 2011 / 송지혜, 〈온도 감각어의 통시적 연구〉 (박사학위논문). 경북대학교, 대구, 2009.

이러한 언어 발달사를 모르는 세대나 사람들은 '시원하다'를 단순히 '차갑다'는 뜻으로만 인식한다. 그래서 뜨거운 국을 먹으며 '시원하다'라고 말하는 것을 의아해하는 것이다. 특히 언어 이해력이 부족한 외국인들이 이 같은 의문을 품는 경우가 많다. 왜 뜨거운 국을 먹으며 시원하다고 이야기하는지, 한국 사람들을 이해할 수 없다는 표정을 짓는다. 이런 일이 자꾸 반복되다 보니 시원하다는 뜻이 '뜨겁다'의 반대말로 '온도가 낮다'는 의미로 잘못 인식된 것이 아닌가 생각된다.

어문학자들 중에서도 시원하다에 대한 과학적 미각적인 의미를 모른 채 잘못 해석하는 경우가 있다. '시원하다'를 '차갑다'와 '뜨겁다'의 반대 개념을 동시에 나타내는 말로 반의어적 다의어(multi-meaning language) 관점에서 해석하거나,[*] 모호성 때문에 '시원하다'가 '차갑다'와 혼재되어 파생한 것으로 설명하기도 한다. 오래전부터 내려온 우리말을 '차갑다'로만 잘못 해석하여 풀려다 보니 벌어지는 일이다. 어원적인 측면에서 보면 '시원하다'의 반대어는 '따뜻하다'나 '뜨겁다'가 아니라 오히려 '답답하다', '느끼하다'에 더 가깝다.

시원한 맛의 본래 뜻에는 온도 감각과 관련되는 '차갑다'는 뜻은 없다. 다만 우리말 번역의 오류 때문에 이러한 현상이 나타나는 듯하다. '맵다'를 영어로 'hot'으로 번역하고 '시원하다'를 'cool'로 번역하면서 음식이 '시원하다'의 뜻도 음식이 '차갑다'로 잘못 이해되어

---

[*] 최현석, 《인간의 모든 감각》 서해문집, 2009.

퍼진 것이다. 일종의 잘못 번역된 용어 때문에 원래 언어의 뜻이 변질되거나 훼손된 현상이다.

이러한 현상이 나타나는 것은 우리말 음식의 이름(김치)을 한자(沈菜)로 번역할 때와 같이 영어로 번역할 때에도 나타나는 오류로 인한 우리말 왜곡이다. 한자 사대주의와 똑같이 우리말의 영어 번역의 오류 때문이라고 볼 수 있고, 자연 현상이나 과학에 둔감한 이들의 언어학적인 오류라고 볼 수 있다. 그렇기에 우리나라 맛을 나타내는 '시원하다'를 번역할 때는 'cool'이 아닌 우리말 그대로 'siwonhada(시원하다)'가 차라리 바른 표현이다.

## 건강의 가치 담긴 맛의 문화

사람이 본능적으로 맛을 보는 이유는 그것이 무엇보다 생존에 필요한 감각이기 때문이다.[*] 즉, 원시시대에서부터 한 번도 먹거나 본 적이 없는 낯선 열매 등을 먹을지 말지 판단하기 위하여 우선 맛을 보는 기능이 발달한 것이다. 그러나 이러한 미각 기능이 현대 사회에서는 행복이나 욕구 충족의 기능으로 이해된다. 오늘날 맛을 보는 것은 사람이 느끼는 오감 중 가장 큰 삶의 즐거움이다.

앞서도 이야기했지만 맛에 관해서는 서양과 동양의 시각 차이가 있다. 맛을 혀의 미뢰와 관계되는 미각 신경이 작동해 느껴지는 것

---

[*] 류미라, 《맛에 숨은 과학》, 한국식품연구원, 한국과학창의재단, 2015.

이라는 서양의 정의에 의하면 맛은 단맛, 신맛, 짠맛, 쓴맛, 감칠맛 등 5미 정도다. 이런 관점에서 보면 매운맛, 떫은맛, 아린 맛, 깔끔한 맛, 개운한 맛 등은 혀의 미뢰와는 상관없는 통각, 압각 같은 피부감각의 일종이다.[*]

입안에서 느껴지는 감각으로 음식과 맛을 이해하는 서양과 달리, 동양, 특히 한국은 오래전부터 음식의 특성을 건강과 연관지어 사기(四性 또는 四氣)와 오미로 이해하였다. 음식을 네 가지 성질과 다섯 가지의 맛, 즉 기미론으로 접근하였는데 모두 건강과 연관지어 분류하고 해석하였다.

한국은 오랜 농경의 역사를 이어왔음에도 불구하고 풍족하지 않은 환경 탓에 음식 문화는 생존의 역사로 이어져 왔다. 아마도 한국의 음식 문화나 전통은 향이나 색, 맛을 한가히 음미하는 풍습도 아니고, 또 그렇게 할 여유도 없었을 것이다. 오히려 한국의 음식 문화는 생존, 치유와 관련이 많다. 이러한 연유 때문인지 한국음식은 약식동원(藥食同原)의 개념에 기반을 둔 것이 많다.

---

[*] 최근에는 통각, 냉각과 온각을 담당하는 온도수용체 및 통각수용체가 밝혀지고 있다. 온도수용체는 반응하는 온도가 서로 달라서 뜨거움, 따뜻함, 시원함, 차가움 등에 반응한다. 지나친 뜨거움이나 차가움은 온도수용체 뿐만 아니라 통각수용체도 자극한다. 그래서 이 경우는 온도와 통증을 동시에 느끼게 된다. TRPV1(The transient receptor potential vanilloid family1: capsaicin gated vanilloid receptor) 은 가장 먼저 밝혀진 온도수용체로 42℃ 이상의 뜨거운 온도에 반응하며, 고추에 들어있는 화학물질 캡사이신에도 반응을 하기 때문에 캡사이신 수용체라고도 불린다.

이런 면에서 볼 때 시원한 맛은 단순히 맛을 표현하는 데 그치지 않고 생존의 차원, 건강의 차원과 연결된다. 서양식으로 음식을 음미하고 즐기는 차원에서 색과 향, 맛을 이야기하는 표현이 아니라, 그보다는 맛있게 먹고 후련하게 내려가며 위장운동이 활발히 되어 소화 흡수가 잘 되는, 우리 몸이 건강해지는 차원과 관련이 있는 표현이다.

이는 바로 우리나라 음식 문화가 어떤 가치를 중시하는지 보여주는 중요한 특징이다. 시원한 맛을 제대로 이해하는 것은 한국의 음식 문화를 이해하는 데 매우 중요한 부분이라 할 수 있다.


## 시원한 맛의 결정 요소

혀에서 느끼는 오미 이상으로 몸으로 느끼는 '제3의 맛'은 우리 몸의 건강에도 매우 중요한 작용을 한다. 한국인에게 중요한 제 3의 맛인 시원한 맛은 어떻게 느껴질까?

시원한 맛을 느끼는 데에는 복합기관이 작용한다. 미각과 인체 장관 내에 맛 센서와 결합한 맛, 즉 입속의 점막에 닿을 때부터 시원하고, 목을 거쳐 넘어갈 때 상쾌하고, 위가 활발히 운동하는 것을 느껴 소화가 잘 되는 것을 느끼는 맛이다. 한국인에게는 무엇보다 아주 기분 좋은 맛이다. 시원한 맛의 대척점에 있는 맛은 따뜻한 맛이 아니라 입에 넘어갈 것 같지 않고 위가 멈추어서 소화가 잘 안될 것 같은, 즉 토할 것 같은 느끼한 맛이다.

그렇다면 이 시원한 맛을 결정짓는 요소는 무엇일까? 시원한 느낌의 맛은 기본적인 오미로 설명이 어렵다. 시원한 맛을 내는 것에는 온도, 염도, 산도, 매운맛, 깔끔한 맛, 청량감 등 여러 가지가 복합적으로 작용한다. 온도감각이라면 결정적인 요소가 온도가 되겠지만 시원한 맛은 온도 감각만은 아니다. 동치미의 경우 온도와 어느 정도 연관이 있을 것으로 보이며, 김칫국의 경우 산도, 즉 젖산균 발효에 의해 생성된 젖산과 탄산, 온도와 관련이 있을 것으로 보인다.

시원한 맛을 내는 대표적인 음식으로 해장국, 콩나물국, 황태국, 김칫국 등이 있으며, 한국인들은 국을 먹었을 때 '속이 시원하다'라고 많이 하였다. 밥을 주식으로 하고 국을 부식으로 상에 놓는 습성도 있다. 특히 국과 탕의 경우 시원한 맛의 요소로는 한국인의 맛의 특징인 '간이 맞는지 여부'와도 관련이 있다[*].

앞으로 우리의 국과 탕 문화 등을 통해 시원한 맛에 대해 좀 더 구체적으로 알아보고, 우리만의 전통 조리 방법에 따라 달라지는 고유의 맛의 문화도 살펴보는 것은 매우 흥미로운 일이다.

---

[*] Jang, D.J., Lee A.J., Kang S.A., Lee S.M., and Kwon D.Y., Does siwonhan–mat represent delicious in Korean foods? J. Ethnic Food, 3: 159–162, 2016

# 조리법과
## 맛의 상관관계

한국에서는 뜨거운 국물요리를 먹으며 '시원하다'라는 표현을 많이 한다. 국을 먹을 때 속이 후련한 느낌을 표현한 말이다. 한국 사람들이 다른 나라에 비해 국물 요리를 특별히 좋아하는 건 분명해 보인다.

한국의 대표적인 맛인 '시원한 맛'과 관련해 가장 많이 언급되는 음식 또한 국과 탕(湯) 종류이다. 맑은장국, 곰국, 설렁탕, 갈비탕, 해장국, 미역국, 추어탕, 떡국, 만둣국, 육개장, 북엇국, 콩나물국, 김칫국 등 한국인이 즐겨 먹는 국의 종류는 매우 다양하다.

이 중에서도 한국인들은 술 먹은 다음 날 속을 후련하게 풀어주는 국을 '해장국'이라 하여 특별히 즐겨 찾았다. 주로 콩나물, 북어, 김치 등을 넣고 끓인 국으로 술로 긴장된 속을 달래주고 신진대사를 원활하게 해 주는 음식이었다. 주재료와 지역에 따라 유명한 해장국이 따로 있기도 했다. 한국의 대표적인 해장국으로는 강원도의 황태 북엇국, 서울의 뼈해장국, 전주의 콩나물국, 부산의 재첩국, 대구의 대구탕, 청주의 다슬기국(올갱이국) 등이 있다.

## 한국인이 좋아하는 국과 탕

앞서 언급한 바와 같이 국과 탕은 단정 지어서 구별할 만한 용어는 아니다. 오래전부터 탕으로 부를 때는 약을 오래 끓일 때 탕이라 하였고 몸에 좋은 음식일 때에는 굳이 국보다는 탕으로 불렀다. 통상 국을 끓여 이를 국그릇에 나누어 올려서 밥상에 올리면 국이라고 하고 가마솥과 같이 뜨겁게 끓여 뚝배기와 같이 높은 온도를 유지할 수 있는 그릇을 이용하여 밥상에 올리거나 아니면 뚝배기에 직접 끓여 바로 밥상에 올리는 것을 탕으로 불렀다.

뚝배기는 진흙으로 만든 질그릇으로, 음식물이 잘 식지 않아 기름기 있는 국물 음식을 담아 먹기에 좋았다. 또한 찌개를 끓일 때, 설렁탕, 육개장, 삼계탕, 장국밥을 담을 때 주로 쓰고, 뚝배기를 직접 불 위에 놓고 끓이다가 바로 상에 올려서 사용하기도 하였다. 우리나라에 '뚝배기보다 장맛이 좋다'는 속담이 있는데, 겉모양은 보잘것 없으나 내용이 훌륭함을 이르는 말이다.

소머리 국밥이나 설렁탕 같은 탕 요리는 양은냄비보다는 뚝배기에 담아 먹어야 맛이 더 좋다. 이유는 미지근할 때보다 뜨거울 때 시원한 맛을 더 느끼고, 먹을 때 후련함을 더 느끼기 때문일 것이다. 아마 뜨겁게 먹을 때 통각이라든지 다른 감각을 빨리, 그리고 강하게 느끼기 때문일 것으로 생각된다. 그래서 따뜻한 온도가 유지되는 뚝배기에 국물 요리를 담고 먹으면 더 맛이 있을 수밖에 없다.

## 가마솥에 끓여야 제맛

우리나라에서 국이나 탕(湯)은 가마솥에 끓여야 제맛이 난다고 하였다. 우리나라의 가마솥은 음식을 끓이거나 밥을 짓는 데 쓰는 무쇠로 만든 솥이다. 일반적으로 가마는 불을 때는 기구, 솥은 밥을 짓는 냄비, 그릇을 의미하나 가마가 솥의 의미까지 담고 있기도 하다. 가마솥은 줄여서 그냥 가마라고도 한다.

우리나라에서는 이미 삼국시대 이전부터 솥이 사용된 것으로 보인다. 무쇠로 만든 가마솥은 뜨거워지는 데는 조금 시간이 걸리지만 일단 달구어지면 쉽게 식지 않는 큰 장점이 있다. 그렇기 때문에 가마솥은 부뚜막 밑에서 장작불을 세게 때면 그 열을 머금고 있다가 솥 안의 재료에 조금씩 전달하여 음식물을 속속들이 익혀준다. 또한 번 끓인 물을 오랫동안 식지 않게 만들어 줌으로 밥과 국을 주식으로 하는 한국 사람들에게는 매우 유익한 조리도구이다. 가마솥에서 나는 대표적인 맛은 국, 탕의 '시원한 맛'과 숭늉과 같은 '구수한 맛'이다.

## 깊은 맛의 비밀, 발효미

선조들의 음식 문화는 당시에는 과학적인 증명을 할 수 없어도 지금에 와서 보면 그 지혜가 무척 놀라운 일들이 많다. 발효 과학 또한 마찬가지다.

전통적으로 시원한 맛을 내는 국물의 간은 대부분 소금이나 간장, 또는 된장으로 했다. 기호에 따라 매운맛을 주기 위해 고춧가루나 매운 고추를 넣기도 하는데, 무엇보다 한국 음식의 큰 특징은 담백하고 깊은 맛(개미)이 난다는 것이다.

담백하고 깊은 맛은 정성들인 육수와 곁들여지는 채소의 맛에서 우러나오는 맛도 있지만 간을 맞추는 간장이 많은 역할을 한다. 바로 예로부터 한국인들이 즐겨 만들어 먹은 발효식품에서 나온 맛이다.

김치를 자주 먹는 사람들은 김치를 다시 찾는다. 그들이 항상 이야기하는 것은 김치, 그 맛을 잊을 수 없다고 하고, 어떤 이들은 김치에 '인이 박인다'고 말한다. 이러한 현상은 오늘날 후성유전학을 통해 이미 과학적으로 잘 증명되어 있다. 혹자는 이러한 맛을 발효미(醱酵味)라고도 하는데, 김치 다음으로 발효미가 있는 것은 바로 간장과 된장이다.

간장, 된장은 한국의 대표적인 천연조미료이다. 간장은 짠맛과 함께 발효미 특유의 향기가 잘 조화를 이루는 양념이다. 전통적으로 한국에서는 간장의 맛이 집안의 음식 맛을 좌우한다고 하여, '장맛 보고 며느리를 삼는다'는 말도 있고 '집안의 장맛이 좋아야 가정이

길(吉)하다'고 할 정도로 간장의 맛을 매우 중요하게 여겼다.

시원한 맛을 내는 국물요리는 식재료 간의 맛과 성질이 어우러지고 간장의 발효미(醱酵味)가 가미되어 담백하고 깊은 맛까지 느낄 수 있다.


## 열을 가하면 나는 맛

같은 재료라도 조리하는 방식에 따라 맛은 모두 달라졌다.

'**구수한 맛(구운 맛)**'은 일반적으로 생선이나 고기를 구울 때 나는 맛이다(물론 밥에 열을 가하여 만든 누룽지나 숭늉 등도 맛있는 구수한 맛이 난다). 구이는 다른 조리법에 비해 높은 온도로 요리하는 경우가 많은데, 이 때문에 다른 조리법에 비해 향이나 맛이 뛰어나 많은 한국 사람들이 좋아한다.

'굽는다'는 것은 재료를 발화점 이하 온도(600℃ 정도)로 유지하면서 탄수화물, 지방, 단백질의 변화를 가져오게 하여 특유의 맛이 나게 하는 일이다. 구이를 할 때는 양념을 하여 굽거나 소금 간을 하여 기름장을 바르면서 구우면 훨씬 맛이 있는데, 생선의 경우 잘 구우면 '비린 맛'도 많이 없어진다. 약간의 기름이 있어야 열을 가하면 아주 맛있는 맛이 난다.

보통 찜 요리를 하면 음식이 '**부드러운 맛**'을 낸다. 재료가 씹히는 맛을 매우 부드럽게 하기 위하여 고기나 채소를 용기에 넣고 용기에 넣은 물이나 재료 자체의 수분을 가열하여 뜨거운 김으로 익힐 때 (100℃) 나는 맛이다.

'고소한 맛'은 주로 고형 소재의 식재료를 볶아서 재료의 특성을 변화시켜 내는 맛이다. 볶는 온도가 400℃ 이상까지 올라갈 수 있어 단시간에 단백질 변형과 지방의 탄화가 이루어지며 맛이 좋아진다. 한식에는 튀김 음식이 적어서 튀기기 때문에 생기는 맛에 대한 표현은 없다.

우리 음식은 기름이 많지 않기 때문에 튀기는 음식이 없는 반면 전을 부쳐 먹기를 좋아하였다. 전의 '녹녹한 맛'은 튀김 요리처럼 아주 자극적이지는 않지만 추억을 불러오는 대표적인 향수음식(comfort food)의 맛이다. 비 오는 날이면 전을 부쳐 먹던 기억이 떠올라 고향 생각이 나는 맛이다.


## 조리 방법에 따라 달라지는 맛

한식은 '무엇을 먹을까'가 아닌 '무엇으로 먹을까'가 중요한 음식 문화이다. 따라서 같은 재료라도 조리 과정이나 부재료에 따라 전혀 다른 맛을 지닌 음식이 나오기도 한다.

특히 우리는 먹을거리가 풍족하지 않은 상황에서 풀과 같은 식물성 재료를 주로 먹다 보니 낮은 온도에서 조리를 할 수밖에 없었고 맛을 내기 위하여 양념을 많이 사용하였다. 한식의 맛은 대부분 조리 방법과 부재료에 따라, 그리고 양념 재료에 따라 조금씩 달라진다. 또한 음식의 맛을 내고 보존성을 높이기 위하여 발효 기술을 주로 사용하다 보니 독특한 발효미를 풍기는 것도 한식의 특징이다.

# 한식에 주로 쓰는 양념 재료-맛과 양념[*]

### ● 파

파*Allium fistulosum*는 각종 음식의 양념으로 쓰이는데, 특히 고기와 생선의 좋지 못한 냄새를 없애주는 역할을 한다. 이규보(李奎報)의 《동국이상국전집(東國李相國全集)》〈가포육영(家圃六詠)〉 시에 채마밭에서 파를 기르고 있는 것으로 보아 고려시대 이전에도 즐겨 이용한 재료로 추정된다.

파를 이용한 음식으로는 파김치, 파강회 등이 있고, 해물파전과 파와 쇠고기, 기타 채소를 꼬챙이에 꿰어 만든 파산적은 술안주와 반찬으로 이용된다. 파를 주재료로 하여 마늘, 고추, 생강, 멸치젓을 넣어 담근 파김치는 푹 익을수록 깊은 맛이 나며 그 맛이 점점 좋아진다.

---

[*] 권대영, 이영은, 김명선, 김순희(대표저자)외 8인, 《한식을 말하다-역사 문화 그리고 건강》, 한국식품연구원, 2017을 기반으로 작성하였다.

파의 푸른 잎에는 비타민 A, 흰 부분에는 포도당과 과당, 비타민 B와 C가 들어 있다. 무기질도 풍부하여 칼륨, 칼슘과 마그네슘이 풍부하고, 항산화성이 있는 셀레늄(selenium)도 소량 들어 있다.

파의 냄새 성분도 마늘처럼 알릴 황화합물이며, 비타민 $B_1$의 체내 이용률을 높인다. 파에는 다양한 생리활성성분이 포함되어 있어 파를 이용한 요리는 훌륭한 건강식이라 할 수 있다.

민간요법으로 파뿌리와 생강을 함께 끓여 먹으면 감기를 치료하며, 코막힘과 목 간지러움(기침)을 완화하는 것으로 알려져 있다. 파는 땀을 나게 하고, 배뇨를 도우며, 신경안정효과를 주고, 가래를 삭이는 능력을 지니고 있다.

● 마늘

마늘Allium sativum은 특유한 맛과 향기 성분뿐만 아니라 각종 생리활성 물질이 함유되어 있어 예로부터 우리나라 식생활에서 필수적인 양념 및 강장식품으로 애용되어 왔다. 우리나라에서는 양념으로 거의 모든 요리에 쓰인다.

한자어로는 산(蒜)으로 표기하는데, 마늘의 원산지는 중앙아시아나 이집트로 추정된다. 우리나라에는 중국을 거쳐 전래된 것으로 여겨지는데, 《삼국사기(三國史記)》에도 기록된 것으로 보아 재배의 역사가 오래된 것으로, 수천년 이상으로 추측된다.

마늘은 탄수화물 함량이 30%로 높은 편이고, 대부분 과당이 차지하고 있어 김치발효 등에 기여하는 바가 크다. 또한 비타민 B군과 C도 풍부하다. 강한 냄새를 제외하고는 100가지 이로움이 있다고 하여 일해백리(一害百利)라고 부른다.

마늘의 강한 향은 비린내를 없애고 음식의 맛을 좋게 하며 식욕 증진 효과가 있으며, 2002년 미국 〈타임(Time)〉지가 선정한 세계 10대 건강식품에도 포함되어 있다.

알리신은 강력한 살균 및 항균 작용을 하여 식중독균을 죽이고 소화를 돕고 면역력도 높이며, 콜레스테롤 수치를 낮춘다고 알려져 있다. 하루에 생마늘 또는 익힌 마늘 한 쪽(또는 반 쪽) 정도를 꾸준히 섭취하면 암을 예방하는 데 도움이 된다고 한다.

생마늘을 먹기가 힘들면 구워 먹어도 좋다. 구워도 성분의 변화가 거의 없으며 마늘 특유의 매운맛이 사라져 먹기에 훨씬 좋고 소화 및 흡수율도 높아진다. 그러나 아무리 몸에 좋은 마늘이지만 자극이 강해 너무 많이 먹으면 위가 쓰라리므로 과도하게 먹는 것은 좋지 않다.

● 고추

고추*Capsicum annuum*는 열대성 식물로 늦봄부터 여름에 걸쳐 재배하는 대표적인 양념 재료이다. 잎은 나물로 먹고, 풋고추는 조려서 반찬으로 먹거나 부각으로 만들어 먹는다. 붉게 익은 열매는 말려서 가루 내어 향신료 및 양념 재료로 쓴다.

한국의 고추는 50만 년 전에 분화된 두 개의 고유 품종이 있으며, 이 중 덜 매운 우리 고추로만 만들어야 고추장과 김치를 담글 수 있다. 고추는 양념소재로 맛있는 색깔을 내는 데 주로 활용되었으며, 고추의 성분이 발효과정 중 유해균은 죽이고 유익균은 자라게 하는 대표적인 발효 관여 물질로 알려졌다.

고추에는 비타민 A와 C가 풍부하여 항산화효과가 크고 면역력을 높여준다. 매운맛을 내는 성분인 캡사이신은 부신에서 아드레날린의 분비를 증가시키고 강심작용을 하며, 발열감을 일으키고 지방연소를 촉진함으로써 체중을 감소시키는 효과가 있어 다이어트에도 좋다고 알려져 있다. 또 소화액 분비를 자극하여 소화기능을 촉진한다. '활명수'라는 유명한 소화제의 주성분이 바로 고추에서 추출한 캡사이신이라는 것을 보면 고추의 생리활성이 매우 뛰어남을 알 수 있다.

풋고추에 함유되어 있는 비타민 C(144mg/100g)는 바이러스에 대한 저항력을 증진하여 면역을 강화한다. 하루에 풋고추를 2~3개 정도 먹으면 비타민 C 하루 필요량을 충당할 수 있다. 그러나 좋다고 너무 매운 것을 많이 먹으면 위 점막을 자극해 속이 쓰리게 되고 이런 자극이 오래 계속되면 위염이나 위궤양이 올 수 있으니 주의해야 한다.

## ● 생강

생강 *Zingiber officinale*은 특유의 향과 매운맛을 가지고 있어 주로 생선이나 고기의 냄새를 없애주는 양념으로 많이 사용된다. 양념 이외에 정과, 강란 등의 음식을 만들거나 생강차와 전주 이강주의 주재료가 되기도 한다.

동인도의 힌두스탠 지역이 생강의 원산지로 추정되며, 중국에서는 2,500여 년 전에 사천성(四川省)에서 생산되었다는 기록이 있다.

《고려사》에는 고려 현종 9년(1018년)에 생강을 재배하였다는 기록이 있어 우리나라에서는 고려시대 이전부터 재배된 것으로 추정된다. 고려시대 문헌인《향약구급방(鄕藥救急方)》에 약용식물의 하나로 등장한다. 생강은 비교적 따뜻한 기후에서 생장하는 특성이 있어 남부지방 각처에서 재배가 주로 이루어지고 있고 전라북도 완주군 봉동읍이 대표적인 생산지이다.

생강에는 진저롤(gingerol), 쇼가올(shogaol) 등 페닐프로파노이드 (phenyl propanoids) 유도체가 주성분으로 들어 있으며, 생강을 말릴 때나 익힐 때 진저론(zingerone)이 생긴다. 위액분비를 촉진하여 소화 작용을 도우며 살균력이 커서 식중독을 예방하기 위해 생선초밥과 함께 생강 절임을 먹는다.

진통, 진정, 해열 능력뿐만 아니라 암환자가 화학요법에 의한 치료 후 느끼는 메스꺼움, 멀미, 설사 증상을 없애는 데 매우 효과적이다. 민간에서는 감기에 생강을 달인 차를 마시기도 한다.

### ● 참기름과 들기름

참기름과 들기름은 우리나라 고유의 전통 기름이다. 한국은 기름이 많이 나지 않아 튀김 기름용으로는 쓰지 않았고 깨에서 짠 기름을 주로 사용했다.

한국에는 두 종류의 깨(荏, 임), 즉 들깨와 참깨를 주로 사용하였는데, 이것을 볶아서 짠 기름이 들기름과 참기름이다. 참기름은 향이 좋아 비빔밥과 같이 맛을 내는 데 쓰고 들기름은 주로 지지고 볶는 데 썼다. 깨에서 짠 기름은 주로 우리나라, 일본, 중국 등 동양에서 사용한다. 들기름은 불포화지방산 함량이 높고 특유의 향을 가지며 전 세계에서 유일하게 우리나라에서 많이 사용하는 식용유이다.

# 5.

한식과 우리말

:: 음식 이름 붙이는 원리와 우리말 조리 용어 ::

# 1

# 음식에
## 이름을 붙이는 원리

닭도리탕의 이름 논란에서도 이야기했지만, 우리 음식의 이름은 한자, 영어, 일본어 사용이 가능한 식자들이 모여 어느 날 지은 것이 아니다. 음식을 즐겨 먹는 사람이나 즐겨 만드는 사람들이 자연스럽게 자기들만의 언어(순우리말)로 부르던 호칭이 음식의 이름으로 자리 잡은 것이다. 따라서 일부 학자들이 자꾸 한자어나 외래어에서 우리 음식의 기원을 찾으려 하는 것은 매우 부적절한 태도이다.

자연스럽게 생긴 우리 음식 이름에도 일정한 규칙과 공통점을 발견할 수 있다. 한국의 음식 이름은 대체로 주재료(a)가 먼저 나오고, 조리과정을 의미하는 표현(b)이 다음에 들어가고, 일반적인 요리의 종류(범주)<sup>*</sup>인 국, 밥, 죽, 찌개, 떡, 국수, 지, 면 등(c)으로 마무리되는 구성을 보인다. 이렇게 하여 음식 이름은 대체로 a+b+c의 구조를 이룬다. 우리나라 음식을 이루는 합성어는 재료를 나열하는 형식의 병렬적 복합어가 아닌 재료와 과정이 결합하여 수식적인 의미를 더해주는 융합적 합성어로서 a+b+c의 구조를 이룬다. 즉 핵심어인 c를 꾸며주는 수식적 융합 합성어로 보면 된다.<sup>**</sup>

여기서 c는 음식의 범주를 나타내는 핵심어로, 가끔 재료가 한 개 이상인 경우 부재료(a′)까지 넣어서 a+a′+b+c로 표기하는 경우도 있다. 다만 일반적인 반찬을 나타내는 음식의 이름에는 이러한 범주 (c)가 생략되는 경우가 많다.


## 자연스럽게 생긴 음식 이름에도 규칙이 있다

물론 한자어로 표기된 우리 음식의 경우는 조금 다를 수 있으나, 순수 우리말로 표현되는 우리 음식의 이름은 대체로 이러한 규칙의 일관성을 갖고 있다. 한자어나 한자 유사어로 불리는 음식 이름은 순수 우리 음식이 아닐 수도 있고, 우리 음식 이름이 아닐 수도 있으니 주의해야 한다. 다만 약선식품인 경우 한약의 영향을 받아 우리나라 음식임에도 불구하고 한자어로 부르기를 좋아하였는데, 보신

---

\* 여기서 범주라 함은 앞의 한식의 밥상 구조 편에 나오는 밥상의 구성 요소를 말한다.

\*\* 윤경원, 〈한국과 태국의 음식이름의 형태적 특징 비교 연구〉, 한국태국학회논총, 20-1호, pp.45~77, 2013.

탕(개장국), 삼계탕 등이 이에 해당된다.

c가 들어가는 경우는 같은 재료라도 몇 가지 다른 종류의 음식이 있는 경우인데, 예를 들어 '닭/도리/탕', 닭/백숙/죽, '육회/비빔/밥', 회/덮/밥, '국수/장/국' 등이 a+b+c 사례다. 또한 일반적인 음식 범주에 들지 않아 군이 범주 이름을 붙일 필요가 없어서 마지막 c를 생략하거나 조리 방법을 명사화하는 것으로 끝내는(a+b') 경우도 있다. 대부분의 반찬 이름이 여기에 해당되며, 엄밀히 말하면 핵심어인 반찬이란 말이 생략되었다고 보면 된다. 그럴 때 b의 명사형(b')으로 끝내는 경우가 많다. '멸치/볶음', '회/무침', '연근/조림', '찜', '구이', '조림', '절임', '부침' 등이 a+b'의 예이다.

핵심어인 c가 앞서 언급한 범주를 정확히 말할 수 없는 경우나 정해지지 않은 경우, 우리말 불확정명사(이, 개(게), 감, 애(에), 기, 지)로 그 무엇을 명명하여 끝내기도 한다. 예를 들어 '오이/속박/이(오이소박이)', '솔/부친/개(부추전)' 등이 이에 해당된다. 또한 조리 방법이 다양하거나 특정짓기 어렵거나, 너무나 잘 알기 때문에 조리 방법을 생략하고 재료와 음식 범주로만 끝내어 이름 짓는 경우(a+c)도 있다. '배추/김치', '미역/국', '잡곡/밥' 등은 세 번째 a+c의 경우이다.

마지막으로 음식을 만들어 놓고 음식 모양이 어떤 물건 모양과 비슷할 때(의태)나 만드는 과정의 소리가 비슷할 때(의성) 그 물건 이름이나 소리를 차용하여 붙이는 경우도 있다. '떡갈비'와 '가래떡'은 모양이 각각 떡과 석가래(서까래)와 비슷하다고 하여 붙은 이름이고 '낙지탕탕이'는 산낙지를 칼로 탕탕 쳐서 먹는 산낙지 요리를 말한다.

## 한자어와 구조가 다른 우리말 음식 이름

우리 음식에 이름을 붙이는 원리는 우리말 구조와 매우 연관성이 깊다. 중국 한자어와 다른 우랄알타이어 구조는 목적어(O, object) 다음에 타동사(V, verb)가 오기 때문에 나타나는 현상이다. 따라서 한자를 아는 많은 사람들이 고문헌에 쓰인 한자 기록을 갖고 우리 음식의 기원을 논하는 태도는 잘못됐다.[*] 다시 한번 우리말의 구조가 중국말의 구조와 근본적으로 다르다는 것을 강조하고자 한다. 또 방송에서 많은 사람들이 반복해서 잘못 사용하는 것을 보면 안타까울 뿐이다.

## 우리와 다른 중국식 명명법

그렇다면 중국의 경우 음식 이름에 어떤 규칙이 있을까. 중국어를 잘 모르더라도 중국어와 어순이 비슷한 영어를 생각하면 중국 음식 이름 붙이는 규칙을 쉽게 이해할 수 있다. 우리와 마찬가지로 중

[*] 이성우, 《한국요리문화사》, 교문사. pp. 378~380, 1985

국어의 음식 이름 합성어도 병렬적 합성어가 아니라, 핵심어(c)가 있는 융합적 합성어 구조다. 그러나 재료가 보어보다 뒤에 나온 구조(v+o)이므로 b+a+c의 구조를 띄고 있다. 누룽지와 김치를 굳이 영어로 'roasting rice porridge', 'fermented vegetable kimchi'로 하려고 하듯이 중국어 '소육장(燒肉醬)', '간소새우(干燒蝦仁)' 등도 요리법을 앞에 내놓고 재료명을 그 다음에 붙이고 음식 범주를 뒤에 두는 형식이다.

6세기경에 가사협이 쓴 음식요리 책 《제민요술》에는 대부분 음식 이름을 앞에서 이야기한 한자식 표현인 b+a+c로 표기하고 있다. 재료를 앞에 내세우지 않았다. 그러나 이를 인용하여 개편한 원나라 시대의 《거가필용》의 경우 재료를 앞세우는 요리명도 있다. '羊骨炙양골적'이 그 보기이다.[*] 당연히 원나라는 중국 남방과 달리 알타이계 민족이기 때문에 우리와 비슷한 음식 이름 구조를 보였을 것으로 이해가 된다.

그러나 조선시대의 한자 음식 고서인 《임원십육지》와 《증보산림경제》를 비교하면 《임원십육지》는 중국식 명칭법을 충실히 따르려고 한 반면에 《증보산림경제》는 중국식 명명법을 따르려 하면서도 우리나라 음식 명명법을 그대로 쓴 경우가 자주 나타난다. 앞서 이야기한 바와 같이 청국장을 통일되지 않게 여러 가지 한자로 억지로

---

[*] 이성우, 《한국요리 문화사》, p.381, 교문사, 1985

쓴 것과 같이, 우리나라 음식의 한자 표기법도 우리나라 말 어순에 따른 규칙을 따라 그대로 표기한 경우가 다수 발견된다.

예를 들면 '河豚羹하돈갱', '軟鷄蒸法연계증법', '猪胞湯저포탕' 등이 이에 해당된다. 우리말 방식의 음식 이름 표현인 새우(河), 닭(鷄), 돼지(猪)와 같은 재료가 먼저 나왔다. 유중림도 우리말을 한자로 표기할 때 중국어와 우리말의 어순이 다른 점을 인정하고 표기할 수밖에 없는 현실이었을 것이다. 마찬가지로 조선시대에 쓰인 우리나라 음식 책에서도 이러한 뒤죽박죽 현상이 나타난다. 이는 우리나라 음식 표기법이 주로 한자로 b+a+c 구조로 쓰였다 해도 원래 이름인 순우리말의 음식 이름 구조는 a+b+c임을 보여주고 있다. 따라서 《임원십육지》나 《증보산림경제》 등 다른 한자 책을 들고 나와 우리말 음식 이름 붙이는 구조가 중국과 비슷하다고 주장하는 사람이 있다면 이것은 잘못된 해석이다.

우리말 음식 이름은 결코 중국에서 왔다거나 중국식으로 부르지 않고 우리 고유의 언어로 불렸다. 한자 사대주의에 빠져 양반이라는 티를 내자니 할 수 없이 한자로 쓰였을 뿐이다. 우리 음식의 이름이 한자에서 왔다고 주장하는 것이 얼마나 부정확한 주장인지, 또 이러한 내용을 방송에서 거리낌 없이 이야기하는 일이 얼마나 잘못된 일인지 깨달아야 한다.

## 태국의 음식 이름을 붙이는 원칙

여기서 세계적으로 유명한 태국의 음식 이름이 어떻게 불리고 쓰이는지 알아보는 것도 꽤 흥미로울 듯하다.[*]

태국은 고유의 말과 글이 있다. 태국 글자는 라오어와 매우 유사하고 크게 보면 인도의 산스크리트어에서 영향을 받았다고 할 수 있다. 그러나 태국은 수천 년 동안 독립을 유지할 수 있어서 고유의 음식과 그에 대한 음식 이름 붙이는 원칙이 잘 보존되어 있다.

우리나라나 중국의 음식 이름 붙이는 구조와는 달리 태국의 음식 이름 붙이는 구조는 c+(b)+a+a′+a″으로 보면 된다. 뒤에 있는 재료를 병렬적으로 나열하는 형식이다. 물론 여러 예외는 있지만 밥, 죽, 국, 국수 등을 나타내는 핵심어(c)가 제일 앞에 온다. 새우볶음밥을 kaow(밥)phat(볶다)kung(새우)(밥 볶은 새우)로 부른다.

우리나라 반찬과 같이 큰 범주에 속하지 않은 경우와 같이 c로 시작하지 않고, 조리 방법의 명사형 (b)으로 시작하는 경우도 있다. '마늘 넣은 새우볶음'의 경우 phat(볶다)kung(새우)kratiam(마늘)으로 밥이 빠진 채 불린다. 또한 b가 빠진 채 c+a만으로 불리는 경우도 있다. 반찬인 고추볶음(a+b)을 볶음고추 phat(볶다)phrik(고추)(b+a)로 부른다.

---

[*] 윤경원, 〈한국과 태국의 음식 이름의 형태적 특징 비교 연구〉, 한국태국학회논총, 20−1호, pp.45~77, 2013

b는 가끔 음식의 맛을 나타내는 경우(b´)도 있다. 우리에게 잘 알려진 tom(탕)yam(시다)kung(새우)이 여기에 해당된다. 우리 음식 이름 붙이는 것과는 달리 핵심어(c)가 가장 먼저 온다. 심지어 c가 명확하지 않고 b의 명사형도 불명확하거나 필요가 없거나 이름을 붙이기 어려운 경우 그냥 병렬복합어로 a+a´+a″+⋯로 부르는 경우도 있다.

이는 어순만 다를 뿐 우리나라의 음식 붙이는 내용과 정서에서 크게 다를 바가 없다. 다만 우리나라 음식 이름은 되도록 주재료 하나만 불러 표기하는 경우가 많고, 불가피하게 부재료를 두 개까지 붙여 이름을 표기했다. 하지만 태국은 재료를 주재료, 부재료, 심지어는 서너 개까지 늘려 부르는 경우도 있다.

## 고유의 언어 구조를 따르는 세계 각국의 음식 이름들

세계 각국의 음식 이름은 그 나라의 언어 구조에 영향을 많이 받는다. 학자들에 의해 인위적으로 불리는 것이 아니다. 베트남의 경우 월(越)국의 후예라고 볼 수 있지만, 근본적으로 중국과 민족이 다르다. 오랫동안 중국의 지배를 받은 베트남은 자기 말은 있으나 자기 글이 없었기 때문에 한자를 빌려 표기한 것은 우리와 크게 다를 바가 없었다. 그러나 우리나라는 15세기에 한글이라는 고유의 글을 갖게 되었고, 베트남은 17세기 프랑스의 지배를 받으면서 자기 말의 소리에 맞게 프랑스어를 차용하여 지금까지 사용하고 있다.

마찬가지로 인도네시아, 말레이시아(네덜란드와 영국의 지배를 받기 전에는 말레이시아와 인도네시아는 같은 산타라제국이었음), 필리핀 등도 고유 언어(타갈로그어)는 있으나, 표기는 베트남과 같이 알파벳을 빌려서 표기하고 있다.

반면에 인도차이나 반도의 서부를 차지하고 있는 미얀마(버마어), 태국, 라오스(라오어), 캄보디아(크메르어)는 중국과 완전히 다른 고유의 말과 고유의 글자를 갖고 있다. 오히려 중국보다 인도의 산스크리트어에 영향을 많이 받았다고 볼 수 있다. 이런 나라들의 고유한 음식 이름 또한 그 언어의 구조에 따라 불린다.

# '군고기'가 아니라 '불고기'인 이유

앞서도 이야기 했지만 어느 음식 칼럼니스트가 '불고기'라는 이름이 우리 음식의 명명법에 맞지 않는다며 일본에서 유래된 것이라 주장하기도 했다.

즉 불고기라는 이름에서 음식 조리법(불)이 먼저 나오고 재료(고기)가 나오는 것은 우리 음식 이름 붙이는 법이 아니라는 것이다. 언뜻 일리가 있는 주장 같지만 이는 설득력이 떨어진다. 잘 알다시피 일본도 우리나라와 같은 우랄알타이어족이므로 우리나라 말에서 통용되지 않은 법칙이 일본 말에 통용될 이유가 없다.

일반적으로 우리 음식에 이름 붙이는 법은 재료(a)가 먼저 나오고 조리 공정(b)이 나오고 그 다음에 음식의 일반적인 카테고리(c)가 나온다. 우랄알타이어족의 특성이다.

즉 닭도리탕의 경우와 같이 닭(a)을 도리해서(b) 만든 탕(c)이라 해서 순수 우리말로 닭도리탕(a+b+c)이라 불린다. 닭도리탕이 일본에서 왔다 하여, 닭(a) 다음에 재료인 새(b)를 굳이 하나 더해서 닭새탕(일본 말 도리에 해당하는 새)(a+a+c)이라고 하지 않는다.

a+b+c가 원칙이나 a, c의 경우 생략되거나 새로운 명칭을 만들기도 한다. 다시 말하면 불고기(b+c)에서 고기는 그가 주장하듯이 재료(a)가 아니라 음식의 카테고리(c)이다. 우리가 흔히 '이번에는 국수 먹지 말고 고기 먹으로 가자' 할 때의 그 고기(구이)(c)이다. 불고기의 정식 명칭을 붙이려면 쇠불고기(a+b+c)라 해야 하는데 재료(쇠고기)가 생략된 채 통용된 것이다.

불고기가 b+a의 구조라서, 우리말이 아니라서, 일본에서 왔다는 주장은 터무니없다. 우리말에 대해서 좀 더 자세히 알고 주장할 필요가 있다. 식품과학적으로 볼 때 불고기는 양념문화가 발달하지 않으면 절대로 발달하지 못할 음식이다. 양념을 많이 쓰는 불고기는 일본에서는 탄생할 수 없는 음식이다.

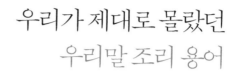

# 2

# 우리가 제대로 몰랐던
## 우리말 조리 용어

　음식 이름을 이해하는 데 중요하게 작용하는 것이 바로 식재료나 조리 과정에 대한 우리말 표현이다. 우리 음식과 만드는 과정에 관한 용어를 제대로 알지 못하고는 우리 음식 이름을 제대로 이해할 수 없기 때문이다.

　한국 음식의 기원이나 역사, 공정을 알려면 한국 음식의 다양한 조리 과정을 표현하는 순수한 용어를 알아둘 필요가 있다. 한국 음식의 조리에 사용되는 용어와 그 조리 과정, 그리고 거기에 어떤 과학적인 원리가 작용하고 있으며, 다른 방법과는 어떤 차이가 있는지를 정확하게 알아야 한식을 제대로 이해할 수 있다. 이 장에서는 다양한 한식 조리법에 관한 우리말 용어와 그 정확한 의미를 살펴보려 한다.

## 다양한 한식 조리법과 용어

굽다, 볶다, 눋다(눌리다), 부치다, 지지다, 끓이다, 데치다, 삶다, 조리다, 우리다, 고다, 튀기다, 찌다 등 우리말 조리 방법 표현이 참으로 다양하다. 그럼에도 많은 옛사람들이나 오늘날의 학자들까지도 우리말의 다양한 특징과 가치를 제대로 연구하지 않고 있다.

오히려 일부 학자들이 우리 음식 만드는 말을 한자로 표현하거나 일본 말을 도입하여 우리말 이름을 왜곡하고, 결국 우리 요리 과정의 아름다움이나 그 정확한 의미를 제대로 홍보하지 못하는 현실이다.
지금까지 음식을 만드는 과정의 이름이나 말을 정확하게 다루지 않은 것은 참 안타깝다. 한식에서 불을 사용한 조리법만 해도 그 방법과 표현이 매우 다양하다.

음식 문화의 발달은 불의 발견과 그 이용의 역사와 관련이 매우 깊다. 150여 만 년 전에 불을 이용할 수 있어 맛있게 먹고, 또 나중에도 먹을 수 있는 식품과학의 역사가 발전해 왔다. 한국 요리 과정 중 제일 많이 사용되는 것이 불이며, 이어 발효와 숙성 과정이 있다.
여기서는 불을 사용하는 조리 방법과 불을 사용하지 않는 조리 방법으로 대별했고, 주로 열처리 과정의 표현을 중심으로 기술하였다. 또한 다른 음식 사전이나 요리 서적과 달리 조리 방법에 대한 과학 기술적인 원리 설명에 비중을 두었다.

## 불을 직접 가하면 맛과 향이 좋아진다

불로 요리하는 데 일반적으로 제일 많이 쓰이는 말은 '익히다'이다. 이는 불을 이용하여 재료를 익히는 것을 일컫는 말로, 포괄적인 의미로 쓰인다. 불을 이용한 조리에는 직접 불을 가하거나, 복사열로 익히거나, 물과 기름, 또는 증기와 같이 매개체의 대류현상(對流現象)을 이용해 익히는 방법 등이 있다. 과학적 원리 설명이 곁들여진 우리 음식의 다양한 조리법과 그 표현에 대해 알아보자.

● **태우다**: 오래전부터, 고형 재료를 고열(900℃ 이상)로 태우는 것으로, 여러 가지 향이 나고 재료의 변형을 가져온다. 그러나 오늘날은 태우면 벤조피렌과 같은 발암 물질이 발생하기에 권하지 않는다. 굽다와 같이 태우는 경우도 불이 직접 닿는 부분과 불이 잘 닿지 않은 부분은 열전도의 정도가 달라 안에는 안 익는 경우가 생긴다.

● **굽다**: 구울 때 생기는 특유의 맛은 우리의 입맛을 유혹한다. 그래서 많은 한국 사람들이 굽는 요리법을 좋아한다. 고기 등을 굽는 것은 재료의 발화점 이하 온도(600℃ 정도)를 유지하면서 탄수화물, 지방, 단백질의 변화를 가져오는 것으로 특유의 맛을 낸다. 물론 유해미생물은 불활성화되어 죽는다.

구울 때에는 태우지 않도록 조심해야 한다. 전통적으로는 화롯불에 석쇠를 이용하여 고기를 굽는 방식이 애용되었다. 이러한 방식의 조리법을 살려서 대부분 재료(a)에 명사 구이(b)로 하여 a+b의 이름이 붙여진다. 삼겹살/(구이), 조기/구이 등이 있으며 군/고구마, 군/밤은 재료가 강조된 형태로 변형된 것이다.


## 열전도 원리로 태우기 줄이고 굽는 효과를

구이는 음식을 맛있게 먹는 매력적인 방법 중 하나이다. 그러나 크기가 작거나 구이를 만들어 먹는 데 한계가 있는 경우 '열을 전달받아'(열전도의 원리로) 굽는 것과 같은 효과를 보는 요리법이 있다.

● **볶다:** 고온의 솥(600℃ 정도)에 재료를 넣어 직접 열이 골고루 전도되는 방식으로 조리하는 것을 말한다. 구이와 마찬가지로 고유의 향과 맛을 즐길 수 있는 장점이 있다. 주로 고체를 통한 열전달 방식이기 때문에 닿는 면적이 적어 효율이 떨어진다. 이를 보완하기 위하여 약간의 기름을 두르면 골고루 높은 온도(300~400℃)를 유지하면서 볶을 수 있다. 나물을 볶아서 만드는 경우도 있다. 음식 이름을 붙일 때, 이 경우도 대부분 a+b형의 이름이 붙지만 b+c형도 있고 a+b+c도 있다. 멸치/볶음, 오징어/볶음(a+b); 볶음/밥(b+c); 김치/볶음/밥(a+b+c) 등이 그 예이다.

● **눋다(눌리다):** 원래 수분이 많은 고형이나 반 고형을 고온(300℃)에서 열전도에 의해 물리화학적인 변형이 일어나도록 눋게 하여 저장성을 늘리고 맛있게 먹는 방법이다. 누룽지 등이 이에 해

당한다.


● **튀기다**: 조리 용어 '튀기다'는 음식 재료를 뜨거운 기름에 넣었을 때, 수증기가 방울방울 나오도록 집어넣었다가 건지는 것을 말한다. 우리 조상들은 기름이 아닌 뜨거운 물에 재료를 넣었다 건질 때도 '튀긴다'고 말하였다.

높은 온도를 이용하여 음식을 만드는 것은 매우 매력적이다. 굽거나 볶을 때는 고체 간의 열전도이기에 균일하게 익지 않는 데 반해, 고온(300~400℃ 이상)에서도 끓지 않은 액체(기름)를 이용하여 음식을 튀기는 것은 열전도면에서 매우 효율적이다.


고온에서 조리하면 맛이나 향의 특성을 그대로 유지할 수 있고, 기름 자체가 고온에서 맛이 더 좋아지는 특성이 있어 사람들이 훨씬 더 좋아하는 음식을 만들 수 있다. 또한 고온에서 이루어지는 튀김의 특성상 수분이 매우 빨리 증발되어 저장성 확보 차원에서도 좋은 요리법이다.

그러나 중성지방의 경우(특히 불포화지방산이 많은 지방의 경우) 기름이 쉽게 산패되면서 프리라디칼(free radical) 같은 유해물질이 생겨, 기름을 갈지 않고 여러 번 튀기는 것은 몸에 좋지 않다.


한국은 동식물 기름 자원이 많지 않기 때문에 튀김 요리가 잘 발달하지 않았다. 음식 이름은 대부분 a+b형으로 붙는다. 닭/튀김, 채소/튀김, 감자/튀김 등에서 찾아볼 수 있다. 튀김이 이미 음식 종류

중 하나의 범주를 차지해버린 셈이다.

● **부치다:** 밀가루와 같은 전분이나 녹두에 많은 단백질 성분은 높은 온도에서 열을 받으면 호화(糊化, 부피가 늘어나 점성이 생겨 끈적끈적하게 되는 현상)되거나 물이 빠져나가면서 변성되어 굳어지고 조직이 아삭아삭해지며 맛있게 된다. 이 원리가 그대로 반영된 것이 부침개이다.

옛날에는 밀가루를 솥뚜껑(400℃ 정도) 위에 골고루 넓게 부쳐 음식을 만들어 먹었다. 이때 들기름 등을 솥뚜껑 위에 바르면 열전달이 잘되어 잘 부쳐지고 맛도 좋아졌다. 그러나 기름을 많이 쓰면 신선한 맛이 줄어들고 더 딱딱해지기에 조심해야 한다.

이러한 음식은 솥뚜껑에 넓게 부쳐 먹는 것이라 하여 부침개(부칭개, 부친개, 부친게)로 불린다. 이를 한자로 굳이 표기하면 전(煎), 적(炙) 등이 되는데, 옛날 한자를 중시하던 사람들이 유식한 표현이라며 바꿔 쓰다 보니 부추전, 파산적 등의 사용이 보편화되어 버렸다. 생선전, 파전, 부추전, 녹두빈대떡 등이 그 예이다.

우리말 부침개에서 접미사 '-개'는 노리개, 지우개, 찌개 등에서 보는 것처럼 '~하는 무엇', '~한 것' 등 우리말로 '비확정적인 무엇'을 말하는 비존칭어이다.

● **지지다:** 지지는 것은 온도와 방법에서 부치다와 비슷하다. 다만 부침개와 같이 음식을 넓게 판에 부쳐서 넓적하게 만들어 먹는 것이 아니라, 썬 호박, 썬 가지, 만두, 떡갈비 등 이미 모양이 갖추어진 것

을 솥뚜껑 위에서 지지는 것을 말한다. 부칠 때보다 지질 때 참기름 등을 조금 넉넉히 두르면 더 맛이 난다. 이러한 음식을 지짐이(지지미, 지짐애, 지지메)라고 한다.

우리 부침개는 일본에도 전파되었는데, 지지미와 부침개를 잘 구별하지 못하여 일본에서는 부침개를 '지지미'라고 한다. 옛날에는 지지미, 지짐애(여기서 이, 애는 비확정인 그 무엇이므로 이, 개와 같이 비확정 명사임)를 굳이 한자로 전유어(煎油魚)로 기록하였는데, 어떤 이들은 전유어가 더 정확한 표현이라 주장하기도 한다. 하지만 사실 '지지미'가 원래부터 있던 우리말 표현이다. 전유어는 지지미 뜻을 정확히 모르고 만든 한자어이다. 따라서 전유어에 어(魚)자가 붙어 있다고 해서 생선 지짐이만 전유어라고 하는 것은 잘못된 이야기이다. 여기서 어(魚)는 앞의 비확정 명사 에(애)를 한자인 줄 알고 魚라는 한자로 표기하다 보니 만들어진 말이다.

신선 채소와 생선 같은 경우는 지지미를 만들 때 밀가루를 얇게 묻혀서 지지는 경우가 많다.


## 물을 매개로 한 열대류 현상으로 조리하는 법


● 끓이다: 물을 끓여 음식을 만드는 것으로, 물이 매개체가 되어 대류에 의해 열전달이 되는 조리 방식이다. 액체인 끓는 물이 재료에 직접 닿기 때문에 골고루 깊게 열이 전달되는 것이 특징이고, 물의 온도는 100℃가 최고점이므로 끓는 과정 중에 굽거나 볶을 때처

럼 맛있는 맛이 새로 생기지는 않는다.

끓여서 물리화학적 변화(호화, gelatinization)를 일으켜 짓는 것이 밥이고, 국과 탕은 대부분 끓인 과정을 거쳐서 만드는 음식이다. 밥, 국, 탕은 매우 일반적인 음식이고 잘 알려진 조리 과정이므로 공정 (b)이 들어가지 않고 바로 a+c로 이름이 붙는다. 보리/밥, 된장/국, 미역/국, 갈비/탕 등이 이에 해당한다.

● **삶다:** 열의 온도(100℃)에서 삶다와 끓이다가 크게 차이가 나는 것은 아니다. 과학적인 표현으로 하자면, 끓이는 것은 100℃가 유지 되도록 불을 가하는 행위이고, 삶는 것은 끓는 물의 열에 의해 재료 의 변형이 와서 미생물을 불활성화시키고 재료의 안전성을 높이는 과정이다. 대부분 삶는 것은 요리를 만드는 중간 과정이므로 삶아서 다시 건지는 경우가 많다.

● **짓다:** 쌀을 물에 씻고 솥단지에 넣어 뚜껑을 닫고 불을 때서 밥 을 만드는 과정을 통틀어 밥을 짓는다고 한다. 밥은 우리 밥상에서 매우 중요한 기본 음식으로, 단순히 끓이는 것이 아니라 적당한 물 의 비율을 맞추고 단계별로 불 조절을 잘 하여야만 제대로 된 밥이 만들어진다. 이 과정을 포함하고 있기에 '옷을 짓다', '집을 짓다'와 같이 '밥을 짓다'라고 표현하는 것이다. '짓다'에는 작업 속에 정성과 진실이 담겨져 있어 장인의 숨결이 느껴지기도 한다.

● **데치다:** 데치는 것도 삶기와 비슷하다. 다만 물의 온도가 100℃

보다 훨씬 낮은 70~80℃ 정도의 온도에서 채소와 같이 열에 약한 조직이거나 비타민 C와 같이 쉽게 파괴되는 물질이 많은 경우, 또 재료의 숨을 죽일 때 쓰는 표현이 바로 '데치다'이다. 물론 미생물의 활성을 억제하거나 일부 독성요소를 불활성화하는 과정도 포함된 다. 데치는 과정도 조리의 중간 과정으로 바로 건지는 경우가 많다. 삶거나 데치는 것은 온도가 낮아 크게 맛이 나지 않기 때문에 양념 이나 간장 등 향신료를 첨가하여 조리하는 과정을 거친다.

● 우리다(고다): 잠깐 익히는 정도로 끓이는 것은 미생물을 살균 하는 목적으로는 훌륭하지만 맛있는 맛을 기대하기는 어렵다. 그러 나 재료 자체에 맛이 있거나 몸에 좋은 물질이 있는 경우 이를 우려 내어(녹여내어, extract) 국물을 맛있게 하거나 탕으로 요리를 한다. 이때 높은 온도의 장작불로 펄펄 끓이는 것보다 낮은 온도의 숯불로 물의 온도를 80~90℃로 맞추어서 증발이 쉽게 되지 않고 오랫동안 고아내도록 조리한다. 녹여낸다는 뜻이 있는 '우리다'와는 달리 '고 다'라는 표현은 재료가 물러지거나 맛있게 형태가 바뀌는 것을 목적 으로 보면 된다.

추출(extraction)이 목적이라면 주정(알콜) 추출 방법이 이러한 열 수 추출보다도 효율적인 경우가 있으나 한식에서는 주정 추출은 별 로 쓰지 않고 열수 추출 방식인 '고다'라는 표현을 많이 쓴다. 주정 추 출 방식은 전통 침출주를 만들 때에 주로 쓴다.

고는 조리법은 주로 사골국(a+c), 곰탕(b+c) 등에 해당된다. 한약 에서는 이러한 과정을 '달이다'라고 표현한다. 제호탕, 황금탕 등이 이에 해당한다. 약탕기에 한약재를 넣고 약용성분을 오랫 동안 고아 내는 것을 '달인다'라고 표현한다. 양이 많다는 의미가 담겨있는 '우 리다'와 달리 양이 아주 적고 귀해서 정성이 많이 들어가는 과정이 라는 의미가 담겨있다.

● **조리다**: '우리다'의 반대 개념이라 할 수 있다. 채소나 고기를 맛 있게 먹는 방법으로 재료 속에 장이나 양념 등이 스며들도록 고기나 채소를 낮은 온도(90℃ 정도)에서 오랫동안 끓이는 조리법이다. 이때 고기 속 성분은 간장 속으로 우러나오고 수분은 증발되어 새로운 간 장 맛이 나고, 고기 속으로 간장, 양념 성분이 스며들어 맛이 더 깊 어진다. 고기의 경우는 살균이 되어 저장성도 높아진다.

콩자반이 대표적인 조림 음식이다. 자반이라는 말은 원래 '밥을 먹 도록 도와주다'는 의미의 일반 반찬을 지칭하는 한자어 좌반(佐盤)에 서 유래를 찾을 수 있다. 콩조림을 굳이 한자로 표기할 때 할 수 없 이 두좌반(豆佐盤)으로 표기한 것인데, 이를 유식한 표현으로 '콩좌 반'이라 하다가 콩자반이 되어버렸다. 이러한 변천 과정을 통해 자 반이 생선에 소금을 뿌려 저장성을 높인 고기라는 말로도 변질되었 다. 쇠고기장조림, 깻잎조림, 콩조림(콩자반), 생선조림, 고등어자반 등이 이에 해당하는 음식이다.

엄격히 말하면 '조리다'와 '졸이다'는 약간 차이가 나는 조리 방법 이다. '조리다'는 양념의 맛이 재료에 푸욱 스며들도록 국물이 거의 없을 정도로 바짝 끓여내는 것을 이르는 반면, '졸이다'는 단순히 찌 개나 국의 국물을 줄게 하는 것을 이르는 말이므로 구분하여 쓰는 것이 좋다.

● **쑤다:** 일반적으로 열처리 과정은 맛을 내거나 안전하게 먹기 위한 음식의 물리적 변화에 초점이 맞춰져 있지만 필요에 따라서는 열에 의한 화학적 변화를 통하여 물성이 완전히 바뀌는 조리 방법이 필요하다. 한식에서 이러한 과정의 조리 용어로 대표적인 것이 쑤다라는 표현이다. 흔히 죽은 쑨다는 말은 쌀을 물을 넣고 오랫동안 끓여서 전분 구조가 화학적으로 완전히 호화(gelatinization)되어 죽이 되는 과정을 말한다. 전분 간 수소 결합이 열에 의하여 깨지고 대신 물과의 수소 결합에 의하여 호화 과정이 일어나는 화학반응이다.

● **불리다:** 뜨거운 물이나 끓인 물이 아닌 미지근한 물(20~30℃)에 섬유소가 많은 말린 채소나 해초를 오랫동안 담가두어 물이 조직에 다시 들어가 원래 형태가 복원(rehydration)되게 하거나 동시에 재료에 어떤 성분 특히 유해물질이 빠져 나오게 하는 중간 조리법이다. 불리는 과정(b)이 이름에 들어가는 경우는 거의 없다. 묵나물무침, 고사리나물, 곤드레나물, 미역국, 시래깃국 등이 불리는 조리 과정이 들어가는 음식들이다.

## 생각의 발달: 증기를 이용해 조리하다

● **찌다:** 끓는 물에 삶는 것은 익히는 데는 효율적이지만 재료의 모

양이 흐트러져 모양내기가 좋지 않다. 찌기는 물을 끓여 나오는 수증기(김, 짐)를 이용해 요리하는 방식으로 증기가 증발되지 않도록 솥뚜껑을 덮고 증기가 밖으로 빠져나가지 못하도록 시룻번(시루를 솥에 안칠 때 그 틈에서 김이 새지 않도록 바르는 반죽)을 바르기 때문에 끓는점(105~110℃ 정도)이 높아지고 재료나 형태가 그대로 유지되는 장점이 있다.

전통적으로 떡을 찔 때 물과 수증기를 분리하기 위하여 시루를 사용하였고, 요즈음에는 채반을 이용하여 작은 요리 기구에서도 찜 요리를 할 수 있다. 향신료를 물에 넣고 찌는 경우, 찌는 과정에서 향신 성분이 증발되며 증기로 들어가고, 증기 속에 있는 향신료와 맛 성분이 재료에 들어가 음식이 더 맛있어진다.

시루떡, 백설기, 생선찜이 이러한 방법을 쓰는 조리법이다. 갈비찜은 이름으로 보는 조리법과 실제 조리법이 차이가 있는데, 조림과 찜의 조리법이 합해져서 발전한 음식이다.

● **찌개**: 일반적인 찌는 형식은 아니나 국물이 많은 국과는 달리 건더기가 많고 찜과 같이 온도(100℃ 이상)도 높게 하여 뜨겁게 하여 먹는 음식이다. 음식의 열을 오래 간직하도록 옹기그릇을 이용하며, 개인별로 따로 주는 것이 아니라 한 상에 하나를 올려 각자 떠먹거나 건져먹게 하는 음식이다. 찌개라는 이름은 앞서 언급한 것처럼 불확정 명사로 찐 무엇, 찐 것 등의 뜻으로 접미사 '-개'가 붙어 이름 붙여진 것이다. 김치찌개, 부대찌개, 순두부찌개, 된장찌개 등이 있다.

● **쐬다(훈증):** 향이 나는 나무를 태워서 그 연기를 쏘이게 하여 음식을 맛있게 요리하는 방법이다. 옛날에는 번제(燔祭, 희생 제물을 가죽과 내장만 빼고 모조리 불에 태워 향기로 제사를 지냄)를 드릴 때 연기를 쏘이면서 고기를 태우는 요리를 많이 해먹었는데 요즈음은 거의 잘 쓰지 않는다. 가끔 햄이나 바비큐 요리할 때 훈증을 이용하는 경우가 있다.

● **데우다:** 직접 조리하는 용어는 아니지만 일단 열을 가해 조리한 밥, 국, 반찬 등이 식어서 먹기에 맞지 않을 때 다시 열을 가해 음식을 뜨겁게 하거나 따뜻하게 할 때 이를 '데우다'라고 한다.

● **뜸 들이다:** 밥을 할 때 계속해서 뜨거운 불로 가마솥을 가열하면 밥이 호화되는 속도보다 가열온도의 속도가 빨라 밥이 되기 전에 오히려 쌀이 타버릴 수가 있다. 따라서 우리 조상들은 가마솥에 불을 때어 밥이 끓으면 불 때는 것을 중지하고 잠시 쉰다. 쌀이 호화되는 과정을 조금 천천히 기다리는 것이다. 이 과정을 '뜸 들인다'라고 이야기한다. 일정 기간 뜸을 들인 다음 다시 불을 때어 밥솥이 다시 끓으면 아주 맛있는 밥이 된다. 전통적으로 일차로 밥솥이 끓고 뜸 들이기 시작할 때 가지나 나물을 넣어서 데치면 가지가 무르지도 않고 덜 익지도 않은 아주 알맞은 상태로 나물이 데쳐진다.

## 음식은 손맛, 열을 가하지 않는 요리법

한식에는 불을 때거나 열을 가하지 않는 요리도 많다. 익힌 음식이라도 손으로 하는 조리 과정을 거쳐야 완성되는 음식도 있다. 이와 같은 비가열 조리 행위가 들어가야 더 맛이 있다. 조리 행위에는 물리적 변화를 주는 조리법이 있고 화학적 변화를 주는 조리법이 있다. 대표적으로 맛을 내기 위하여 신선한 채소나 데친 채소, 삶은 고기를 갖은 양념을 넣고 무치는 경우가 있다. 손으로 하기에 정성이 들어가고 그에 따라 맛이 달라지기에 '음식 맛은 손맛'이란 옛말도 있다.

● **무치다:** 신선한 채소나 데친 채소를 고추장, 간장 등을 넣은 양념(액체)을 이용하여 손으로 원재료에 양념이 골고루 섞이도록 묻게 하는 방법을 '무친다'라고 표현한다. 방금 썬 생선회를 맛있게 무치는 경우도 있다. 신선한 채소나 회를 무치는 것을 대부분 a+b 형식으로, 회무침, 파래무침, 오이무침 등 각종 생채무침이라 하였다. 그러나 콩나물, 시금치나물, 고사리나물에서 보는 것처럼 데치거나 말린 채소를 이용하여 무친 경우는 나물이라는 범주를 만들어 a+c로 이름을 불렀다. 조리 용어를 명사화하여 이름 붙였다. 나물(c)이라는 이름이 '무친다'는 조리 행위(b)에서 왔다고 하는 사람이 있는데 현재로서는 그 연관성을 알 수 없다.

● **버무리다(섞다):** 버무리다는 무치다보다 행위가 강한 조리 방

법으로 주로 손으로 섞는다는 개념이 포함된다. 예를 들어 밀가루와 콩가루를 서로 손가락으로 문지르면서 섞어서 물성이 달라지게 할 때 버무린다고 한다. 한국 음식은 단순히 섞는 것만으로 요리하는 경우는 드물다. 재료나 원료를 먼저 섞은 후 양념이나 요리를 하는 경우가 많다.

● **비비다**: 양념을 채소에 묻게 하는 '무치다'와 비슷한 행위이지만 '비비다'는 윤활작용을 하는 물질(고추장과 참기름)을 매개체로 하여 밥과 나물같이 두 개의 유형물이 서로 만나 비벼지는 것을 말한다. 물성이 서로 다른 유형물이 만나는 것이므로 전단력(shear stress)을 극복하여야 하므로 비비는 것(action of lubrication)은 보통 숟가락을 이용한다.

밥과 나물 몇 가지에 고추장을 넣고 비벼 먹는 밥을 비빔밥이라고 한다. 만약 고추장이나 기름이 없이 재료를 단순히 섞는 밥이라면 비빔밥이라 하지 않을 것이다. 그러므로 비빔밥을 mixed rice(혼합밥)로 번역하는 것은 엄밀한 의미에서는 옳지 않다. '비비다'의 옛말은 '부비우다'이기 때문에 《시의전서(是議全書)》에 '부뷔움밥'이라고 기록되어 있다. 당연히 쌀밥을 많이 쓰기 때문에 비빔밥이라 한다. 때문에 혹자는 비빔밥은 젓가락으로 비비는 것이라 하는 사람이 있으나 이는 비빔밥의 원리를 모르고 한 말이다.

● **주물럭거리다**: 무치다와 비슷한 용어지만 양념을 원재료에 묻힌 다음 원재료(특히 고기)를 손으로 주물럭주물럭하여 양념이 더 잘

배게 하고 물리적인 힘으로 조직을 부드럽게 하는 것으로, 다음 조리 공정(구이)에 들어가기 전 중간 조리 과정을 말한다. 주물럭구이, 주물럭등심, 오리주물럭 등이 이러한 과정을 거친다.

- **빚다:** 한국의 음식은 떡과 같이 모양을 내어 요리하는 경우가 많다. 대표적으로 경단, 송편과 같이 손으로 예쁜 모양을 내어 익히는 과정을 '빚는다'라고 한다. 원래 흙으로 도자기를 만들 때 빚는다고 하였으나 떡을 빚는다로도 확대되었고, 더 나아가 화학적인 작용까지 확대되어 술을 만드는 것도 빚는다라고 표현하였다. 빚는 떡, 술 빚기 등에서 그 형태를 볼 수 있다.

- **말다:** 김밥과 같이 김에다 밥과 반찬을 넣고 평평하게 하여 돌돌 마는 것을 '말다'라고 한다. 요즈음은 요리 기구나 기술이 발달하여 조리 과정 중에 평평하고 넓적하게 하여 마는 경우가 많다. 김(말이)밥, 계란말이(달걀말이) 등에서 보는 형태이다. 전통 음식에서는 이런 경우보다는 파강회, 미나리강회처럼 다른 재료를 가운데 놓고 긴 가닥으로 돌돌 마는 경우에도 쓰인다.

- **빼다:** 손이나 기계에서 국수나 떡을 만들 때 뺀다고 이야기했다. 영어 extrude와 같은 표현이다. 가래떡은 맵쌀을 빻아 쌀가루를 만들어 찐 다음 손으로 말거나 기계에서 빼는 떡으로 서까래(석가래)와 모양이 비슷하다고 하여 가래떡이라 하였다. 요즈음은 압출기(extruder)를 이용하여 각종 냉면이나, 국수, 떡 등을 뺀다.

● **꿰다:** 의례 음식에는 익힌 음식을 젓가락이나 나무젓가락 같은 꼬챙이(꼬치)에 꿰어 차근차근 놓는 음식이 많았고, 요즈음은 익히지 않은 음식을 꿰어서 불에 구워 먹는 음식이 발달하였다. 이렇게 꼬치에 고기나 음식을 꿰는 것을 '꿴다'고 말한다.

이러한 음식을 낙지꿰(a+b)이라고 하거나 하나의 음식 카테고리로 보아 닭꼬치(a+c)라고도 한다. 북한(조선족)에서는 주로 꿰이라고 하고 남한에서는 주로 꼬치라고 하나, 최근 남한에서도 꿰이라는 말이 자주 보인다. 닭꼬치, 꼬치산적, 어묵꼬치, 양고기꿰(양꼬치) 등이 이런 음식이다.


● **절이다:** 자연 채소나 과일 등을 간장이나 된장, 고추장에 집어넣어 장의 맛이 절어 들어가서 맛있게 하는 것을 '절인다'고 한다. 절이는 과정 중에 장맛이 스며들거나 침투하여 독특한 맛이 나며 조직이 꼬들꼬들하거나 단단하게 된다.

고기는 절이는 과정 중에 열처리를 하므로 조림이 되지만, 꽃게의 경우 열처리를 하면 게살이 변화되므로 열처리를 하지 않고 순순히 간장에 오래 절여 아주 맛있는 게간장절임이 되며, 대부분 채소나 과일은 간장이나, 된장, 고추장에 절여두고 숙성시켜 깊은 맛을 내게 한다. 채소나 과일의 경우 '장에 있는 지'라는 의미로 장아찌라고 부른다. 깻잎절임, 간장게장, 무장아찌, 매실장아찌, 감장아찌 등이 있다.


● **담그다:** 한국에는 세계에 유래 없는 발효식품이 있다. 항아리에

배추, 메주, 어패류, 누룩 등을 넣고 김치, 된장, 간장, 고추장, 청국장, 젓갈, 술, 식초를 발효시키는 과정을 '담그다'라고 한다. 단순히 재료를 담는다는 뜻도 아니고, 배추를 물속에 집어넣는 것도 아니다. 김장, 장 담그기, 술 빚기와 식초 빚기는 단순 물리적 행위가 아니라 젖산발효, 알코올발효, 초산발효 등 많은 화학반응이 일어나는 발효 과정이다.

일부 학자는 김치가 한자 표현으로 침채(菜沈)라 기록된 것을 보고 김치는 '채소를 물에 빠뜨려 담는 것'이라 하며 애써 의미를 부여하는데, 담근다는 우리말을 정확히 이해할 필요가 있는 대목이다. '담그다'와 '담다'는 엄격히 다르다.

침채(沈菜)는 김치의 소리(音)를 차용하여 한자로 표현했을 뿐이다. 이는 우리 음식이 한자에서 왔다고 주장하는 사람들이 주장하는 오류다. 김치, 된장, 고추장, 청국장, 술, 식초, 젓갈 등이 담그는 음식이다.

● **삭히다**: 우리 조상들은 발효와 부패를 정확히 구분하여 말하였는데, 부패는 '썩히다'이고 발효는 '삭히다'로 구분하였다. 젓갈과 홍어와 같이 발효 과정을 거치는 것을 '삭히다'라고 표현하였다. 삭히는 과정 중에 미생물 효소에 의한 화학반응이 활발히 일어나서 맛있어지기도 하며 특유의 맛과 향이 나기도 한다. 물론 된장이나 김치의 발효도 삭힌다고 이야기한다. 홍어도 발효시킬 때 삭힌다고 한다.

● **묵히다:** 우리 조상들은 음식을 성급하게 만들어 먹지 않았다. 된장이나 고추장, 장아찌는 발효 과정을 거친 다음에도 오랫동안 숙성(aging)시켜서 맛과 향을 유지하였다. 이러한 과정을 '묵힌다'라고 이야기한다. 음식에 따라 제대로 익히는 것에는 조상들의 무한한 지혜가 담겨 있다.

# 도구 사용에 관한
## 우리말 용어

우리나라 요리는 조리 도구로 주로 칼을 사용한다. 칼을 잘 써야 맛있는 음식이 된다는 말도 있다. 어떤 도구를 어떻게 쓰느냐에 따라 우리말 표현도, 조리 과정도 달라진다. 도구를 사용한 다양한 우리말 표현들을 통해 조리 방법에 대해 좀더 세밀하게 알아보자.

### 칼을 잘 써야 멋있는 요리가 된다

● **자르다:** 주로 칼을 쓸 때 하는 말로 '자르다'는 음식 재료를 여러 조각으로 내는 것을 말한다. 대부분 요리 과정의 초기나 중간 공정

이다. 잘라서 가져오는 동작은 '잘라내다'이며, 생선의 머리 등을 잘라서 버리는 것은 '잘라버린다'라고 표현한다. 그리고 큰 나무에 있는 코코넛을 자를 때나 덩치가 큰 재료를 큰 칼을 이용하여 큰 동작으로 큰 조각을 내는 것은 '잘라친다'고 말한다.

● **도리다**: 고기의 일정 부분을 작은 칼로 자르는 것을 '도린다'고 표현한다. 일반적인 '자르다'보다 '도리다'는 동작이 작고 조심스럽다. 야구에서 공을 글러브로 받아 가져오면 '받아내다'가 되고 방망이로 쳐서 멀리 보내면 '받아치다'가 되는 것처럼, 잘라내듯이 조심스럽게 도려 가져오는 것은 '도려내다', '도리내다'이고, 도려서 밖으로 쳐내는 것은 '도리치다'이다. 닭을 통째로 삶거나 찐 다음에 고기를 찢어서 먹는 삼계탕이나 닭찜과는 달리, 닭을 도리쳐서 여러 조각을 만든 후 양념을 넣고 조리는 것을 닭도리탕(a+b+c)이라 한다.

국립국어원의 한 연구원이 "도리다는 우리 사전에 있는데 도리치다는 사전에 없어서 닭도리탕이 일본 말일 가능성을 배제할 수 없다"고 인터뷰하는 것을 보았다. 엄연히 사전에 도리다라는 말이 있는데 여기서 파생된 도리치다라는 말이 없다고 도리치다라는 말이 우리말이 아니라고 주장할 근거가 있는지 묻고 싶다. 우리 조상들은 닭도리탕 이름을 붙일 때 사전 보고 우리말인지 확인하고 불렀다는 말인가?

● **새기다**: 조리 과정 중에는 '새기는' 작업도 있다. 우리나라에서는 넓적한 모양의 식재료에 꽃, 나비, 새, 난간 등의 모양을 내서 자

르거나 새기는 행위를 '새기다'라고 하며 어물새김에 활용하였다.

　그러나 최근에는 솜씨가 사라지면서 가위를 사용하는 경우가 많아져 '문어오림' 등의 이름이 '오리다'라고 하기도 한다. 어물새김에 사용되는 기술은 우리나라 조리 기술 중에서 가장 두드러진 것이라 할 수 있으며, 의례기록인 《의궤(儀軌)》 중 찬품단자에도 절육(截肉)이라 하여, 대구, 홍어, 오징어, 전복, 문어, 상어 등이 재료로 수록되어 있다. 특히 전복, 문어, 오징어 등이 어물새김으로 유명하다. 새김이나 오림 등 조리 기술을 사용하는 음식은 평소에 먹는 음식이 아니고 큰상을 괼 때 장식으로 놓았다가 술안주로 이용되기도 한다.

　● **찧다**: 옛날에는 마늘과 수분이 약간 있는 재료를 으깰 때 절구나 도마에 올려놓고 칼 손잡이로 거꾸로 쳐서 으깼다. 이러한 동작을 '찧는다(찧다)'라고 한다. 요즈음에는 위험한 칼 대신 대부분 절구와 절구공이를 이용하여 찧는다.

　● **찌르다**: 음식의 재료에서 칼로 재료의 속 상태를 확인할 때 찌른다고 한다. 고기가 익었는지 안 익었는지 칼로 고기를 찔러보면 알 수 있다. 송곳으로 찌르는 것과는 약간 다른 과정이다.

　● **깎다/벗기다**: 과일의 껍질이나 고기의 털을 깎을 때 '깎는다'고 이야기한다. 생선의 비닐이나 껍질을 칼로 벗기는 것은 '벗긴다'라고 이야기한다.

● 썰다: 무와 같은 음식의 재료를 칼을 이용하여 작고 일정하게 여러 개로 써는 것을 채를 '썬다'고 한다. 요즈음은 무채 등을 만들 때 채칼을 이용하여 쉽게 무를 썬다. 생선에서 회를 뜬 다음에 일정하게 여러 개로 자르는 것도 회를 썬다고 한다. 고추나 깻잎을 일정하게 작게 자르는 것도 썬다고 한다.

● 삐지다: 무국을 끓일 때 무를 잡고 칼로 얇고 비스듬하게 잘라 낼 때 '삐지다'라는 표현을 한다. 소고기 무국을 끓일 때 이렇게 삐진 무를 넣어서 끓이면 매우 맛이 있다. 옛날에는 소고기 무국은 아무 때나 먹지 못하는 특별한 음식이었다.

## 가위를 쓸 때의 개념

● 자르다: 칼과 같이 재료나 음식을 가위로 여러 갈래로 자르는 것을 '자른다'고 이야기한다. 가위로 자르는 것은 초기 공정에서는 많이 쓰지 않고, 대부분 요리 과정 중 마지막 공정이다. 한식 상에서는 밥상을 받은 후에 가위로 음식을 자르는 것은 예절에 맞지 않았다. 그런데 요즈음은 냉면이나 조각이 길거나 큰 경우 상을 받은 후에 가위로 자르는 경우가 많아지고 보편화되고 있다.

● 오리다: 가위의 본래 용도이지만 음식에 있어서는 보통 혼례, 회갑 등의 잔치상이나 제사상에 장식으로 사용하는 것 외에는 거의

사용되지 않는다. 칼로 하는 '도리다'와 같은 행위와 크게 차이가 나지 않으나 넓죽한 것을 가위로 모양내서 자르는 것을 '오린다'라고 한다. 파생어로 '오려내다'도 있다.

- **썰다:** 칼로 써는 경우와 비슷한 행위이지만 작게 여러 개의 같은 모양으로 자르는 것을 '썬다'고 이야기한다. 주로 납작한 종이를 같은 모양으로 썰 때나 집에서 김을 작은 조각으로 썰 때 이외에는 그리 많이 활용되지는 않는다.

- **뜨다(포 뜨다, 회 뜨다):** '뜨다'의 사전적인 의미는 어떤 덩어리나 고기에서 칼로 일부를 자르거나 가위로 오려서 떼어낸다는 뜻이다. 이 말은 칼로 도려내면서 가지런히 놓는 행위까지 포함한다. 이때 뜬 고기를 저미어서 말리면 포가 되고, 바로 먹을 수 있도록 고기를 도려내어 가지런히 놓은 고기를 회라고 한다.

- **저미다:** 단순히 칼로 자르거나 써는 것에 비하여 좀 더 여성스러운 말이다. 세밀하게 가위나 칼로 썰어서 얇게 조각과 모양을 낼 때 저민다고 한다.

## 기타 도구를 쓸 때 하는 말

- **찧다:** 위에 '찧다'에서 언급한 것처럼 수분이 약간 있는 탄수화

물(섬유) 소재 원료를 으깰 때 '찧는다'고 한다. 절구통에 재료를 넣고 절구공이로 내리쳐서 찧는다. 옛날에는 벼를 절구통에 넣고 찧어서 겨를 벗겼고, 이렇게 쌀을 도정하는 것을 '방아 찧는다'고 하였다.

● **빻다:** 빻다는 절구에서 수분이 없는 고체를 절구공이를 계속 내리쳐서 가루로 만드는 것을 말한다. 후추는 방 안에서 소규모로 빻고 마른 고추는 밖에서 큰 절구에서 빻는다. 멥쌀로 떡을 만들 때 우선 쌀을 가루로 만드는 것을 빻는다고 한다. 요즘 대량 공정에서는 고추를 빻을 때 밀링머신(milling machine)을 이용한다.

● **갈다:** 절구통이 아닌 돌(石)로 만든 큰 학독에 마른 고추가 아닌 생홍고추 등을 넣고 약간의 수분이 있는 상태에서 돌로 작게 갈아 내는 것을 '고추를 간다'고 한다. 요즈음은 생홍고추는 블렌더(blender)로 갈아 풋김치나 열무김치 담그는 데 사용한다.

● **치다:** 우리 조상들은 특별한 날이면 특별한 음식인 떡을 만들어 먹었는데, 인절미 떡을 만들 때처럼 찹쌀을 찧어 떡판이나 절구통에 올려놓고 떡메로 밥알이 으깨져 서로 붙게 될 때까지 치는 과정 중에서 떡메로 치는 것을 '친다(치다)'고 한다.

● **젓다:** 잔칫날 큰 가마솥에서 죽이나 다른 음식을 끓일 때 열이 골고루 전파되도록, 또는 서로 잘 섞이도록 큰 나무 주걱으로 이리저리 돌려주는 것을 '젓는다'고 한다.

● **건져 내다(걷어 내다, 거르다):** 음식을 끓일 때나 조리과정에서 고기 덩어리와 같은 고체와 가마솥 같은 액체를 분리할 때 쓰는 순 우리말이다. 잔칫날 돼지고기 가마솥에서 고기를 통째로 삶은 다음에 고기를 꺼내어 다시 편육을 만들 때처럼 가라앉은 고기를 꺼낼 때 '건져 낸다'라고 이야기한다. 물보다 밀도가 낮은 기름 덩어리가 솥단지 위에 뜰 때 가려내는 것을 '걷어 낸다'라고 한다. 또한 고체가 일정한 모양을 형성하지 못하여 집어내지 못하고 빨리 가려낼 때는 체를 이용하여 분리하는데, 이때는 '거른다'라고 이야기한다. 마찬가지로 걸러서 가져오는 것을 '걸러 낸다'라고 부른다.

● **까분다(치다):** 주로 고체로 된 재료를 분리할 때 쓰는 말로 키(치, 체)를 이용할 때 사용한다. 나락(벼) 껍질을 분리할 때나, 쌀과 돌을 분리할 때 키에 얹어놓고 체서(까불어서) 구별해 내는 것을 말한다.

  ⇨ 키 : 어원은 '체'로서 '딤체'의 '체'와 같이 단모음화되어 '치'로 불리다가 서울에서는 부정회귀현상으로 잘못가서 '키'라 불리게 됨.

● **짜다:** 음식에서 물기와 같은 액체를 누르거나 비틀어서 빼낼 때 짠다고 한다. 한약과 같이 오래 달인 후에 삼베보에 넣고 이를 비틀어 눌러서 약(액체물)을 빼내는 것을 '짠다', '짜 낸다'라고 한다. 또한 참깨나 들깨와 같은 고형물에서 깨고 누르거나 하여 기름을 빼내는 행위도 '기름을 짠다'라고 한다.

# 손맛에서 나오는 우리 음식 맛

　서양에서는 음식의 맛을 낼 때 손을 많이 쓰지 않는다. 조리를 할 때, 불을 사용하기 때문에 음식을 섞을 때 직접 손을 사용할 수 없었는지 모른다. 이에 반해 우리나라는 음식을 만들 때, 양념이나 양념장을 넣어 무치고, 비비고, 버무리고, 주물럭거리며 섞는 과정이 있고, 이 과정에서 대부분 직접 손을 사용한다. 이때는 과정 자체가 대체적으로 불을 사용하지 않는 편이다. 그래서인지 서양에서는 음식을 '불맛'으로 표현하는 반면 우리나라는 음식을 '손맛'으로 표현한다.

　우리 조상들은 불을 쓰지 않는 요리에 정갈한 맛을 유지하려고 애를 썼다. 이러한 맥락에서 서양에서 말하는 '소스'와 우리 '양념'의 차이도 드러난다. 소스는 불을 사용해서 만든 후에 식탁에서 음식에 뿌리거나 부어 먹는 반면, 우리 양념은 무쳐놓은 상태로 내와 먹거나 양념장을 만들어 밥상에 올리고 직접 찍어 먹도록 하였다. 찍어 먹는 방법 역시 장의 정갈한 맛을 유지하는 하나의 방법이었다.

# 6.

## 구곡 순담의 한식

∵ 한식, 음식 다양성의 보고다 ∵

# 어떤 스타일로 사느냐가
## 중요하다

인간은 누구나 건강하게 살며 천수(天壽)를 누리기를 바란다. 나이가 들어갈수록 건강에 관심이 많아지고 스스로 건강을 챙기는 것은 동서고금을 막론하고 인지상정이다. 하지만 대부분 사람들은 모순적이게도 놀 것, 먹을 것, 다 누리며 건강하기를 바란다.

건강하려면 일차적 욕구에 대한 가치 있는 인내와 꾸준하고도 부단한 노력이 동반되어야 한다는 사실을 까마귀 고기를 먹듯 쉽게 잊어버린다.

건강하게 오래 살고자 하는 사람들이 해야 할 것은 그리 많지 않다. 물론 축복받은 생물학적 특성 등 유전적 요인(genetic factor)이 사람의 수명과 건강에 크게 관여하고 있는 것은 사실이나 그보다 생활습관(life style)을 어떻게 하느냐가 건강하게 오래 사는 중심 요소로 작용한다.

일상적으로 생활습관은 크게 세 가지로 나눈다. 일하는 스타일, 노는 스타일, 먹는 스타일(식습관)이다. 일의 경우 사람마다 크게 다르지 않고 개인의 힘으로 쉽게 바꿀 수 있는 영역이 아니므로 여기서는 논외로 두자.

그렇다면 '노는 스타일'과 '먹는 스타일'을 어떻게 하느냐에 따라 건강 수명이 결정된다고 볼 수 있다.


## '노는 법'도 배워야 한다

우리말에서 영어로 번역하기 가장 힘든 단어가 '정(情)'이라고 한다. 한국의 문화를 이해하려면 정을 이해하지 않고는 알 수 없다고 하는데, 이와 비슷한 말이 바로 '논다'이다. 우리말 '논다'를 영어로 번역하라면 곧 잘 play(연주한다, 운동을 한다) 또는 leisure (시간을 즐긴다)로 번역하는데, 아무래도 이 단어만으론 충족되지 않는다.

그렇다고 exercise(운동한다)도 아니고, enjoy(즐긴다)도 아니고, be idle, be lazy(게으름피우다), healing(심신을 달래며 쉰다), take rest (휴식, 쉰다)도 gambling(노름한다)만도 아니다.

우리말 '논다'는 마음으로, 또 육체적으로 쉬고 치료한다는 말도 있으며, 또한 즐기며 시간을 보낸다는 뜻도 있다. 반면에 '일 안하고 빈둥빈둥 허송세월 보낸다'라는 의미도 있다. '논다'라는 것은 우리나라에만 있는 정서를 직접 나타내는 말이므로 '논다(Nonda)'라고 번역하는 것이 맞을 것이다.

우리나라는 원래 풍류를 즐기는 민족이었으나 어느 때부턴가 놀고, 즐기고, 운동하고, 쉬는 일에 크게 가치를 두지 않고 오직 일하는 것에만 가치를 두기 시작하였다. 산업경제의 덫이기도 하다.

아무튼 우리는 밥 먹고, 일하고, 잠자는 시간을 뺀 나머지 하는 일에 대하여 쉽게 '논다'라고 부르게 되었다. 당연히 노는 것에 대하여 한 번도 배워본 적도 없으며 가르쳐본 적도 크게 없다.

사실 요즈음은 노는 시간이 많아졌는데 정녕 제대로 놀 줄을 몰라 큰 문제를 일으키는 경우가 많다. 노는 스타일은 우리 건강과 수명에도 크게 관련이 있다. 어떻게 놀 것인지에 대하여 설계하는 것은 중요하고, 건강하게 잘 놀기 위해서는 고통과 인내 또한 당연히 뒤따른다.

## '어떤 음식'을 먹을지가 아니라, '어떤 스타일'로 먹을지

잘 노는 일 다음으로 건강하게 오래 살기 위해서는 먹는 스타일(식습관, dietary habit 또는 dietary style)의 개선이 중요하다.

어느 음식 하나(food)를 먹는 것이 아니라, 어떤 종류의 음식을 어떻게 먹느냐가 중요하다. 우리나라에서는 '무엇을 먹을 것인가?'가 아니라 '무엇으로 먹을 것인가?'가 더 중요하다는 뜻이다.

먹는 스타일에는 문화와 역사 등 생활적 요소가 포함되어 있으며, 건강과 먹는 스타일은 매우 밀접한 관계가 있다. 건강하게 오래 살기 위해서는 먹는 습관을 잘 들여야 한다.

하지만 대부분의 사람들은 인내와 노력이 동반되는 생활 개선에는 관심이 없고 '어떤 것'을 먹는 데만 관심이 많다. 노는 스타일이나 먹는 스타일을 개선하는 데는 게으르고 나태하면서, 먹는 것 한 방으로 건강해지길 원한다. 물론 어떤 물질이 들어가 있는 것을 먹느냐는 여전히 매우 중요하다. 그리고 어떻게 놀면서 먹는가도 문화적으로 매우 중요하다.

건강하게 오래 살기 위해서는 어떻게 해야 할까? 일하는 스타일은 내가 혼자 맘대로 바꾸기 쉽지 않고, 노는 스타일은 배운 적이 없고 때로는 비용이 들어갈 때도 있어서 바꾸기가 쉽지 않다. 그러나 사람은 안 먹고 살 수는 없다. 가난한 사람이나 부자나 하루 세 끼 먹기는 마찬가지다.

이에 따라 먹는 스타일을 고칠 기회는 누구에게나 하루에 세 번씩 주어진다는 사실은 분명하다. 그만큼 먹는 스타일은 누구라도 마음만 먹으면 고칠 수 있는 영역이다.

## 건강하게 먹는 스타일, 한식에 답이 있다

많은 학자들이 식습관 생활 개선과 건강식품에 의하여 건강 수명을 적어도 5~6년 이상은 연장이 가능할 것으로 예측한다. 그리고 어렸을 때부터 노는 스타일만 제대로 가르치고 교육을 시켜도 건강 수명이 몇 년은 연장될 것으로 예측한다.

사적 영역인 식습관과 노는 습관 개선만으로도 국민의 건강 수명이 연장된다는 것은, 결국 치료비의 감소를 가져올 수 있어 국가 의료비 부담을 줄일 수 있다. 앞으로는 노는 방법도 국가가 가르치고 배우도록 나서야 하지 않을까 생각한다.

백세 시대, 고령화가 진행될수록 비자발적으로 노는 사람의 숫자가 증가하고, 사람들의 일상에서 노는 스타일과 먹는 스타일은 그만큼 더 중요해졌다. 이에 대해서는 대부분이 고개를 끄덕이고 수긍한다.

하지만 어떻게 할 것인가는 질문으로 남는다. 노는 스타일은 여기서 논할 내용이 아니고, 어떤 음식을 어떻게 먹을 것인가에 대해 답을 구한다면, 바로 한식에 그 답이 있다.

# 2

# 세계 장수 지역에서 발견한
## 건강 음식의 조건

건강의 관점에서 음식을 말할 때 우리는 그동안 칼로리와 영양 측면에서 주로 이야기를 해왔다.

영양 성분의 균형이나 영양소의 충분한 공급, 미네랄이 얼마나 함유되어 있는지 등으로 음식의 건강성을 중심으로 측정했다. 그러나 21세기 들어와 여러 장수 지역을 역학적으로 조사한 결과, 기존의 관념으로 보면 맞지 않는 현상(paradox, 역설)이 발견되었다. 기존의 고전적인 영양 기준이 그 지역민들의 건강이나 장수 여부와 꼭 일치하지 않은 경우가 여러 군데에서 드러난 것이다.

생명과학과 인류학이 발달하면서 이러한 패러독스(역설)의 이유가 과학적으로 밝혀지고 있다. 그러면서 장수 지역의 전통 식단이 새롭

게 주목받기 시작했다.[*]

실제로 건강과 장수 여부에는 단순히 음식의 영양적인 요인이 아닌 다른 요인들이 크게 작용한다. 서양에서 수행한 7개국 코호트 조사[**]를 토대로 영양, 문화, 사회 환경, 생태가 수명에 미치는 연구를 하며 세계의 건강식품을 조사한 결과, 건강과 장수의 문제는 단순한 음식의 영양학적인 측면으로만 설명할 수 없는 결과가 나왔다.

세계적으로 건강식으로 유명한 지역의 음식 문화를 통해 앞으로 백세 시대에 건강하게 살아가는 데 필요한 건강 식단의 조건이 무엇인지 살펴보도록 하자.

## 프렌치 패러독스(French paradox)와 지중해 식단

세계 어느 나라나 자국(自國) 음식이 세계적으로 가장 건강한 식단이라고 내세우고 있지만, 그중에도 지중해 식단(Mediterranean diet)과 북유럽 식단(Nordic diet)은 실제로 유명하고 오랫동안 건강식으로 인정받아 왔다.

---

[*] 박상철, 《과연 불로장생 식단은 있는가?, 건강백세이야기》, 식안연, pp.14~49, 2019
[**] Cohort study, 처음 조건이 주어진 집단(코호트)에 대하여 이후의 경과와 결과를 알기 위해 조사하는 방법. 전향적 연구(prospective study)의 일종이다.

지중해 식단에 대하여는 이미 영양학적으로 많은 연구가 진행되었다. 그중에서도 지중해 식단의 우수성을 '음식 소비 피라미드*'로 설명해 보자.

지중해 사람들은 채소나 과일 등 식물성 식품을 가장 많이 섭취하며, 지방의 종류로는 올리브 오일을 많이 먹는다.

특징적인 것은 지중해 사람들은 필요한 칼로리 양의 40%를 지방으로 섭취함에도 불구하고 최근 문제되는 대사성 질환(생활 습관이 원인이 되는 질병)인 비만, 고혈당(당뇨), 고혈압, 고지혈 등 혈관성 질환 암의 발생률이 낮다는 점이다.

이러한 현상을 '지중해 패러독스(Mediterranean paradox)'라고 한다. 특히 프랑스인들의 경우 육류를 많이 섭취하는데도 심혈관 질환 사망 빈도가 다른 유럽 국가에 비해 현저히 낮아 이를 '프렌치 패러독스(French Paradox)'라고 부른다.


그 이유는 무엇일까. 과학자들이 연구한 결과, 다른 지역은 육류를 통해 포화지방산**과 오메가 6 지방산을 주로 섭취하는 데 반해 지중해 지역은 과일, 올리브유, 생선에 의한 불포화지방산과 오메가 3 지방산 위주로 식단이 구성되기 때문이라는 사실이 밝혀졌다.

이는 건강을 위해 지방을 반드시 제한할 필요는 없으며, 적당한 지방은 먹어도 괜찮다는 사실을 알려준다. 무엇보다 지방의 구성이

---

* Diet pyramid. 많이 먹는 음식을 밑으로 놓고 적게 먹는 음식을 위로 놓으면서 삼각형을 그려 만든 그림을 음식 소비 피라미드라고 한다.
** 분자 내에 이중 결합이 없는 지방산. 실온에서 주로 고체 상태의 동물성 지방.

건강에 매우 중요하다는 사실도 확인시켜 주었다.

프랑스 사람들이 육류를 즐겨 먹지만 다른 유럽 국가에 비하여 심혈관 질환 사망 빈도가 낮은 또 다른 이유는 바로 포도주이다. 특히 적포도주의 주 성분인 레스베라트롤(resveratrol) 섭취로 그런 결과가 나타난다는 것이다. 이같이 건강에 이로운 사실이 알려지며 프랑스 식단과 와인은 더 유명해지고 세계적으로 와인 인구가 크게 늘어난 계기가 되기도 하였다.


## 북유럽 식단(Nordic diet)과 북극해 식단

바이킹의 후예들로 알려진 북유럽 국가들의 음식도 건강 식단으로 알려져 있다. 소위 북유럽 식단(Nordic diet)은 지중해식 식단과 음식 소비 피라미드 구조가 비슷하다. 지중해식과 크게 다른 점은 올리브 기름 대신 유채씨 기름*을 많이 먹는다는 정도이다.

연구에 따르면, 북유럽 식단은 콜레스테롤, 중성지방을 낮추어 심혈관계 질환 예방에 도움이 된다. 이는 육류보다 연어와 고등어 등 바닷물고기를 많이 먹고 채소는 당근과 감자 통곡류를 많이 먹는 까닭이다. 이들은 우유 또한 발효식품으로 즐겨 먹는다.

---

\* 유채 기름을 레입시드(rapeseed) 기름이라고 했는데, 몸에 해로운 erucic 산을 줄여 요즈음은 카놀라 기름(canola oil)이라 한다.

지중해식이나 북유럽식 식단에서 보듯이 일반적으로 채소류를 충분히 섭취하는 것이 심혈관 질환의 발생률을 낮춰, 건강에 도움이 되는 것은 잘 알려진 사실이다. 그런데 덴마크의 한 교수는 그린란드의 예를 들어 여기에 또 다른 의문을 제기했다. 북극해에 위치한 그린란드의 사람들은 지역 환경의 특성상 채소를 많이 섭취하지 못하며 주로 물개나 생선을 먹는데도 심혈관 질환이 거의 없다. 이를 두고 '그린란드 미스터리(Greenland mystery)'라 칭한다.

이에 대한 연구 결과, 북극인들이 건강할 수 있었던 이유는 이들이 주로 먹는 물개나 어류(연어, 참치, 정어리)에 불포화지방산으로 오메가 3 지방산인 EPA, DHA가 풍부하기 때문인 것으로 나타났다.

이는 고혈압, 심근경색, 암, 당뇨, 관절염, 뇌신경 기능에도 중요한 역할을 할 뿐만 아니라, 우울증, 주의 집중 저하 등 정서적인 기능에도 영향을 끼친다고 보고돼 있다. 특히 오메가 3 지방산과 오메가 6 지방산의 비율(오메가 3 지방산/오메가 6 지방산)이 건강에 매우 중요하다는 것을 알 수 있다.

지중해, 북유럽, 북극해의 건강 식단을 이야기하며 한 가지 짚고 넘어가자면, 각 지역마다 그 지역에서 나는 고유의 기름을 먹는 것이 건강에 중요하다는 점이다. 북극해에 있는 모든 동물들은 오메가 3 지방산이 없으면 그 지역에서 살아남지 못한다. 기름을 무조건 피하는 게 최선이 아니라 불포화지방산, 오메가 3 지방산 등 좋은 기름을 먹는 것이 중요하다.

우리나라 사람들의 경우 오메가 3 지방산을 먹지 않아도 살아가는 데는 큰 문제는 없으나, 동물성 지방 같은 포화지방산보다는 오메가 3 지방산과 같은 불포화지방산을 섭취하는 것이 우리 몸 건강을 유지하는 데는 훨씬 바람직하리라고 본다.

### ◈ 코코넛 기름은 우리나라 사람들의 몸에 좋을까?

요즘 TV 방송에서 열대 지방의 코코넛 기름이나 코코넛 우유를 사용하는 음식 요리가 자주 등장하고 있다.

그러나 북유럽 식단과 '그린란드 미스터리'에서 본 바와 같이, 코코넛 기름이나 코코넛 우유가 우리나라 사람, 정확하게 말하면 우리나라에 사는 사람들에게도 좋을지는 의문이다. 코코넛 기름과 같이 열대 지방에서 나는 기름들은 기본적으로 포화지방산이 많다. 다만 열대지방에서는 온도가 높아 액상 기름 형태로 존재하지만 온대나 한대지방에서는 쉽게 응고되기 때문에 우리나라에서 포화지방산이 많은 열대지방 기름을 요리에 사용하여 먹는 것이 몸에 좋을 리가 없다.

상식적으로 생각해 보아도 코코넛 기름은 녹는 온도가 높아 온도가 높은 열대 지방에서 사는 사람들에게는 문제가 없지만 온도가 낮은 우리나라에서는 쉽게 응고되므로 우리나라 사람들에는 심혈관 질환 등의 문제를 일으킬 가능성이 충분히 높다. 물론 화장품으로 쓰는 경우는 다른 이야기다.

우리나라에서는 적어도 우리보다 위도가 높은 지역에서 나는 기름을 사용해야 건강한 음식을 만들 수 있다. 이러한 기름일수록 낮은 온도에서도 응고되지 않기 때문에 불포화지방산이 많고 오메가 3 지방산이 높다.

다만 불포화지방산이 많은 기름은 포화지방산이 많은 팜유나 코코넛 기름보다 산패가 되기 쉬우므로 산패가 되지 않도록 보관을 잘하고, 튀기는 기름으로는 적합하지 않으므로 사용하지 않도록 주의한다. 만일 튀김 기름으로 사용할 때는 재사용을 하지 않는 것이 바람직하다.

# 영원한 장수 지역은 없다, 오키나와 패러독스

　1990년대에는 일본의 오키나와가 세계 최고 장수 지역으로 부각되면서 그 지역 주민의 생활습관과 식생활에 대한 연구가 큰 주목을 받았다(오키나와 프로그램).[*] 오키나와 주민들은 보라색 고구마, 시콰사, 고야(여주) 등의 신선한 채소와 과일, 두부, 곤부를 비롯한 해조류를 선호하고 즐겨 먹었는데, 이러한 음식의 건강 효과가 과학적으로 해석되면서 오키나와 식단의 장점이 강조되었다.

　더욱 흥미로운 점은 이 지역 주민들은 돼지고기를 선호하는데, 반드시 삶고 찌는 방법으로 조리한다는 사실이다. 같은 동물식이라도 전통적 조리 방법으로 지방을 최소화하여 섭취한다는 점에서 그 건강성이 부각되었다. 오키나와에는 전통적으로 생선이나 육류를 요리할 때 굽는 조리법이 없으며, 대신 재료를 신선하게 생으로 먹거나 또는 삶거나 찌는 방식의 요리가 주를 이루었다. 이러한 내용이 오키나와 사람들의 장수 비결로 알려지기 시작하였다.

　그러나 2005년도 이후로는 장수 지역으로 오키나와의 위상이 크게 떨어지고 말았다. 그 이유는 2차 대전 이후에 오키나와에 미군이 주둔하면서 신세대 오키나와 청장년층이 전통식단을 버리고 미국식

[*] Willcox BJ, Willcox C and Suzuki M, The Okinawa Program, Learn the Secrets to Healthy Longevity, Three Rivers Press, New York, NY, USA, 2001

인스턴트 식단을 즐겼기 때문이다.

육류를 섭취하는 방법도 전통 조리 방식이 아닌 굽는 조리 방식으로 바뀌었고, 이와 함께 심혈관 질환 이환율(罹患率)*도 크게 증가하였다. 건강에 문제가 된 이들은 주로 2차 대전 종료 시점의 청소년들이었다. 지금과 같은 상황이라면 오키나와가 미래에도 장수 지역으로 남을 수 있을지는 미지수이다.

오키나와의 사례는 인간의 장수에 사회 환경의 변화와 개개인의 생활습관 변화가 매우 중요함을 단적으로 보여준다. 이와 같이 천연의 장수 지역이었음에도 불구하고 식생활 패턴의 변화에 의하여 단명이 초래되는 현상을 '오키나와 패러독스(Okinawa Paradox)'라고 부른다.


## 코리안 패러독스와 '구곡순담' 식단

일찍이 한국의 장수 지역을 조사하고 그 지역의 장수 이유를 알아보기 위한 연구를 시작한 박상철 교수는 '구곡순담(구례, 곡성, 순창, 담양)' 지역을 한국의 장수벨트 지역으로 설정하고, 이 지역 장수인들의 식단과 코호트 조사 연구를 한 바 있다.

'구곡순담'이라는 용어는 전경수 박사(서울대 인류학과 명예교수)가 처음 사용했다. 백세인(centenarian)을 중심으로 연구한 결과, 이들

---

* 새 환자뿐 아니라 그동안 환자를 포함해 아픈 사람의 비율

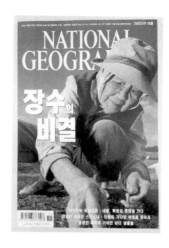

▌ 박상철 교수가 연구한 장수의 비결,
구곡순담 이야기가 National Geographic
2005년 11월 표지에 실렸다.

의 장수에 유전적인 요인은 25%에 불과했으며, 생활 습관, 특히 식이 습관이 장수에 크게 작용하는 것으로 나타났다.[*]

이들은 대부분 밥과 된장국, 생선, 김치, 그밖에 다른 반찬 한두 개로 구성된 식사를 하였는데, 이러한 소박하고 규칙적인 식사가 장수와 건강 상태에 크게 영향을 준 것으로 보인다. 앞으로도 이들 장수 지역의 코호트 조사가 꾸준히 이루어져야 할 것으로 본다.

사실 그동안 김치나 장류와 같이 소금이 많이 들어간 음식과, 국과 탕을 즐겨 먹는 식습관을 두고 한국인의 먹는 습관이 건강하지 못하다는 주장이 매우 널리 퍼져있었다. 염분 섭취 측면에서 한국인들이 고혈압과 심혈관 질환에 걸릴 확률이 훨씬 높아 오래 살지 못할 것이라는 주장이었다. 이 주장대로라면 한국인의 평균수명은

---

[*] 이미숙, 《한국 장수인은 무엇을 먹고 사나》, 《건강 100세 장수식품 이야기》, 식안연, pp. 51~77, 2018 /
박상철, 〈장수의 비결〉, National Geographic, 11월, 2005

50~60세 정도로 다른 선진국에 비하여 턱없이 짧아야 한다. 하지만 실제 한국인의 평균수명은 80세를 넘은 지 오래다.

프랑스 사람들이 고기를 많이 먹는데도 심혈관 질환 없이 건강하다는 것을 프렌치 패러독스라고 한 데 빗대어 한국인들이 염분 섭취가 높아 보임에도 한식 밥상을 통해 건강을 유지하는 것을 두고 '코리안 패러독스(Korean Paradox)'라 한다.[*]

몇몇 사람들이 한국 음식은 짜고 매워서 건강한 음식이 아니라고 떠들고 있는데도 오히려 한식을 먹는 우리나라 사람들이 세계적으로 오래 사는 현상을 두고 하는 말이다.

## 중국 음식에 대한 소회

세계에 많은 중국계 사람들이 살기 때문에 중국 음식은 세계 각처에 널리 알려졌다. 중국인들은 중국 음식에 대하여 대단한 자부심을 갖고 있고, 건강 음식이라고 많이 이야기한다. 물론 중국 음식 재료는 세계 어느 나라보다 다양하고 음식 또한 맛있다.

그러나 중국 요리는 맛있게 하는 과정에서 직접 불을 많이 사용하고 기름으로 튀기는 등 고온에서 조리를 많이 하기 때문에 맛은 있지만 건강한 음식이라고 말할 수 없다. 건강한 음식이라고 이야기하

---

[*] Park J and Kwock CK, Sodium intake and prevalence of hypertension, coronary heart disease, and stroke in Korean adults. J Ethn Foods;2:92~96, 2015

기에는 다른 과학적 증거가 필요하다.

중국 음식이 이렇게 기름에 튀기고 칼로리가 높은 반면에 미국인들에 비하여 비만인 사람이 적은 현상을 차이나 패러독스(China paradox)라고 한다. 그 이유를 중국 사람들은 음식을 먹고 꼭 차를 먹기 때문이라고 주장하기도 한다.

## 재료, 온도, 발효가 생명이다

세계 각 나라의 건강 식단에서 살펴보았듯이 건강 음식의 조건은 무엇보다 그 지역의 자연환경에서 나고, 그 자연환경에 가장 잘 어울리고 알맞은 재료(곡류, 채류, 고기_육류와 생선 등, 기름)를 먹는 것에서 출발한다. 또한 먹는 방식도 그 나라의 오래된 풍습과 전통에 맞게 조리하여 먹는 것이 건강하고 안전하다.

동물이든 식물이든 자연에서 나온 식재료를 보면 탄수화물, 단백질, 지방의 영양 성분도 그 지역의 온도와 환경에 따라 각각 다르고, 그 지역민들에게 최적화된 탄수화물, 지방, 단백질을 합성하는 것을 알 수 있다. 따라서 그러한 식재료가 그곳에 사는 사람들에게는 가장 좋은 음식이 된다.

건강한 음식이라면 요리 과정의 온도도 다르다. 음식은 조리하는 과정에 따라 맛이 다르다. 대부분 조리 온도가 높을 때 여러 향미성분이 생기면서 맛이 좋아지는데, 육류는 불에 직접 구울 때(조리 온도

600~700℃) 가장 맛이 있고, 그 다음 400~500℃ 온도인 기름에 튀길 때 맛이 높아진다. 바로 사람들이 로스트 구이나 생선구이를 맛있게 먹고 어린이들이 프라이드치킨을 좋아하는 이유이다. 그러나 이러한 조리 방법은 그 맛이 뛰어난 만큼이나 안전성의 측면에서 위험성이 도사린다.

고온으로 굽거나 태울 때, 기름에 튀길 때 고위험군의 물질도 동시에 생성되고, 더군다나 기름은 산패될 가능성이 있기 때문에 건강식으로는 권장하는 방법이 아니다. '오키나와 프로그램'을 저술한 스즈끼 교수는 오키나와의 장수 이유가 바로 '돼지고기를 삶아 먹는 전통'에 기인한다고 이야기하였을 정도로 고기를 굽거나 태우는 방법의 위험성을 경고하였다. 실제로 단백질, 지방, 탄수화물 중에서도 기름(지방)이 많은 부위의 고기가 가장 맛은 좋다.

한국인들은 다양한 육류를 먹을 기회가 적었고, 음식을 튀겨 먹을 정도로 기름이 많이 나지 않았기에 한식에는 고열 조리 과정이 생활로 자리 잡을 수 없었다. 고열 처리 과정이 적은 점이 바로 한식이 건강음식이 되는 원리로 작용하였다.
한식의 조리 과정을 보면 밥을 짓는 과정은 100℃ 정도이고, 채소를 지지거나 데치고 버무려 나물을 만드는 과정 또한 조리 온도가 높지 않다. 또한 한식은 다양한 재료만큼 다양한 조리방법이 발달하였다.

# 낮은 온도에서 조리한 음식이 건강하다

건강한 음식을 먹으려면 굽거나 튀기는 요리를 피하고 데치거나 삶는 등 최소한의 열처리를 하는 것이 중요하다. 이때 맛을 내는 방법으로 소금과, 후추, 조미료, 소스, 양념 등을 사용하는 방법이 있다.

낮은 온도에서 요리하고 건강한 음식을 만드는 조건, 이러한 모든 요구를 충족시키는 음식이 바로 발효식품이다. 우리의 발효음식 김치를 보면 발효 온도가 자연 그대로의 온도로 높지 않은 온도임을 알 수 있다. 채소는 조리 온도가 너무 높으면 비타민 등 영양소가 파괴되고, 물러지기 쉬워 우리 조상들은 항상 조심스럽게 다루었다.

다만 이렇게 낮은 온도에서 열처리한 음식은 대체로 맛이 없을 수밖에 없었다. 이러한 맛 문제를 해결하기 위하여 우리 조상들이 찾아낸 방법이 바로 발효문화이고 양념문화이다.

고추, 마늘, 파, 양파, 생강 등 갖은 양념을 우리나라 고유 발효식품인 간장, 고추장, 된장, 식초 등을 활용하여 맛있게 먹는 수단으로 발전시킨 것이다.[*]

그런데 오늘날 과학이 발달하여 연구해보니 각종 채소가 우리 몸

---

[*] 권대영, 이영은, 김명선, 김순희(대표저자)외 8인, 《한식을 말하다-역사 문화 그리고 건강》, 한국식품연구원, 2017 / Chung KR, Yang HJ, Jang DJ and Kwon DY, 2015, Historical and biological aspects of bibimbap, a Korean ethnic food, J Ethn Foods:2:74-83, 2015 / Kim S.H., K.R. Chung, H.J. Yang, and D.Y. Kwon, Sunchang Kochujang (Korean red chili paste): The unfolding of authenticity, J. Ethnic Foods, 3, 201-208, 2016

건강에 필수적인 식재료이고, 각종 양념에 들어있는 재료 또한 매우 건강한 식이 요소로 밝혀졌다.

세계의 과학자들이 한식의 재료와 양념에서 건강한 물질을 발견하고 연구하여 그 기작(機作, 기본원리, 즉 메커니즘)을 속속 밝혀내고 있다.

---

◈ **세계 5대 건강식품**

건강잡지 헬스(Health)지가 선정한 세계 5대 건강식품*을 보면 건강식의 요건을 충족한 음식이 무엇인지 알 수 있다. 인도의 렌틸콩, 우유 발효식품, 콩과 콩 발효식품, 김치, 그리고 올리브 오일이다. 우리나라는 세 개의 발효식품이 포함되어 있고 두 종류의 콩류도 있다. 올리브 오일은 낮은 온도에서 맛있게 먹기 위한 드레싱(소스)으로 주로 사용된다.

---

## 피토케미컬이 풍부한 나물과 김치

영양이 넘쳐나는 오늘날, 건강을 유지하기 위해서는 균형 잡힌 식단으로 채소를 충분히 먹는 것이 중요하다. 우리 한식과 같이 데쳐서 나물로 먹거나 김치로 발효시켜 먹을 경우 채소를 넉넉하고 충분하게 먹을 수 있는 장점이 있다. 서양의 샐러드 형식과는 양이나 영양

---

\* Raymond J, World's Five Healthiest Foods, Health Magazine, Mar 25, 2006

에 있어서 비교가 되지 않는다.

앞서 언급한 바와 같이 오래전부터 나물은 한국인의 식생활에서 일 년 내내 먹었던 가장 기본적이고 일반적인 반찬이었다. 철마다 다르게 나오는 다양한 채소에 갖은 양념으로 만든 제철음식은 자연과의 조화와 균형적인 삶을 살 수 있는 방법을 제시한다. 건강하다고 하는 세계 어느 나라 음식보다 자연친화적이다.

나물과 채소의 영양적 가치와 피토케미컬의 기능성 측면, 그리고 현대인에게 나물과 채소의 섭취는 생명과 지구를 살리는 대안으로 떠오른다. 특히 나물은 한국인 및 세계 사람들에게 가장 건강한 음식 재료 중 하나이다.

한식의 정의와 특징에서 본 바와 같이 한국 음식은 균형과 조화와 정성이 깃든 식품이다. 육류나 지방 섭취가 적고, 대신 다양한 나물류와 각종 양념을 통해 피토케미컬을 충분히 섭취할 수 있다. 콩 발효식품을 주로 섭취하다 보니 단백질과 탄수화물, 채소가 잘 어우러진 균형 식단을 이룬다.

무엇을 어떻게 먹는 습관을 만들어야 건강하게 센테내리언(Centenarian, 백세인) 시대를 보낼 수 있을까? 한식의 건강적 가치를 좀더 살펴보며 함께 고민해 보자.

# 3

# 막걸리와 김치의
## 다양성을 살리는 법

    한식은 다양한 식재료와 다양한 조리 방식으로 만들어진다. 김치만 해도 200~300여 종류가 있다. 철마다 다양한 식재료를 활용하며 자연과 조화를 이루고, 한 가지 식재료를 가지고도 김치, 나물, 조림, 전, 국 등 다양한 조리 방식으로 만들어 먹는다. 한식은 이렇듯 다양성의 문화와 전통을 지니고 있다. 한식을 건강식으로 꼽는 이유도 무엇보다 '다양성'에서 찾을 수 있다.

    음식의 칼로리 섭취가 먹는 행위의 주목적일 때에는 음식의 종류가 다양할 필요가 없었다. 빨리 조리하고 빨리 먹고 쑥쑥 자라고 빨리 일할 수 있으면 되었다. 실제로 산업화 시대에는 이렇게 칼로리 섭취를 지향하는 음식 문화가 주를 이뤘다.

현재 영국의 대표적인 음식 하면 대부분의 사람들이 '피쉬앤칩스(fish and chip, 대구, 가자미 등 흰살생선을 활용한 생선튀김, 감자튀김과 함께 먹는 영국 대표음식)'만을 떠올린다. 영국도 예전에는 스테이크(steak) 등 고유의 다양한 음식과 문화가 있었다.

그러나 18세기 산업혁명 시대엔 음식을 만들고 먹는 시간을 줄여야 하는 희생을 강요당하면서 이후 음식 문화가 매우 빈곤해졌다.

산업화 시대를 지나면서 이제는 많은 나라가 식문화를 매우 중요하게 여긴다. 더구나 산업화 이후 초고령 사회에 진입하면서 사람들이 건강에 대한 관심이 매우 높아졌다. 개인의 건강 상태나 취향에 따라 음식을 선택하는 폭도 넓어졌다. 이러한 때에 한식이 다시 세계적으로 주목을 받고 있다.


## 한식, 다양성의 식문화

우리나라는 5,000년 이상의 농경 역사를 겪어오면서 한 번도 영양이 풍족한 적이 없었다. 기나긴 농경 역사와 초근목피를 겪으며 어려운 시절을 이겨내던 생활 덕분에 세계 어느 나라보다 다양한 재료를 식재료로 활용하는 방법을 발견해 왔다.

최근 생명과학기술이 발달하여 우리가 먹고 있는 재료에 대한 분석과 그 음식의 건강기능에 관한 연구들도 많이 이루어진다. 그 결과 한식의 다양한 효능도 밝혀지고 있다. 한식 고유의 식재료에 다양한 기능성 물질들이 포함된 사실도 널리 알려졌다. 한식 양념에 주로 들어가는 마늘, 고추, 생강과 각종 채소류는 세계적으로도 건강에 좋은 식재료로 꼽힌다.

물론 중국도 우리나라만큼, 아니 오히려 우리보다 다양한 식재료를 먹는다. 그러나 중국은 식물성 기름이 풍족한 나라이다 보니 튀기기만 해도 맛있고, 또 오래 저장이 가능하여 기름을 쓰는 방법 이외에 다양한 조리 방법이 발달하지 못했다. 이러한 이유로 중국의 음식은 우리나라보다 다양성이 떨어진다고 볼 수 있다.

재료와 조리의 다양성 측면에서도 우리 음식은 앞으로 백세 건강을 위한 맞춤형 식단이 될 가능성이 무궁무진하다.

다만 우리나라 음식이 글로벌 건강 음식으로 나아갈 때에는 그 다양성과 독특한 특성을 과학화하여 '내재적 표준화(internal standardization)'를 만드는 것이 반드시 필요하다. 그래야 세계인들을 설득할 수 있기 때문이다. 실제로 한국 음식은 지중해식 식단이나 북유럽 식단에 비해 식재료나 조리 방법의 다양성 등에서 훨씬 우수하지만, 체계적인 연구와 홍보가 부족한 편이다.


## 다양한 음식 문화 반영할 '내재적 표준화'

세계적으로 건강한 식문화를 말할 때, 지중해식 식단(Mediterranean

diet)이나 북유럽식단(Nordic diet)이 자주 언급되는데[*], 이들 나라는 국가 차원에서 많은 연구를 하여 문화적, 과학적 콘텐츠를 확보하고 적극적으로 홍보하고 있다.

이렇게 구축된 콘텐츠는 논문과 신문 기사를 통해 인용되고 널리 알려진다. 이런 가운데 소위 '프렌치 패러독스[**]'라는 말이 등장했고, 와인 올리브유 등이 건강 식품으로 세계적 관심이 높아지는 계기가 되었다.

프랑스와 이탈리아는 농식품산업이 국가 제1의 산업이면서 동시에 세계 농식품산업을 이끈다. 그 이유는 바로 다양성에 있다. 예를 들어 포도주만 하여도 거의 수백 종의 제품이 있다. 각각 맛이 다르고 스토리가 다르고 지리적 특성 또한 다르다.

이렇게 지중해식 식단이 건강식으로 유명해질 수 있었던 이유는 대량생산을 위한 표준화를 하지 않고, 소비자와 소통할 수 있는 내재적 표준화(internal standardization)를 하였기 때문이다.

한동안 우리나라에서도 식품산업에 표준화가 중요하다고 하여 많은 연구와 투자가 이루어졌다. 물론 이때 표준화는 생산을 위한 표준화였다. 어떤 식품을 대량 생산하기 위해서는 기계화와 자동화 과정에 제품의 생산과 품질관리를 위한 표준화가 필요하기 때문이었다.

표준화의 또 다른 종류가 있는데, 이는 소비자와 소통하기 위한 표준화이다. 어떤 음식 제품으로 전 세계 소비자와 소통하려면 똑같은 맛과 향, 느낌 등이 시공간을 초월하여 세계 어디서나 똑같은 맛과 향과 느낌을 내도록 할 필요가 있다. 이때는 대량 생산을 원하지 않기 때문에 대부분 공개되지는 않으며, 이러한 표준화를 생산 표준화에 빗대어 '내재적 표준화'라고 한다.

코카콜라와 같이 레시피(recipe)에 의하여 결정될 수 있고, 스타벅스와 같이 레시피가 아닌 요소, 즉 다양성과 일관성에 의하여 결정될 수도 있다. 스타벅스의 커피는 다양한 커피 원두를 이용하여 다양한 커피가 있으나 시애틀의 1호점이나 우리나라의 몇 호점이나, 봄, 여름 가을, 겨울이나 다양한 그 맛은 변하지 않고 유지된다. 그 맛이 바로 스타벅스 커피에 익숙한 사람이 스타벅스 커피를 찾게 하는 힘이다.

## 막걸리 전통 문화가 망가진 이유

우리 정부도 가격경쟁을 위한 생산 표준화를 강조하고, 일부 과학 기술자들이 여기에 호응하면서 막걸리 표준화, 김치 표준화를 부르

---

\* Willett WC, Sacks F, Trichopoulou A, Drescher G, Ferro-Luzzi A, Helsing E and Trichopoulos D. Mediterranean diet pyramid: a cultural model for healthy eating. Am J Clin Nutr;61(6 Suppl):1402S-1406S, 1995 / Adamsson V, Reumark A, Cederholm T, Vessby B, Riserus U and Johansson G, 2012. What is a healthy Nordic diet? Foods and nutrients in the Nordiet study. Food Nutr Res;56:doi:10.3402/fnr.v56i0.18189, 2012

\*\* Ferrieres J, The French paradox: lessons for other countries. Heart;90:107-111, 2004

짖던 때가 있었다.

　우리 조상들이 전해준 전통 지식은 망각한 채 전국의 막걸리를 값싸게 대량 생산하고 시장을 장악하는 데 몰두했다. 그 결과 막걸리는 다양한 제품이 살아남지 못했다. 다행히 최근 소규모 양조업자들이 프리미엄 전통주와 막걸리를 생산하며 무너진 막걸리 시장을 살려내고 있다.

　프랑스와 이탈리아만 가더라도 수백 종의 다양한 와인이 있다. 다양하고 독특한 맛을 내는 와인이 있고 세계적으로 관심도 많아서 빈야드 등 와이너리 산업이 세계적으로 발달하였다. 프랑스, 이탈리아뿐만 아니라 미국, 칠레, 호주 등도 다양한 와인을 만들어 각자의 주소비자층을 만들고 있다.

　정부는 2016년 2월 주세법 개정을 통해 소규모 주류제조 면허 대상을 맥주에서 탁주(막걸리), 약주, 청주로 확대하면서 늦게나마 전통주의 다양성을 복원하려고 한다. 하우스 막걸리를 밀주로 취급하고, 생산성만 추구하고 세금 거두기에만 급급하던 정부가 막걸리 전통 문화를 말살시킨 뒤 뒤늦게 정책 변화를 시도한 것이다.

　한때 정부가 김치를 표준화한다고 이야기하였을 때, 많은 양심 있는 학자들이 나서서 김치 표준화를 막은 적이 있다. 값싼 김치 하나만 있으면 된다는 발상은 참으로 위태롭고 어리석다. 음식 다양성의 중요성을 모르는 정책이다.

김치만이라도 서양의 와인과 같이 우리나라에 수백 종의 다양한 김치가 다양한 맛을 내고 다양한 소비자와 소통할 수 있는 내재적 표준화가 이루어지길 바란다.

그래야 우리나라 전통 식품이 세계적으로 알려지고 세계의 다양한 소비자가 찾을 수 있도록 발전시킬 수 있을 것이다. 정부는 많은 김치 생산자가 간절히 바라는 이 내재적 표준화 연구에 투자를 해야 한다.

지난 100년간 맥이 끊긴 전통발효식품 산업을 활성화하는 정책적 방향도 전통식초의 다양성을 바탕으로 해야 세계 식초시장에 한국의 곡물식초가 우뚝 설 수 있다. 하지만 농림축산식품부는 2019년 8월 현재 전통발효식초 담당 공무원을 단 한 명도 두고 있지 않다. 비전문가가 맡은 행정은 전통식품과 발효식품을 구분조차 못하는 상황으로 치닫게까지 한다.

# 4

# 코리안 패러독스가
## 말해주는 것들

 

한식의 건강 가치에 대해 세계가 주목하고 있으나, 우리는 그동안 우리 음식에 대해 스스로 잘못 알고 오해하여 우리 음식을 폄훼하고 무시해온 경향이 없지 않았다.

일제강점기부터 많은 사람들이 한식이 건강하지 못한 음식인 것처럼 이야기하여 왔는데, 그 이유는 한국 사람들은 비위생적이고 짜고 매운 김치와 된장을 많이 먹고 있기 때문이라는 것이다.

해방 이후에는 한국의 영양학자를 중심으로 한국의 짠 국탕문화가 결국 한국 사람들의 수명을 단축한다 하여, '국물 덜 먹기 캠페인'을 벌이기까지 하며 한식의 건강 가치를 왜곡하여 왔다.

이렇게 주장하는 사람들은 김치나 장류와 같이 소금이 많이 들어간 음식과, 국과 탕을 많이 먹는 식습관으로 염분 섭취 면에서 한국인들이 고혈압과 심혈관질환에 걸릴 확률이 높다고 염려한다.

이러한 주장대로라면 한국인의 평균수명은 50~60세 정도로 다른 선진국에 비하여 턱없이 짧아야 한다. 그러나 한국인의 평균수명은 80세를 넘은 지 오래이며, 외국의 저명 학술지(The Lancet, 2017)는 세계적 가장 장수국가가 될 것으로 예측하고 있다. 이는 역설적으로 그들이 염려해야할 만큼 문제가 있는 음식이 아니며 장수식단이라는 증거이다.


## 염분 섭취량에 대한 오해


'코리안 패러독스'에 대하여 이야기해 보고자 한다. 실제로 한국인들의 염분 섭취량이 높은 것은 어느 정도 맞다. 그러나 다른 나라에 비하여 우리나라 음식이 염분이 일반적으로 높다고 매도되는 현상에 대하여는 동의하지 않는다.

코리안 패러독스에 대하여 일부 학자들은 한국인들이 염분 섭취량은 많지만 나물과 같은 채소 위주의 식단과 건강에 좋은 발효장류를 주로 섭취하기에 오히려 장수에 도움이 된다고 분석하기도 하였다. 개별 음식 하나하나가 아니라 한식 식단의 구성 및 균형과 조화를 함께 고려해야 할 필요가 있는 것이다.

한편으로 한국인들의 소금 섭취 절대량으로 볼 때 일본, 미국 등 다른 나라보다 그리 높지 않다고 주장하는 사람들도 있다. 사실 서양음식은 맛을 낼 때 절대적으로 소금에 의지한다. 항상 식탁에 소금이 놓여있고 소금을 손쉽게 사용한다.

서양 음식은 조리 단계에서 양념이나 간을 하지 않기 때문에 소금이 없으면 먹을 수 없는 음식이 많다. 또 일본 음식은 스시나 회 자체에 간이 없다 보니 간장이나 와사비, 초장에 지나치게 의존하는 경향이 있다.

스파게티, 비빔밥, 스시와 회를 먹고 난 후 몇 시간 후에 몸속의 요구에 따라 먹는 물의 양을 조사해 보면 일식을 먹었을 때 훨씬 물을 많이 먹는다는 조사가 있기도 하다. 스시나 회 자체는 짜지 않을지라도 그 자체가 지나치게 싱겁다 보니, 간장이나 초장을 많이 발라 먹어야 먹을 수 있어 역설적으로 훨씬 짜게 먹는다는 것이다.

소금 섭취량을 말할 때에는 음식 안에 있는 소금만이 아니라 식탁에서 매번 찍어먹거나 뿌려 먹는 소금 양도 포함하여야 한다. 간을 맞추는 데 들어간 소금 양보다 찍어 먹는 소금의 양이 의외로 많다.


## 필요한 소금을 충분히 먹는 것이 더 건강하다

코리안 패러독스를 말하는 사람들 중에는 소금의 섭취 형태나 느끼는 맛, 즉 우리 몸에서 어떻게 받아들이느냐에 따라 우리 몸의 건강과 관련이 있다고 본다. 유명한 잡지인 New England Journal of Medicine의 연구 결과[*]를 보면 소금을 지나치게 많이 먹지 않는 한, 소금을 충분히 먹는 사람이 적게 먹는 사람보다 오히려 더 건강하다는 결과를 보고하고 있다. 염분을 많이 섭취했을 때에 물을 많이 섭취하는 등 몸에서 대처하고 여러 가지 조절 능력이 있으며, 오히려 소금을 적게 먹는 것이 우리 건강에 좋지 않다는 이야기이다.

소금의 섭취 형태에 따라 우리 몸에서 심혈관 질환을 일으키는 원리가 다르다는 결과도 있다. 차의과학대학의 박건영 교수에 의하면, 한국은 정제염보다 발효염(김치나 장류와 같은 발효식품으로 소금을 섭취한다는 뜻), 굽는 소금(자염) 등 다양한 형태로 소금을 섭취하는데, 이 또한 한국 식문화의 중요한 특징이다.

실제로 김치의 섭취량이 고혈압과 크게 연관되지 않는다는 연구 발표가 있으며[**], 김치 속 칼륨(K, potassium) 섭취가 소금의 배출을 도와 심혈관질환의 위험성을 줄인다는 논문도 있다. 그리고 간이 맞는 음식을 먹을 때 우리의 장에서 시원한 맛을 느끼며 장운동과 장내 미생물의 분포에 영향을 주어 전체적인 우리 신체 리듬을 조절함으로 건강을 유지할 수 있다는 연구도 활발히 진행 중이다.

물론 소금을 지나치게 많이 먹는 것은 몸에 좋지 않지만, 그렇다고 지나치게 적게 먹는 것이 건강에 이로운 것이 아니라는 점은 확실히 해 둘 필요가 있다.

---

[*] Moraflaran et al, Global sodium consumption and death from cardiovascular causes, New England J Medicine, 371, 2014

[**] Song HJ and Lee HJ, Consumption of Kimchi, a salt fermented vegetable, is not associated with hypertension prevalence, J Ethn Foods;1:8–12, 2014

## '저염 된장' 개발 해프닝

한때 우리 음식에 염분이 높아 건강에 문제가 된다며 무염식품 개발 붐이 일어난 적이 있다.

그 대표적인 사례가 '저염 된장' 개발이었다. 그런데 그 발상이 참으로 한심하다. 이는 '저염 소금'을 개발한다는 것과 똑같은 이야기이다. 문제는 개발자들의 생각처럼 저염 된장을 내놓는다고 하여 사람들이 덜 짜게 먹지는 않는다는 점이다.

소금이나 된장은 직접 먹는 식품이 아니라 음식의 맛을 내는 조미료다. 된장은 된장국을 끓일 때 간을 맞추고, 구수한 맛을 내는 데 쓰인다. 음식에서 된장이 마땅히 해야 할 제 역할이 있는 것이다.

그런데 개발된 저염 된장은 구수한 맛도 제대로 나지 않고, 콩 삶은 냄새가 채 가시지 않은 상태였다. 소금을 적게 넣고 발효를 덜 시키다 보니 오랫동안 제대로 발효시킬 수 없던 원인으로 보인다. 저염 된장으로 된장국을 끓이려니 어떠했겠는가. 전통 된장과 같은 양으로 넣어도 맛이 나지 않으니 자꾸자꾸 넣게 되고, 그러다보니 어느새 된장국 고유의 구수한 맛은커녕 텁텁한 콩 삶은 냄새만 나고 맛도 없어졌다. 된장 고유의 맛과 기능을 잃어버린 것이다. 이게 우리나라의 연구 개발에 대한 현실이다.

된장이 짜니 저염 된장을 만들면 될 것이라는 생각은 과학자가 '기술만 알고 맛과 문화를 모를 때' 저지를 수 있는 가설의 실수이다, 결국 저염 된장에는 전통 발효 기술도 없어지고 문화도 없어지고 맛도 없어졌다. 나중에는 '된장과 콩 삶은 것이 뭐가 다른가'라는 질문까지 듣게 되었다. 이 같은 사례에서 보듯이 특히 우리 음식에 있어 전통과 문화를 지키는 것은 무엇보다도 중요하다.

청국장에 대해서도 이와 똑같은 일이 벌어졌다. 냄새 안 나는 청국장을 개발한다고 하였는데, 기술이 없으니 낮은 온도에서 발효하고 발효 시간을 짧게 하여 발효가 제대로 안된 상태로 청국장의 냄새를 제거하였다고 한 것이다. '냄새 안나는 청국장'은 냄새나는 대사물질만 없는 게 아니었다. 전통 청국장이 갖고 있는 우리 몸에 좋은 수많은 발효대사물질도 없는 청국장이 되었다. 진정 냄새 안 나는 청국장을 개발하려면 발효 미생물에서 냄새나는 효소 작용만 못하게 하고, 다른 건강한 물질은 모두 생산하게 하는 미생물을 찾아야 했을 것이다.

저염 된장, 냄새 안나는 청국장 상품은 개발과 생산의 패러다임이 어떻게 우리나라 식문화 발전을 가로막았는지를 볼 수 있는 대표적인 사례이다. 냄새 안 나는 청국장, 저염 된장, 소금 대체제 개발에 이미 우리 정부가 상당한 투자를 했던 것으로 안다. 하지만 결과는 실패였다. 음식 문화를 '개발'이면 된다고 생각하고 무조건 덤빈 결과이다. 인식의 전환이 필요한 때이다.

한식 — 톡톡

# 다른 산업에는 없고 식품산업에만 있는 것들

## 아무리 몸에 좋아도 맛 없으면 못 먹는다

음식을 선택함에 있어 아무리 '건강'이라는 요소가 중요하더라도, 가장 우선시되는 주제는 '맛'이다.

산업화 시대에는 맛을 중요시하여 설탕과 소금을 주로 사용하여 맛을 내다 보니, 비만과 각종 성인병 등 우리가 상상할 수 없는 부작용에 부딪혔다. 과학적으로 볼 때 세상에서 가장 맛있는 물질은 소금과 설탕일 것이다. 소금(짠맛)은 생존의 맛, 설탕(단맛)은 생명의 맛이다. 무조건 맛있는 것만 먹으려다 보니 비만, 당뇨, 심혈관질환 등 관련 질병이 넘쳐나 사회적으로 심각한 문제로 떠올랐다.

식품산업에서 산업 경제의 핵심인 미국은 전 인구의 60% 이상이 심각한 비만으로 사회 문제까지 야기하고 있다.

맛있는 게 건강에 문제가 된다고 생각해도 우선 맛이 있으면 또 선택하게 될 정도로 음식의 선택에 있어서 맛은 매우 중요한 요소이다. 비만과 대사성 질환을 일으키지 않으면서도 어떻게 건강한 맛을 추구하느냐에 따라 미래 식품산업 발전 방향이 결정될 것으로 보인다. 이는 식품산업이 기술과 생산의 문제를 벗어나야 할 이유이기도 하다.

1980년대 이후 한때 식품산업은 제약 산업에 비하여 기술이나 학문적 수준에서 부차적인 것으로 치부되었다. 식품에 관한 생명과학의 중요성을 이야기하면 의약품 등 다른 학자들에게 무시당하는 분위기였고, 정부 부처와의 관계에서도 항상 우선순위에서 뒤로 밀리는 때가 있었다.

그러나 지금은 제약이나 생명과학자들이 그들의 기술만으로 절대로 범접할 수 없는 부분이 음식에 있음을 안다. 음식에만 있고 약품에 없는 특성, 바로 맛이라는 특성이다.

## 기술이 아니라 문화가 있어야

약품에는 절대로 있을 수 없는 특징이 문화이다. 기술 위주 생산만 추구하는 산업경제에서는 문화 부분은 고려 대상이 아니다. 그런데 식품산업은 연구할수록 문화적인 특성이 식품 선택에 중요한 요소이고, 산업 발전에 매우 중요하다는 사실을 깨닫게 된다. 문화적 뒷받침 없이는 식품산업은 글로벌 산업으로의 발전이 불가능하다.

그런데 농림축산식품부는 이 부분에 대하여 어떻게 발전시키고 연구할 것인지에 대한 계획도 없으며, 일부 전문가들의 잘못된 정보에 휘둘리고 있다. 이는 오히려 식품산업 발전에 걸림돌로 작용한다. 정부가 일부 기업 중심의 제품개발 패러다임을 바꾸지 않으면 우리나라 식품산업 미래는 암담하다.


## 물리는 맛, 사람은 한 가지만 먹고 살 수 없다

2000년대 초 비만 문제를 해결하여 건강 수명을 연장하기 위한 식품 연구라는 프로젝트를 수행할 때, 식품 분야 전문가가 아닌 이들로부터 평가를 받는 중 잘못된 내용이 몇 가지 있어 오류를 정정하고자 한다.

먼저 식품을 약품으로 생각하고 비만예방 식품제품을 개발하라고 강요하는 것이 대표적이다. 무슨 비만 예방식품, 무슨 황사 예방식품 등 하나를 기업 측면에서 개발하라는 것이다. 비만 예방식품 하나만 먹으면 모든 국민이 100세까지 사는 것으로 착각하고 있었던 듯하다.

만일 비만 예방식품 하나를 개발해서 전 국민에게 똑같이 그 식품만 먹도록 하면 어떻게 될까? 그 사람은 아마도 다른 사람보다 훨씬 일찍 생을 마감할지도 모른다.

비만 예방식품을 개발할 수도 없지만, 만일 효과가 뛰어난 비만 예방식품을 개발하여 그 식품만 먹으라고 하면 아마 사흘만 지나도 그 식품이 먹기가 싫어서 거식증으로 굶어 죽을 수도 있다. 이것이 약품에 없고 식품에만 있는 '질리는 맛' 또는 '물리는 맛'이다. 지금도 정부 관료들은 식품에 대하여 정확히 이해를 못하여 과제를 평가할 때 '무슨 예방식품 개발했느냐' 유무를 평가지표에 넣으려고 한다. 얼마나 우둔한 정책인가?

미래시대에 세계적 글로벌 식품으로 발전하는 것은 물리지 않은 다양성과 소비자의 문화적, 몸의 생물학적, 삶의 요구에 맞는 맞춤 형식인데, 단일 식품을 개발하라는 것은 전근대적인 산업주의 발상 이라고밖에 볼 수 없다. 하루빨리 이 같은 정책 방향을 바꾸지 않으면 우리나라 식품산업 발전을 기대하기 어렵다.

아직도 정부의 많은 과제가 제품개발 위주로 되어 있는 현실을 한탄하지 않을 수 없다. 이제 기업만을 위하는 정책을 버리고 국민을 위하는 정책으로 식품산업 정책 전환이 필요하다.

일 년에 수백 번 이상 선택해야만 하는 식품산업에서 선택은 생활이다. 선택은 삶이다. 이제는 제품개발과 생산의 관점은 우리나라 식품산업 발전을 저해하는 요소임을 알아야 한다.

# 개인 맞춤형 시대,
## 한식의 미래

3차 산업혁명을 한창 이야기하던 1960~1970년대에 많은 미래학자들이 식품의 미래에 대해 예언했다. 미래에는 일하는 데 필요한 에너지를 얻기 위해 가공식품이면 충분하다는 주장이었다. 심지어 캡슐 하나만 있으면 필요한 영양을 충족시킬 수 있다고 장담하기도 했다.

특히 한식처럼 만들기가 복잡하고 시간도 많이 걸리고, 먹는 데도, 설거지하는 데도 정성이 필요한 음식 문화는 지구 상에서 살아남지 못할 것이라고 공공연히 예언하고 다니는 학자도 있었다. 이들은 모든 음식을 가공화, 편의화해야 된다고 역설하였는데, 이러한 주장의 명백한 오류의 잔재는 지금까지도 식품산업 발전정책 기조에 남아 있다. 그러나 이러한 예언은 완전히 빗나가고 말았다.

## 캡슐 하나면 충분하다고?

산업화 시대에는 식품산업도 산업경쟁 시대에 부응하였다. 즉 짧은 시간 내에 얼마나 많은 칼로리를 얻을 수 있는가 하는 쪽으로 식품이 발달하였다.

이때에는 식품을 요리하는 데 걸리는 시간, 먹는 데 걸리는 시간, 나아가서 설거지하는 데 걸리는 시간 모두가 산업화에 걸림돌이라는 인식이 팽배했다. 이런 기준에 맞춰 나온 식품이 바로 코카콜라, 맥도날드, 크래커 등의 패스트푸드이다. 산업화 시대의 식품 발달사를 한마디로 정의하면 편의화(패스트푸드화)라 할 수 있다.

그러나 이러한 식품산업은 현재 큰 위기를 맞고 있다. 음식을 오로지 먹고 일하는 데 필요한 칼로리를 얻는 기능적인 측면으로만 접근하여 발달한 식품산업의 궤적은 영양 과다라는 재앙을 불러 왔고, 많은 사람들이 비만과, 그 때문에 생기는 각종 증후군, 질환으로 고통을 받는 지경에 이르렀다.

우리는 지금 잘 알고 있다. 음식을 먹는 행위는 칼로리를 얻는 것만이 아니라, 맛을 느끼고 행복을 느끼며 서로 소통하는 도구가 된다. 이를 전혀 생각하지 않고 오히려 청산해야 할 대상으로 삼았기에 그들의 예언이 빗나간 것이다.

그들이 비효율적인 것으로 취급했던 한국 음식은 오히려 그 음식의 역사와 문화 뿐 아니라 이제 건강적인 면에서도 세계인들의 관심을 받고 있다. 향후 세계 식품시장과 음식문화 시장에서 가장 발전 가능성이 높은 음식으로 과학자나 미래학자들이 주목하는 실정이다. 이제 식품산업이 지향해야 할 목표는 에너지(칼로리) 효율이 아니라 건강, 삶의 질, 문화, 통섭이 되고 있다.

요즈음은 미식학(gastronomy)이 자리를 잡아 오히려 음식을 만들고 서로 맛있게 먹는 것도 생활의 즐거움과 행복이 되었다. 그들이 청산의 대상으로 삼았던 긴 요리 시간, 즉 슬로우푸드(slow food)의 측면에서도 한국 음식의 가치는 더욱 커진 셈이다.

## 음식으로 소통하는 시대

미래를 정확히 예언하는 것은 힘들지만, 어느 정도 예측은 가능하다.

미래 사회의 특징은 분명 생산을 위주로 경쟁하는 산업경제의 틀을 벗어날 것이다. 인간 중심, 자연친화 중심으로 발전할 것이다. 그럼에도 과학기술 특히 AI(artificial intelligence)의 발달로 개인의 활동과 생활의 영역이 크게 바뀔 것이다. 또한 의료와 생명과학 기술의 발달로 인간 수명의 연장과 함께 초고령화 시대에 진입할 것이다.

많은 이들이 산업경제의 효율성을 벗어나 인간의 행복 중심의 생활경제 시대가 도래할 것으로 예측하고 있다. 생산성이 아닌 인간 개개인의 생활과 관계되는 영역에서 4차 산업혁명의 꽃이 필 것으로 전망한다.

앞으로 4차 산업혁명 시대에 가장 꽃을 피울 수 있는 중요한 분야가 식품산업이라고 이야기하면 많은 사람들이 이해하지 못하거나 힐난하기도 한다. 그러나 4차 산업혁명의 핵심은 삶의 구조 변혁인 생활 혁명이다.

어떻게 건강하고 행복하게 먹고 사는 삶을 구현할 것인가를 목표로 삶과 사회의 구조, 가치의 문제를 풀어내는 데 혁명적 관건이 있다. 식품산업은 생활과 소비와 삶이 매우 밀접하게 연결되어 있다. 따라서 먹고 노는 산업의 중요한 부분을 차지하는 식품산업이 핵심산업이 될 수밖에 없다.

4차 산업혁명 기술인 AI 등은 빅데이터와 이를 활용한 딥러닝(deep learning) 기술로 개인화된(personalized) 서비스, 제품 제공이 가능해진다. 생산성이 아닌 행복한 '삶', '라이프스타일(life style)'을 창출해내고 제공하는 것, 4차 산업혁명을 위해서는 건강하고 행복하게 먹고 사는 삶과 사회의 구조, 가치 문제를 본격적으로 이야기할 수밖에 없다.

## 개인 맞춤형 건강 서비스, 빅데이터로 관리하다

초고령화 시대의 인간 개인 중심인 4차 산업혁명을 식품산업에 적용한 예를 들어보자. 개인 맞춤형 식품을 서비스할 때 머신러닝을 통해 인간의 유전자 정보를 얻은 후 미래 개인의 건강 도래 상황을 예측하고, 딥러닝을 통해 개인의 노는 스타일과 먹는 스타일을 정확하게 파악하고 맞춤형 생활습관, 건강한 삶과 행복을 위한 행동지침을 제공할 수 있다.

생명과학기술의 발달로 사람의 전체 유전자는 물론 특수 유전자가 어떤 질환 발생과 관련이 있다는 것도 속속 알려지고 있다.

이러한 유전적 요소가 사람의 질환이나 건강에 관련되고, 유전자가 사람의 건강, 특히 수명과 관련하여 크게 지배하고 있는 것도 사실이다. 유전자 분석을 통하여 개인의 유전자(genome)에 기인한 정형화(Constructed)된 빅데이터가 쌓일 것이다.

여기에 어느 나라 식품의 빅데이터가 창출된다면 이를 기반으로 개인 맞춤형 식품이 다양하게 나올 수 있다. 현재 각 개인의 유전자 정보 빅데이터는 가능하므로 유전자정보에 기반한 맞춤형 의약이나 개인 맞춤형 영양은 어느 정도 가능하다.

백세 시대에 건강하게 오래 살기 위해서는 세 가지 스타일, 생활습관이 중요하다고 설명했다. 그중 마음만 먹으면 고칠 수 있는 식습관 개선이 가장 필요하다고도 했다.

이러한 식습관의 개선을 위하여는 음식에 대한 올바른 정보, 즉,

안전, 기능성, 전통, 문화 등 바른 정보가 소비자에게 제공되어야 한다. 많은 학자들이 식습관 생활개선과 건강식품에 의하여 건강 수명이 적어도 5~6년 이상은 연장이 가능할 것으로 예측한다. 그리고 노는 스타일만 어렸을 때부터 제대로 가르치고 교육을 시켜도 또 다른 몇 년은 건강 수명이 연장될 것으로 예언한다. 고령화가 진행될수록 비자발적으로 노는 사람의 숫자는 증가한다.

## 술 먹은 다음 날엔 콩나물 해장국을

생활습관에 따라 어떤 음식을 어떻게 먹을 것인가도 매우 중요하다. 우리 조상들은 어제 저녁에 어떤 음식을 먹었느냐에 따라 아침에 먹는 음식은 항상 달라졌다.

저녁에 술을 먹었으면 다음날 아침에 속히 아스파라긴산이 많은 시원한 콩나물 해장국을 먹었으며, 밤을 새며 일했으면 다양한 비타민이 들어 있는 선지해장국을 즐겨 먹었다. 수백 년 전부터 우리 조상들은 개인 맞춤형 식품을 먹어왔다는 이야기이다.

생명과학 기술의 발달과 AI의 발달로 이를 식품과 개인별 초연결이 가능해지면 비로소 생활습관과 스타일에 맞는 맞춤형식품이 제공되어 백세까지 건강한 삶을 누릴 수 있게 될 것이다. 사적 영역인 식습관과 노는 습관 개선에 의한 국민의 건강 수명연장은 결국 치료비의 감소를 이끌 수 있어서 공적인 국가 의료비 부담을 줄일 수 있고 국가 재정의 건전성을 높일 수 있다.

미래에는 노는 것도 가르치고 배워야 한다. 백세 건강에 노는 스타일과 먹는 스타일이 그만큼 더 중요하다. 이것을 개인 맞춤형식품이 초연결(super connection) 해주고 있다. 앞으로는 IoT(internet of things, 사물인터넷) 시대가 지나가고 IoH(internet of human, 인간인터넷) 시대가 올 것이다. AI에 의한 모든 초연결이 사람간 또는 사람내 모든 데이터와 신호가 초연결되기 때문에 생활 습관에 따른 맞춤형 설계가 가능해진다.


## 후성유전학과 개인 맞춤형 식품

개인 맞춤형 건강 서비스는 유전에도 영향을 미치는 건강 생활 습관과 면역과 건강에 직접적인 영향을 미치는 장내 미생물의 작용들까지 포함하여 다양한 생활 습관 및 식품 정보 등을 체계화시키고 이를 확장시킬 수도 있다.

어렸을 때 먹었던 음식은 커서도 좋아하고, 엄마 배 속의 아기는 엄마가 좋아했던 음식을 커 가면서 좋아한다. 더 나아가서는 동양에서는 흔히 먹는 것이나 좋아하는 음식은 엄마의 특성을 따라 한다고 하여 오래전부터 먹는 습관도 유전된다고 여겨져 왔다.

많은 사람들이 이를 과학적으로 믿지 못하고 심지어 유전자는 먹는 것에 따라 변하지 않기 때문에 먹는 습관이 유전된다는 것은 비과학적이라고까지 이야기하여 왔다. 그런데 현대 생명과학 기술의 발달로 인간의 생활 습관 특히 먹는 습관, 즉 식이특성이 유전까지 된다는 사실이 밝혀졌다.

생활습관, 특히 식습관은 개인의 원천적인 DNA의 1차 구조에는 변화를 주지 않지만, DNA와 결합하는 단백질(histone)이나 DNA의 side chain의 OH기에 메틸기(methyl group)가 붙고 다시 떨어지는 것에 변화를 주어 이 유전자가 이러한 식이습관의 유전에 관여하는 것으로 밝혀졌다. 이러한 유전학을 후성유전학(epigenetics)이라고 한다.

## 장내 미생물 분포도 식품으로 관리한다

어떤 식품을 먹느냐에 따라 장내 미생물의 분포 변화에 크게 영향을 미치는 것으로 알려졌다. 어떤 장내 미생물이 우리 장내에 어떻게 자리 잡고 있느냐에 따라 장건강, 면역, 건강, 체질, 심지어는 심리적인 용어인 배짱까지도 영향을 준다고 알려져 있다.

이러한 생명현상을 마이크로비옴(microbiome)이라 한다. 따라서 어느 나라의 어떤 음식이나 재료가 우리 몸의 장내 미생물의 변화 분포에 어떤 영향을 주느냐의 빅데이터는 향후 맞춤형식품을 디자인하고 서비스하는 데 매우 중요한 역할을 한다. 어떤 음식을 먹었을 때 당장 우리 장내에 유전자 정보는 변하지 않지만, 후천적인 후성유전학이나 장내 마이크로비옴(microbiome)은 달라지고 다음 세대에까지 영향을 미치기 때문이다.

이러한 생활습관(life style)에 따른 후성유전학과 마이크로비옴에 의한 빅데이터는 비정형적(non-constructed)인 데이터로 생활습관 및 자라온 환경에 따라 달라지는 개인 맞춤형 식품으로 디자인되어 서비스될 것이다. 이러한 후성유전학적 데이터들은 바로 빅데이터로 매우 중요하다.

좀 더 과학적으로 살펴보면 미생물분포나 후성유전학 변화는 사람의 미각과 관계가 있어서 식습관과 연결되고 식습관은 우리 몸의 건강과 행복과 연결된다. 또한 사람의 유전체, 단백질체, RNA 등 생명현상에 작용하여 우리 몸의 건강과 생활 느낌까지도 초연결(hyper-connected)되어 있다고 볼 수 있다. 즉 우리 몸 안에서 염색체, 미토콘드리아와 DNA, 유전자(gene)와 게놈(genome), 인간의 뇌와 습관까지 연결되어 있는 것이다. 마치 AI에서 딥러닝의 기작과 같다고 설명할 수 있다. 이것이 미래의 진정한 개인 맞춤형식품이다.


## 식품 다양성의 보고, 한식 빅데이터를 구축하자

비정형 빅데이터로서 후성유전학과 마크로비옴만큼 중요한 데이터가 식품의 다양성에 관한 빅데이터다. 음식에 대하여 역사적, 지리적, 농경학적, 맛과 문화적으로 다양하고 정확하고 살아 있는 빅데이터가 창출되고 동시에 개인의 유전자와 환경에 따른 생물학적 요구 데이터가 제공되는 것이 4차산업혁명의 핵심이며 필요조건이다. 하지만 정부는 4차산업혁명 빅데이터 창출에는 관심이 없고 개발과 생산에만 관심이 있다.

이는 미래를 전혀 생각하지 않고 산업주의 생각에서 조금도 변하지 않은 정책이다. 당장 치적에 급급한 나머지 패러다임의 변화를 추구하지 않은 관료들의 전형적인 행태이다. 최근 국가에서 중요성을 인식하여 융합연구 기치 아래 대부분 식품, 생명과학 연구와 ICT가 융합하여 플랫폼만 구축하면 되는 것으로 알고 있다.

4차산업혁명은 플랫폼만 구축한다고 되는 것이 아니다. 핵심 빅데이터로서 바이오정보 등 생활정보가 들어가지 않으면 아무런 효과가 없다. 하루빨리 정부에서도 인식의 전환이 절실하다.

흔히들 빅데이터는 선진국의 데이터를 활용하면 될 것으로 편하게 생각하지만, 문화와 종족과 식습관이 다른 외국 데이터를 쓸 수 있다고 생각하는 것은 큰 착각이다.

다양성 측면에서 볼 때 우리나라 식품산업은 개인 맞춤형식품 측면에서 발전 가능성이 매우 높고, 정확한 빅데이터가 창출된다면 세계 시장을 주도할 수 있다. 오래된 농경역사를 갖고 있어 전통과 자연이 함께 하는 음식이 매우 다양하며, 다양한 소비자의 선택권을 제공하고 있으므로, 맞춤형식품 요구도 대응이 가능하다.

유전자 분석을 통한 정형적인 개인 맞춤형식품이 아니라 삶의 생활, 건강, 습관에 따라 변화하는 비정형적인 데이터에 대응할 수 있는 식품은 한식뿐이라고 해도 과언이 아니다.


## 건강 밥상, 한식이 답이다

우리 조상들은 항상 '무엇을 먹을까가 아닌 무엇으로 먹을까?'를 고민하였다. 우리 음식 문화가 서양과 근본적으로 다른 점이다.

서양과 같이 하나의 음식(food)를 먹는 문화가 아니라 하나의 식단, 즉 밥상(diet) 안에서 여러 반찬을 먹는 문화이고 주식인 밥과 함께 먹기 위해 반찬은 다양해졌다. 한 끼를 먹더라도 다양한 음식을 먹게 돼 일반적으로 하나의 음식만 먹는 식단보다 영양적으로도 건강한 음식이 될 수밖에 없다.

서양과 같이 주어진 메뉴를 혼자만 먹는 문화와 달리 우리는 밥과 국은 따로 먹지만 반찬은 같이 나누어 먹는 문화였다. 여럿이 같이 먹는 문화가 생겼고, 이러한 식문화는 나아가 배려하는 사회 문화로까지 이어졌다.

서양 식문화에서는 일단 메뉴를 선택하면 더 이상 소비자의 선택권이 없지만, 한국의 식문화는 '무엇으로 먹을까'의 문화이기 때문에 밥상을 받더라도 입맛에 따라, 기호에 따라, 습관에 따라 끝까지 젓가락 선택권이 보장된다.

현대와 같이 영양과다가 문제가 되는 시대에 다양한 나물과 반찬, 발효식품으로 대표되는 한국 밥상은 세계 어느 나라보다 건강한 식단이자 건강한 문화임이 분명하다.

우리 조상들은 밥상을 차릴 때부터 이 부분을 항상 고민하고 염두에 두고 음식을 만들었다. 그래서 개인 선택권이 보장되고 초연결되는 4차산업 혁명시대에는 한식이 개인의 생활과 신체조건에 가장 맞는 개인 맞춤형식품에 가장 적합한 식품이 될 것이다.

# 개인 맞춤형 건강관리 시대가 온다

AI의 발달과 현대 생명과학 기술의 발달로 우리의 음식 문화도 달라질 것 같다.

개인의 건강 상태나 식생활 습관 정보, 맛, 그리고 행복과 같은 감성적 요구까지 정확하게 분석하여 개인 및 생활 맞춤형식품을 먹는 때가 조만간 도래할 것으로 전망된다. 이는 인간의 행복과 건강한 삶을 유지하는 기본이자 4차 산업혁명시대이기에 가능한 일이다.

예를 들어 개인 맞춤형식품을 서비스할 때 머신러닝(machine learning)을 통해 인간의 유전자 정보를 얻어 정확하게 예측하고, 딥러닝(deep learning)을 통해 개인의 건강한 삶과 행복을 위한 먹는 행동 등 행동 지침을 제공해주는 것이 4차산업혁명이다.

특히 노는 스타일과 먹는 스타일을 정확하게 파악하여 맞춤형 생활습관, 특히 식생활 습관을 제공해 주는 것이, 개인화 인간 중심인 미래 초고령화 시대에 중요한 식생활과 식품이다. 변하지 않는 개인의 유전자(genome)에 맞는 맞춤형 식품은 정형화된 데이터로 나올 수 있다. 그러나 생활습관과 행동, 식생활 습관에 따라 변하는 후성유전학(epigenome)과 마이크로비옴(microbiome)과 관련된 데이터를 파악하여 개발된 맞춤형식품은 비정형 데이터로서, 이러한 데이터들이 빅데이터로 매우 중요하게 자리 잡게 될 것이다.

따라서 개인 맞춤형식품의 정형화된 데이터로 개인의 유전자 데이터와 비정형화된 데이터로서 후성유전학, 마이크로비옴 데이터 등은 생활 습관 패턴을 이해하는 것은 매우 중요하다.

개인맞춤형 식품시대는 우리가 생각하는 것보다 의외로 빨리올 것이다.

# 한상준의 식초독립

## 100년 끊긴 한국 전통 곡물식초 복원기

한상준 지음 | 216쪽 | 25,000원

국내 최초의 식초 교과서
기술 교과서 겸 식초응용 요리서
전통발효 곡물식초 제조비법, 백과사전으로 공개

국내 첫 '전통발효식초 기술교과서'로 기록된 책이다. 발효식초의 효능만을 강조하고 있을 때, 필자는 과감하게 자신이 개발한 전통곡물식초의 제조 방법을 일반에 공개해 전국에 식초붐을 일으킨 의미 있는 도서다. 서초동 발효아카데미센터서 2013년 봄에 개설한 '한상준 식초학교' 수업 교재를 바탕으로 집필했다.

설갱이 쌀누룩으로 천연곡물식초 제조하는 비법을 백과사전처럼 공개한 식초학 기술 개론서로, 우리나라 전통식초 제조 방법을 되살렸고, 식초 응용 요리까지 안내하는 식초 제조 대중서다. 한상준 필자(농식품부 산하 사단법인 한국전통식초협회장, 초산정 대표)는 현미와 보리, 수수, 차조, 기장 등 5가지 곡물로 빚은 식초제조 비법을 일반에 공개했다. 그는 일제 강점기부터 100년간 끊긴 한국전통식초를 복원한 식초 명인이다. 그는 농림축산식품부, 한국식품연구원 등과 공동으로 한국전통식품 곡물식초규격 초안 작성 및 품질인증 규격을 완성한 공로로 국내 최초 전통식초 신지식인(농림 제314호)에 뽑힌 인물이다.

# 한상준의 식초예찬

## 홈메이드 식초요리

한상준 지음 | 223쪽 | 값 17,000원

밥상 위에 건강한 신맛 예찬 '식초 에세이'
30~40대 여성, 디톡스 등 100% 활용하기

《식초예찬》은 국민건강의 화두가 된 전통식초 활용편이다. 식초를 식탁에서 어떻게 사용해야 하는지를 설명하는 에세이 한 편과 식초제조 기술, 그리고 사례 중심으로 소개했다. 필자는 지난 2014년 《한상준의 식초독립》을 출간했으며, 4년 만에 나온 식초 활용편이다. 《식초독립》은 국내 전통발효식초 붐을 이끈 국내 최초 대중 기술서로 평가받았으며, 식초 제조의 교과서로 불린다. '식초건강' 이야기를 에세이 방식으로 오롯이 곁에 다가온 후, 활용 편에서 냉정한 셰프의 자세로 돌아간다. 선명한 디지털 사진처럼, 때로는 짙음과 옅음이 있는 유화 정물화 같은 레시피로 식초활용 방법을 속삭이듯 들려준다.

식초 탐식(貪食)과 식초 대화, 에세이 그리고 식초활용 편으로 펼쳐지는 《식초예찬》은 건강한 집밥 레시피다. 식초 에세이는 헬렌 니어링의 《소박한 밥상》 같은 소박한 느낌을 연출한다. 밥상 위의 건강한 신맛(식초)을 탐색한 에세이와 전통식초의 100% 활용 방법을 안내한 식초 요리서로 기획했다.

박찬영 한의사(어성초한의원장)는 "식초는 '음식의 혈액' 같은 양념이자 해독제, 청혈제, 유기산 보물창고"라고 정의했으며, 청와대 조리장(총무비서관실)을 지낸 한상훈 오너셰프(지중해식 비건 레스토랑 모리나리)는 "식초는 '지중해 요리'에서 한방 감초격(格)이며, 좋은 식초를 보는 눈은 셰프의 중요한 능력"이라고 추천사에서 강조했다.

# 발효식초 빚기
## 초보자를 식초명인으로 만드는 식초 기술서
백용규 지음 | 192쪽 | 값 19,000원

아파트 부뚜막, 공방까지, 어디서든 식초 제조
레시피 따라 빚어 보면 가정용 수제 식초 완성

자연발효식초를 어떻게 빚어야 하는지를 요리서처럼 안내하는 초보용 식초 기술서다. 알코올 발효와 초산발효의 과정을 순서에 따른 레시피로 반복 연습을 하다보면, 자연스럽게 발효식초 기술을 전수받게 된다. 탁주식초, 현미식초, 과일식초, 효소발효액, 침출식 식초 등 레시피를 공개한다. 부뚜막에서 젊은 주부들도 손쉽게 발효식초를 빚는 방법을 알려준다.

사진으로 친절하게 안내하는 식초 빚기 레시피를 따라 직접 만들다 보면, 어느새 가족과 자신의 건강을 챙길 수 있는 가정용 식초를 빚을 수 있는 자신감을 가질 수 있게 된다. 시중의 술(막걸리)을 구입해서 실습하는 '막걸리 식초' 레시피도 알려준다. 술을 직접 빚어본 후 식초를 빚는 발효식초 제조의 전 과정도 들려준다.

식초제조의 기초 용어인 호화, 정치발효(고요한 상태로 둠)와 통기발효(공기 강제 주입), 초산균이 좋아하는 알코올 도수(6~8%), 초산막 등에 대한 설명도 알려준다. 초산발효의 최적 품온(30~35℃)을 맞추고 40℃ 이상 올라가지 않게 해야 하는 이유, 발효식초의 품질을 결정하는 총산도 정점 파악하기, 식초의 고분자를 저분자로 만드는 숙성 방법에 대해서도 설명하고 있다.

# 된장 쉽게 담그기

## 쩜장 CEO 이순규

이순규 지음 | 200쪽 | 20,000원

30년 된장 비법 레시피 공개한 첫 기술서
재래 장류, "된장, 고추장 쉽게 담글 수 있다!"
된장과 간장 가르기 No, 영양 만점의 쩜장비법도

30년간 장을 담아온 비법, 즉 레시피를 모두 공개한 '엄마표 된장 기술서'다. 전통 재래 방식의 기술을 간직하면서 주부들도 쉽게 만들어 먹을 수 있는 레시피를 낱낱이 공개한 것이 특징이다. 도시의 젊은 주부들이 도전하고 싶지만, 선뜻 못하는 장 담그기의 친절한 안내서다. 자신만의 된장 제조 노하우를 공개한 첫 사례다. 메주 만들기부터 된장과 쩜장, 고추장과 쩜장고추장, 간장, 청국장까지 장류의 모든 표준 레시피를 공개했다.

필자의 장류 비법의 으뜸은 단연 '쩜장 담그기'다. 쩜장은 된장과 간장의 가르기를 하지 않은 까만 색깔의 '영양 만점' 천연발효식품이다. 쩜장은 간장을 거르지 않은 메주를 파쇄한 후, 1차 숙성을 거친 다음 보리밥과 천일염, 고추씨 가루를 배합해 만든다.

"친정 엄마가 딸을 위해 마련한 비법서처럼 쉽게, 그리고 정성스럽게 장맛의 비법을 전수한다. 구수한 한국의 맛이 생각날 때, 그리운 엄마의 장맛이 생각날 때 찾게 될 친정엄마의 비법서다."

_ 송인경 (KBS 방송작가) 추천사 중

# 집밥엔 장아찌
## 자연 품은 슬로푸드 발효음식
이선미 지음 | 본문 256쪽 | 22,000원

입맛 살리는 장아찌, 황금 레시피 150여 종 공개
장아찌 백과 '엄마표 장아찌 기술서'

이선미 박사의 오랜 기간 식재료 연구로 빚은 전통장아찌 결과물(Artikel)이다. 필자만의 아주 특별한 아삭한 식감과 향, 맛이 살아있는 장아찌 담그기 비법은 집요한 식재료 연구로 가능했다. '이선미표 장아찌'는 장아찌 식재료의 전처리와 절임 방식에 있다. 고문헌 연구에 천착하며 장아찌 연구에 매달려 고유의 장아찌 레시피와 아삭한 맛의 장아찌 개발에 성공한다.

'집밥엔 장아찌'는 칼칼하면서 달큰한 고추장 장아찌, 구수하고 깊은 맛의 된장 장아찌, 새콤달콤하고 감칠맛이 매력인 간장 장아찌까지 150여 종에 달하는 비법 레시피를 공개했다. 흔하게 먹는 무 장아찌, 마늘 장아찌, 깻잎 장아찌부터 몸에 좋은 산야초로 담근 장아찌, 아삭하고 감칠맛이 입맛을 살려주는 과일 장아찌까지 맛내기 비법이 담긴 레시피를 소개한다. 산나물과 산야초에서부터 각종 채소와 과일로 만든 장아찌마다 각 재료의 특성과 효능, 맛있게 먹는 법까지 꼼꼼하게 정리했다.

# 화려한 장아찌 밥상(근간)
## 장아찌의 화려한 트립
## 혼밥·도시락·여행·건강·어린이식·일상식까지
이선미 지음 | 헬스레터

# 요리하는 약사 한형선의 푸드+닥터

## 약이 아닌 음식으로 병을 낫게 하는 원리

한형선 지음 | 본문 245쪽 | 값 22,000원

음식으로 병을 예방하고 낫게 하는 원리와 다양한 주스와 죽 등 구체적인 레시피를 제시했다. 현대인의 식탁에서 가장 중요한 음식 치유의 효과를 분명하게 밝힘으로써, '음식을 통한 치유'라는 새 영역인 '푸드닥터'를 설명한다. 암과 난치성 질환 치료 사례와 치유 레시피를 풍부하게 실었다. 한형선 약사는 약 처방이 장사가 되지 않고 진단이 더 이상 특권이 되지 않는 메디푸드의 시대를 일찌감치 예견했다. 미래학자들도 10년 내 '푸드닥터(음식+의료)'가 최고의 직업으로 성장할 것으로 진단한다. '동의보감'이 나온 17세기에는 음식을 제대로 먹지 못해 생긴 질병이었다면, 21세기는 음식이 넘쳐서 생긴 질병들이다. 이 시대 음식동의보감이 필요한 이유다.

어떤 질병이든 미생물의 활동을 회복시켜 주는 것이 중요하다. 세계적인 인기 여배우 안젤리나 졸리를 위한 음식 처방도 제시한다(173쪽). 그녀는 2013년 가족력인 유방암 예방을 위해 유방 절제술을 받았다. 그녀를 위한 치유 음식은 과일당, 정보주스, 물김치, 청국장 등으로 극복 가능하다고 처방한다.

"약국을 찾는 환자들에게 약을 줄이라고 말하는 '바보 약사(?!)'가 있다. 약처방이 장사가 되지 않고 진단이 더 이상 특권이 되지 않는 메디푸드의 시대를 예견한 책이다."

_MBC 'TV특강' 하현제 PD 추천사 중에서

## 한형선의 푸드닥터 2(근간)

### 가족 건강 책임지는 가벼운 질환 푸드닥터

한형선 지음 | 헬스레터

## 암, 효소로 풀다(절판)

**효소를 사랑하는 사람의 암 치유 이야기
스스로 암에서 벗어나는 구체적인 실천방법 제시**

박국문 지음 | 305쪽 | 20,000원

"암 치유 가능하다" 자연치유 위대한 힘 공개
암 치유 공식 = 효소 풍부한 식이요법+제독(除毒)

자연치유로 암을 고친 수많은 사람들을 만난 이야기와 그 치유법을 소개한 책이다. 자연치유 의학자들의 과학적인 암 치유법도 만난다. '암은 치유 가능하다'는 희망을 갖게 해준다.
"인체의 면역력 등 생리 기능이 회복되면 암세포는 분해되고, 인체에 쌓여 있는 독을 분해해 체외로 배출합니다. 그런데 수술, 항암제 투여, 방사선 요법 등 3대 암표준 치료법은 이런 우리 몸의 생리 기능을 파고들고 있어요."
박국문 원장(토종약초효소연구원)의 암 치유 방식은 '효소가 풍부한 식이용법과 제독(除毒)'이 골격이다. 효소가 풍부한 식품을 통해 '효소+보효소(미네랄)+생리활성영양소'가 충분히 공급되면 세포의 생리 기능이 다시 원활하게 이뤄진다는 것이다.

## 여성 질병 예방, 자연건강법(근간)

**여성을 위한 내추럴 하이진**
원제: 女性のためのナチュラル · ハイジーン

마츠다 마미코 박사 지음 | 채미효 옮김

## 김민철 한약사의 약초치유(근간)

**우리집 주치의, 손쉬운 약초처방**

김민철 지음 | 헬스레터

# 한식인문학

_음식 다양성의 한식, 과학으로 노래하다

지은이 | 권대영

초판 1쇄 인쇄  2019년 10월   9일
초판 1쇄 발행  2019년 10월  29일

발행인 | 황윤억
주간 | 김순미
편집 | 최문주 황인재
그림 | 허영만 전재근
디자인 | 홍석문(엔드디자인)
경영지원 | 박진주

인쇄, 제본 | (주)우리피앤에스
발행처 | 헬스레터
등록 | 2012년 9월 14일 제2012-00042호
주소 | 서울시 서초구 남부순환로 333길 36(서초동 1431-1) 해원빌딩 4층
전화 | 02-6120-0258, 0259 / 팩스 02-6120-0257
홈페이지 | www.hletter.kr, cafe.naver.com/healthletter
한국전통발효아카데미 | cafe.naver.com/enzymeschool, www.ktfa.kr
전자우편 | gold4271@naver.com

이 도서의 국립중앙도서관 출판예정도서목록(CIP)은 서지정보유통지원시스템 홈페이지(http://seoji.nl.go.kr)와
국가자료종합목록 구축시스템(http://kolis-net.nl.go.kr)에서 이용하실 수 있습니다.
(CIP제어번호 : CIP2019038181)

값 35,000원
ISBN 978-89-969505-8-5-03000

이 도서는 한국출판문화산업진흥원의 '2019년 출판콘텐츠 창작 지원 사업'의 일환으로
국민체육진흥기금을 지원받아 제작되었습니다.